現代ロシアにおける民族の再生

ポスト・ソ連社会としてのタタルスタン共和国における
「クリャシェン」のエスニシティと宗教=文化活動

櫻間 瑛
Akira Sakurama

三元社

凡例

・文中、重要人物については、（　）内にその姓名のラテン文字表記と生没年を付す。
・文中、特に重要な用語については、（　）内にラテン翻字した原語を付す。その際、ロシア語は立体、タタール語は斜体を用いる。
・ロシア語については米国議会図書館（LC）方式に従ってラテン文字に翻字する。また、タタール語に関しては1999年にタタルスタン共和国によって制定されたラテン翻字方式に準拠する。
・民族名称については、慣例がある場合にはそれに従う。また、国名との区別が難しい場合にのみ「人」をつける（ロシア人、ウクライナ人など）。
・各書籍情報については、各章ごとに初出の度に記入を行い、同一章内で言及するのが2度目以降に、省略した形で記載することとする。

目次

現代ロシアにおける民族の再生

ポスト・ソ連社会としてのタタルスタン共和国における
「クリャシェン」のエスニシティと宗教＝文化活動

凡例　ii

序章
ポスト社会主義時代の民族、宗教の展開とタタール、クリャシェン ……… 1

1. はじめに　2
2. 旧ソ連・ロシア社会における民族と宗教　4
   - 2.1. エスニシティと民族　4
   - 2.2. ソ連・ロシアにおける民族とエスニシティ　9
   - 2.3. 宗教の復興とエスニシティ　15
   - 2.4. ポスト社会主義という視点　19
3. 研究対象 —— タタール、クリャシェンとタタルスタン共和国　23
   - 3.1. タタールとクリャシェン　23
   - 3.2. ロシアの中のタタルスタン共和国　26
4. 調査概要　31
5. 本書の構成　38

第 I 部
タタールの中のクリャシェン ……… 41

第 1 章
受洗タタールからクリャシェン、そしてタタールへ ……… 43

- 1.1 イスラームの浸透と正教改宗政策　44
  - 1.1.1. ロシア以前の沿ヴォルガ中流域　44
  - 1.1.2. カザン陥落と正教宣教活動　45
- 1.2. 受洗異族人の大量棄教とイリミンスキー　49
  - 1.2.1. 受洗異族人の大量棄教　49
  - 1.2.2. イリミンスキーの宣教活動　52
  - 1.2.3. 棄教の限界とクリャシェンの名乗り　54

- 1.3. クリャシェンの認定からタタールへの統合　58
  - 1.3.1. 革命とクリャシェン　58
  - 1.3.2. クリャシェンのタタールへの「融合」　63
- 1.4. 歴史の狭間の存在としてのクリャシェン　71

第 2 章
『ジョレイハ』とクリャシェン　……………75

- 2.1 タタールとジョレイハの物語　76
  - 2.1.1. ムスリム・アイデンティティと「ジョレイハ」の物語　76
  - 2.1.2. イスハキーのジョレイハ　79
- 2.2 映画『ジョレイハ』の制作と特徴　82
  - 2.2.1. 『ジョレイハ』映画化の試み　82
  - 2.2.2. 映画『ジョレイハ』のあらすじ　86
  - 2.2.3. 映画『ジョレイハ』の特徴　88
- 2.3 『ジョレイハ』の波紋　93
  - 2.3.1. 『ジョレイハ』への反応　93
  - 2.3.2. 『ジョレイハ』の描写と現実　98
- 2.4 「誤ったタタール」としてのクリャシェン　104

第 II 部
「クリャシェン」という運動　……………111

第 3 章
クリャシェン運動の勃興　……………113

- 3.1 タタール民族運動とタタルスタン共和国　114

        3.1.1. ペレストロイカとタタール民族運動の開始　114
        3.1.2. タタール民族運動の展開とタタルスタン共和国の確立　117
　3.2　現代のタタールとイスラーム　121
        3.2.1. タタールのイスラーム復興　121
        3.2.2. タタールと改宗の歴史　124
　3.3　クリャシェン運動の萌芽から国勢調査を巡る論争　127
        3.3.1. クリャシェン運動の萌芽と組織化　127
        3.3.2. 第1回国勢調査とタタール・クリャシェン問題　134
        3.3.3. 国勢調査の結果　141
　3.4　クリャシェンの焦点化　145

第4章　クリャシェン運動の公認と分裂　……………149

　4.1.　民族運動の沈静化から公認　150
        4.1.1. 運動の沈静化　150
        4.1.2. 運動の公認と発展　153
　4.2.　第2回国勢調査とクリャシェン　159
        4.2.1. 第2回国勢調査の準備過程　159
        4.2.2. 第2回国勢調査とクリャシェン　162
        4.2.3. 国勢調査の現場で　164
　4.3.　クリャシェン運動の分裂　167

第5章　国勢調査とその論点　……………171

　5.1.　国勢調査とロシアの諸民族　172
        5.1.1. ソ連における民族の制定と統合　172
        5.1.2. 現代ロシアにおける国勢調査と民族概念の見直し　177
　5.2.　クリャシェンの語り方　182
        5.2.1. クリャシェンの起源は何か　182
        5.2.2. クリャシェンは宗教的か？　184

5.2.3.　クリャシェン文化は存在するのか？　187
5.3.　民族を規定するもの　191

第 III 部
クリャシェンと宗教 193

第 6 章
クリャシェンの宗教復興と日常 195

6.1.　クリャシェンと宗教意識　196
　　　6.1.1.　無神論国家から宗教復興へ　196
6.2.　宗教と人々の結びつき　202
　　　6.2.1.　結婚と宗教　202
　　　6.2.2.　タタールとクリャシェンの間の子供たち　206
　　　6.2.3.　埋葬をめぐって　208
6.3.　宗教と差異の顕在化　211

第 7 章
エスニック・シンボルとしての教会 213

7.1.　クリャシェンによる教会の復興　214
7.2.　現在の教会における活動　217
7.3.　教会への視線　223
7.4.　クリャシェンと教会の現在　231

第 8 章
儀礼の位置 ················ 233

- 8.1. クリャシェンの祈願儀礼 234
- 8.2. コルマンの実践 238
  - 8.2.1. コルマンの過去 238
  - 8.2.2. シャシャウニク 241
  - 8.2.3. コルマンの現在 243
- 8.3. 儀礼に向けた視線 245
  - 8.3.1. コルマンとロシア正教会 245
  - 8.3.2. 伝統としてのコルマン 252
- 8.4. コルマンとクリャシェンの現在 257

第 IV 部
クリャシェン文化を求めて ················ 261

第 9 章
「クリャシェン文化」の現在 ················ 263

- 9.1. ソ連とタタルスタンにおける文化の「発展」 264
  - 9.1.1. ソ連における民族と文化 264
  - 9.1.2. タタルスタンにおける文化の実践 269
- 9.2. 「クリャシェン文化」の展示 280
  - 9.2.1. 学校 280
  - 9.2.2. 博物館 285
  - 9.2.3. アンサンブル 289
- 9.3. クリャシェンを語る場 294

第 10 章 「クリャシェン文化」のハイライト ……………297

- 10.1. タタール文化の祭典としてのサバントゥイ　298
  - 10.1.1. タタールとサバントゥイ　298
  - 10.1.2. サバントゥイのポリティクス　302
- 10.2. クリャシェンとピトラウの展開　311
  - 10.2.1. ピトラウの変遷　311
  - 10.2.2. クリャシェンの祝祭としてのピトラウ　315
  - 10.2.3. ピトラウへの視線　322
- 10.3. 祝祭のポリティクス　327

結　論　……………329

1. クリャシェン・エスニシティの発現から民族の名乗り　330
2. 現代ロシアにおける宗教とエスニシティ　333
3. 民族を語る装置　338
4. 狭間の解消と民族という拘束　342

参考文献一覧 ………… 347
あとがき ………… 374

序章

ポスト社会主義時代の民族、宗教の展開とタタール、クリャシェン

1. はじめに

　20世紀の後半を彩った東西冷戦は、ソ連の崩壊によってあっけなく幕切れを迎え、資本主義・自由主義社会の勝利とともに、「歴史の終わり」が宣言される事態となった。しかし、現実には世界が安定期に入ったわけではなく、様々な紛争は絶えることなく続いている。アメリカの政治学者サミュエル・ハンチントンは、そうした事態を踏まえ、冷戦構造崩壊以降の世界は、宗教や民族によって色分けされた「諸文明の衝突」の時代になると予言した[1]。

　確かに20世紀の末から21世紀にかけて、各地で「民族紛争」についての報道が後を絶たない。また、2001年の9.11事件に象徴されるような、「イスラーム過激派」による運動を始めとして、様々な宗教グループの運動や、それぞれの衝突が強まっている。クリフォード・ギアツは、脱植民地化以降、特に冷戦が集結した後の世界において、宗教や民族、言語、人種、文化的なアイデンティティが政治の場面でも顕著に現れるようになっていると語っている[2]。

　そうした中、冷戦の主役であったソ連は複数の国家に分裂し、さらにその各国家も、内部の多様性を露わにしつつ、不安定な様相を呈している。実質的なソ連の後継国家となったロシア連邦はいまだに世界最大の領土を誇り、国家によって公認されているだけでも100を超える民族を抱え、4つの世界宗教（ロシア正教、イスラーム、チベット仏教、ユダヤ教）をその領内の伝統的な宗教とする多民族・多宗教国家となっている。ソ連期には表に出てくることのなかった、各民族、各宗教に対する関心は、ペレストロイカを迎えると急激に上昇し、民族復興、宗教ブームの流れが旧ソ連

1　サミュエル・ハンチントン（鈴木主税訳）『文明の衝突』集英社、1998年。
2　クリフォード・ギアツ（鏡味治也、中林伸浩、西本陽一訳）『現代社会を照らす光：人類学的な省察（社会学の思想7）』青木書店、2007年、224頁。

圏全体で活発になった。社会主義の理想に対する信頼が失われ、それまで寄り添っていた社会のあり方の根本的な転換を求められる中で、人びとは自らを支えるものを改めて考え直すことを強いられているのである。その支えとして民族や宗教に対する関心が高まっているといえるであろう。

　しかし、このような多様な文化の共存する状況においては、集団間の葛藤も生じている。そして、時にそれはチェチェンであったような流血の事態も引き起こすに至っている。こうした不安定な状況は、単純に既存の民族や宗教の対立、差異をそのまま継承する形で進行しているだけではない。多民族・多宗教の共存関係は、人びとの間に所与の分類・範疇に対する疑問を呈するような事態も引き起こしている。

　近年の人類学などの議論では、民族が歴史的・社会的・政治的といった様々な諸力によって構築されるものであり、かつ流動的なものであるということが、多くの研究者によって共有された見解となっている。そして、現在のロシアにおいても、そのような動きを見て取ることが可能である。

　本書は、現在のロシアにおける「民族＝宗教集団（etnokonfessional'naia gruppa）」とされる人びとが「民族」を名乗る過程と方法を、歴史資料を参照しつつ、民族誌的な方法から考察する。具体的には、ロシア連邦の中心部近く、ヴォルガ河の中流域に位置するタタルスタン共和国（Respublika Tatarstan / *Tatarstan Respublikası*）に主に居住するクリャシェン（Kriasheny / *Kerəşennər*）という集団を取り上げ、彼らの民族的、宗教的な自己認識を、歴史的な背景や社会的・政治的な状況と関連づけながら明らかにする。特に、宗教との関連に注目しつつ、この集団が「民族化」する過程とそのメカニズムを明らかにする。さらにそこから、現在のロシアにおいて民族と宗教がどの様に相互に影響しつつ、人々の自己認識を形成しているのかを明らかにする。

2. 旧ソ連・ロシア社会における民族と宗教

2.1. エスニシティと民族

　文化人類学において、「民族」は最も重要な概念の一つでありながら、最もその意味が揺れ動いたものといえるであろう。かつてこれは、漠然と「特定の地域に住む固有の言語と文化を持った集団」として、固定的なある種の実体として理解されていた。しかし、エドモント・リーチが示したように、これは社会の変動や他者との関わりの中で、常に変動するものであり、動的な性格を帯びていることが注目されるようになった[3]。こうした動向を受けつつ、ノルウェーの人類学者フレドリック・バルトは、各集団を構成する要素ではなく、エスニック・グループ（ethnic group）の境界に注目し、それが維持・変容する過程を取り上げるべきとしている[4]。

　日本における民族研究の大家である綾部恒雄は、このエスニック・グループを「国民国家の枠組のなかで、他の同種の集団との相互行為状況下にありながら、なお、固有の伝統文化と我々意識を共有している人々による集団」と定義している。そして、これを従来の民族という概念と比べると、集団間の相互関係に注目した、より動的な概念とみなすことができるとしている[5]。

　日本では、民族という用語が「国民」という概念と混同する可能性があるという意味からも、このエスニック・グループという用語が採用されることがある。しかし、むしろ国民などの範疇と置き換え可能という面で、民族という語により柔軟かつ動的な意味合いを期待することもできる。人

---

[3] エドモント R. リーチ（関本照夫訳）『高地ビルマの政治体系』弘文堂、1995 年。

[4] Fredrik Barth, "Introduction," Fredrik Barth. ed. *Ethnic Groups and Boundaries: The Social Organization of Culture Difference.* (Long Grove: Waveland Press, INC, 1998), pp.9-38.

[5] 綾部恒雄『現代世界とエスニシティ』弘文堂、1993 年、13 頁。

類学者の内堀基光は、ネイションとエスニック・グループやエスニシティの区分は、国民国家を前提として成り立っているものであり、前者をモデルとしつつ、後者を欠損したものとする見方を導いているという。そして、最も包括的に指示できるという点で、民族という用語を用いる利便性を指摘している[6]。筆者もこれに倣い、本書では基本的に国家と個人の中間範疇でありつつ、かつ国民などの範疇とも置き換え可能な範疇という、広い意味で民族という用語を用いる。

また綾部の議論に戻ると、このエスニック・グループと関連するものとして、エスニシティ（ethnicity）という概念も紹介されている。これは、移民社会としてのアメリカを念頭に、人類学者ネーサン・グレーザーらによって導入されたものであるが、綾部はこれを「国民国家の枠組のなかで、相互行為的状況下に、出自と文化的アイデンティティを共有している人びとによる集団およびその意識」と定義している[7]。綾部の議論においては、エスニック・グループ（民族）とエスニシティを明確に区分はしていないが、前者は形成された集団自体を、対して後者はそうした集団を支えるものとしての人々の意識のあり方や、それを表出させる関係を指すものと区分すればクリアな議論ができるであろう。本論では、こうした区分に基づきつつ議論を進めていく。

近年の人類学は、民族という集団そのものよりも、このエスニシティにより重点を置いていると言えるだろう。社会学者のロジャース・ブルーベイカーは、「認知的アプローチ（cognitive approach）」を提示し、民族（ethnicity, race, and nationhood）がいかに構築され、人々がそれに同一化するのは、いつ、いかにしてであるのかに注目すべきとしている[8]。これは、

---

6 内堀基光「民族論メモランダム」田辺繁治編著『人類学的認識の冒険：イデオロギーとプラクティス』同文舘出版、1989年、40頁。
7 綾部『現代世界』258頁。
8 Rogers Brubaker, *Ethnicity without Groups*. (Cambridge: Harvard

集団をアプリオリに想定するのではなく、人々の日常のコミュニケーションや実践の中でエスニシティがどのように立ち現れ、認知されているかという過程を重視すべきと考えていると理解できる。

このような、エスニシティの表出の過程を扱った民族誌はすでに多くの例がある[9]。ここで注目に値するのが、名和克郎による試みである。名和は、ネパールをフィールドに様々な儀礼を初めとする日常のコミュニケーションに注目しながら、人々の語りや行為の中で様々な差異が現れ、認知される瞬間を精緻に記述している。この中では、「○○族」なるものを無前提に設定することを批判し、民族誌の執筆に当たって問うべきこととして「差異がどこに生じているのか、ずれを共有するのはどの範囲の人なのか、差異やずれは人びとに意識されているか、意識されているとしたら如何なる文脈、如何なる水準においてなのか、意識された差異と観察される差異の間に再びずれが存在するのではないか」といった問題群であり、このずれを様々な水準で問い続けることであるとしている[10]。ここでは、多様な差異のあり方が、決して民族やエスニック・グループという範疇に収斂されるわけではないという、ある意味では当然の、しかししばしば忘れられてしまう事実を明確に示している。

しかし、もちろんこれは民族というカテゴリーの存在を否定するものではない。ここで想起されるのは、福島真人の議論である。福島は、民族を一つの過程であるとし、時間軸によって歴史的に変動するものであるとし

University Press, 2004), pp.17-18.

9　シンジルト『民族の語りの文法：中国青海省モンゴル族の日常・紛争・教育』風響社、2003年；伊藤正子『エスニシティ「創生」と国民国家ベトナム：中越国境地域タイー族・ヌン族の近代』三元社、2003年；津田浩司・櫻田涼子・伏木香織編『「華人」という描線：行為実践の場からの人類学的アプローチ』風響社、2016年。

10　名和克郎『ネパール、ビャンスおよび周辺地域における儀礼と社会範疇に関する民族誌的研究：もう一つの〈近代〉の布置』三元社、2002年、344頁。

ている。そして、ある対立が転化しながら別の対立を生み、それがある特定の差異の構造に集中化される円環的な過程を想定して「ハイパー・サイクル」と呼び、そこで焦点化された差異を基にして、エスニック・アイデンティティが形成されるとしている。民族とは、この過程の特定の段階の切断面を示したものであるといい、より突っ込んで議論すべきなのは、このハイパー・サイクルの起動の形式であるとしている[11]。

　この福島の議論は、日常の多様な差異の中から民族、あるいはそれを支えるものとしてのエスニシティが構築され、争点化するメカニズムを明快に示している。しかし、この議論では任意の差異が争点化される過程を描くものの、結局それがなぜ「民族」という範疇に固定化され、収斂していくのかが、必ずしも明確ではない。先の名和の議論が示すように、無数の差異の指標がある中で、あえて「民族」という範疇が争点化されるのかはそれを巡る社会・政治状況についての検討が必要である。

　そこで問題となるのは、民族という範疇が孕む権力の問題であろう。ベネディクト・アンダーソンが指摘したように、近代国家において民族は人間の基本的な分類であり、人口調査などによって、人々にその分類が提示され、当てはめられていた[12]。こうした分類は民族自決の原則などと結びつくことで、政治的な意味合いを強く持つものとなっている。

　特に、民族運動と呼ばれる権利や認知を求める活動は、しばしば高度に政治的な問題であり、人類学の本来のフィールドである日常とは、基本的には異なる次元にあるといえる。その意味では、前者は政治学の取り組むべき課題であり、人類学は日常の差異を微細に掬い取っていくことが本分ともいうことができるかもしれない。

11　福島真人「差異の工学：民族の構築学への素描」『東南アジア研究』35 巻 4 号、1998 年、301-306 頁。

12　ベネディクト・アンダーソン（白石隆、白石さや訳）『定本想像の共同体：ナショナリズムの起源と流行』書籍工房早山、2007 年。

とはいえ、この2つの次元が完全に無関係ということも極端であろう。民族という主張を行うきっかけは、日常の中の何らかの差異ないし連帯の感覚にもあるはずである。この後者の感覚を、先に整理した用語に倣えばエスニシティと呼ぶことができよう。現代社会における民族のあり方について論ずるに当たって明らかにすべきなのは、こうしたエスニシティの様相を確認するとともに、それが民族という主張に飛躍する際に何が起きているのか、それを可能ならしめている背景は何なのか、またこうした運動・主張の傾向は、エスニシティ発動の要因となった日常とどう繋がっており、どういった懸隔があるのかといった問題ではないだろうか[13]。

 特に本書で注目するのは、このエスニシティと宗教との関係である。従来、民族・エスニシティと宗教は密接に関連するものと考えられてきた。有名なゼボルド・イサジフによる民族・エスニシティの定義に関する検討のなかでも、その主要な属性の一つとして挙げられている[14]。

 とはいえ、当然ながら民族と宗教を無条件に等価に扱うわけにはいかない。北タイの調査を行った片岡樹が正しく指摘しているように、「ある集団の民族意識を宗教との関連で主題化すれば、その段階で、その宗教が民族境界として機能するとの結論が先取り」されるのである。その上で念頭においておくべきは、「教義の指向性、教団の組織形態、および民族意識という三つの項目相互のあいだに法則的な関連はない」ことである[15]。確

---

[13] 念のために強調しておくと、ここでエスニシティと呼ぶものは、あくまで民族という主張に繋がりうる差異のことであり、アントニー・スミスがエトニと呼んだような民族を必然的に成り立たせるなんらかの実体・要素を想定しているわけではない（アントニー. D. スミス（巣山靖司、高橋和義他訳）『ネイションとエスニシティ：歴史社会学的考察』名古屋大学出版会、1999年）。

[14] ゼボルド W. イサジフ「さまざまなエスニシティ定義」青柳まちこ編訳『「エスニック」とは何か：エスニシティ基本論文選』新泉社、1996年、85頁。

[15] 片岡樹『タイ山地一神教徒の民族誌：キリスト教徒ラフの国家・民族・文化』

かに、民族意識＝エスニシティが、宗教的な差異などから顕在化することはあるだろうが、それのみによってエスニシティが規定されるということはむしろ稀であろう。例えば、ブルーベイカーもネイション＝民族を成り立たせる運動としてのナショナリズムと宗教の密接な関係を指摘しつつも、イスラームのウンマに代表的なように宗教はしばしば普遍的かつ拡大的な志向性を有しているのに対し、ナショナリズムとは一定の枠組みを前提とする面において、異なる方向性を有していることを指摘している[16]。

そこでは、人々にとって宗教がいかなるものとして理解されているのかを明らかにする、という作業が不可欠である。さらに、宗教的な差異に基づくとしても、民族という運動の中でそれがどのように語られているのかは、また別個の問題であり、当該社会・国家における宗教の占める政治的・社会的な意味についての検討が必要である。

本書ではこういった観点から、現在のロシアにおいて、宗教的に特徴付けられるとされる集団が、いかにして自身のエスニシティを顕在化・維持しており、どのようにしてそれが民族という運動に昇華しているのかを検証することとなる。

2.2. ソ連・ロシアにおける民族とエスニシティ

ソ連の崩壊により、その内部で様々な変化が起こった。その中でも顕著だった問題の一つが、ソ連体制下で抑圧されていたとされる諸民族の様々な権利の獲得に向けた運動である。すでにソ連末期に予測されていた民族自決へ向けた運動[17]は、急激に拡大し、ソ連構成共和国が国家として独立

2006 年、風響社、25 頁。

[16] Rogers Brubaker. "Religion and Nationalism: Four Approaches," *Nations and Nationalism*. 18:1 (2012), pp.14-15.

[17] カレール＝ダンコースは、すでに 1970 年代末に民族問題がソ連を崩壊させる要因となり得ることを指摘していた（エレーヌ・カレール＝ダンコース（髙橋武智訳）『崩壊したソ連帝国：諸民族の反乱』藤原書店、1990 年）。

するに至った。

　もっとも独立した各国も、その内部に様々な少数民族を抱え、基幹民族が民族＝国民国家としての実体化を進めようとする中で、様々な軋轢が生じることとなった。中でも、ロシアはそもそもその内部に多数の民族自治共和国を有する連邦共和国で、その各民族から、独立した共和国への格上げを求める運動などに対処する必要に迫られた。マトリョーシカ・ナショナリズムと呼ばれるこうした複合的な現象に対し、欧米の研究者も多くの事例研究を進めていった[18]。

　この各民族復興、様々なレベルのナショナリズム勃興の、そもそもの原因についての分析を行ったのが、やはりブルーベイカーである。20世紀末のヨーロッパにおけるナショナリズムの顕在化について論じる中で、彼は旧ソ連圏の民族意識の向上、それに伴う様々な権利の要求が、ソ連時代に形成されていた民族自治原則を背景にしていることを指摘した[19]。こうした政策などに注目した「制度論的アプローチ」は、強い説得力を有すると同時に、諸民族を抑圧した国家としてのソ連イメージを覆し、民族というカテゴリーを制度化・固定化したものとして捉え直す見方を導入した点で、重要な貢献をなした[20]。

18　Ian Bremmer and Ray Taras (eds.). *Nations and Politics in the Soviet Successor States.* (Cambridge: Cambridge University Press, 1993); Dmitry P. Gorenburg. *Minority Ethnic Mobilization in the Russian Federation.* (Cambridge: Cambridge University Press, 2003).

19　Rogers Brubaker. *Nationalism Reframed: Nationhood and the National Question in the New Europe.* (Cambridge, N.Y.: Cambridge University Press, 1996), pp.23-54.「多民族国家ソ連の興亡」と題された塩川伸明の一連の著作は、この制度論に立脚しつつ、ソ連創設時から現代に至る、政治学的な視点からの民族問題の諸相の概観となっている（塩川伸明『民族と言語』岩波書店、2004年；塩川伸明『国家の構築と解体』岩波書店、2007年；塩川伸明『ロシアの連邦制と民族問題』岩波書店、2007年）。

20　もっとも、歴史学の分野では、すでに早い段階からソ連、特にその初期の

実際、ソ連においては民族が基本的な人間の単位であると同時に、それを政治的な領域単位に対応して区分するものでもあった。すなわち、ウクライナ人やカザフ人など、ソ連邦構成共和国の名称民族は「ナーツィア（natsiia）」と呼ばれ、タタールやカラカルパクなど、その各共和国内部の自治共和国、民族管区の名称民族は「ナロードノスチ（narodnost'）」といった使い分けがなされていた。また、包括的に集団を表す言葉としては「ナツィオナーリノスチ（natsional'nost'）」、「ナロード（narod）」という用語もしばしば用いられていた。さらに、特に学術的な用語としては、民族文化の共通性を持った集団として、「エトニーチェスカヤ・グルッパ（etnicheskaia gruppa）」[21]が用いられている。

　こうした区分の形成・個別の民族の認定に関しては、帝政期から活躍していた民族学者が協力し、以降のソ連の民族学は、こうした区分を前提とし、かつ補強するものとして発展していった[22]。一方ソ連崩壊以降、この

政策が諸民族の枠組みの形成に大きな役割を果たしていたことを明らかにしている（Yuri Slezkine. "The USSR as a Communal Apartment, or How a Socialist State Promoted Ethnic Particularism," *Slavic Review*. 53:2 (1994), pp.414-452）。例えば、中央アジアに関しては、1924年の国境画定により、現在の5つの民族の大枠が決定されたという議論が盛んになった（Oliver Roy. *The New Cenral Asia: The Creation of Nations*. (London: I.B. Tauris, 2000).）。しかし、現在の民族分類をすべてソ連の政策に帰してしまう恐れのあるこうした議論に対し、実際にはかつてからあった大まかな人々の自他意識を反映した現地社会からの働きかけもあり、そうした現地社会と中央権力とのせめぎ合いの結果、現在の民族区分と国境が成立したことが明らかとなっている（Adrienne L. Edgar. *Tribal Nation: The Making of Soviet Turkmenistan*. (Princeton: Ptinceton University Press, 2004).）。

21　これと同様の意味では、ギリシャ語の語源そのままの「エトノス（etnos）」という言葉もしばしば用いられる。

22　特にソ連初期における当局による民族認定と民族学者との関係については、フランシャイン・ハーシュが詳細に論じている（Francine Hirsch. *Empire of Nations: Ethnographic Knowledge and the Making of the Soviet Union.*

ように極めて政治的な単位として確立している民族という枠組みに関しては、人類学者・民族学者から、その応用可能性についての疑問も生じている。その急先鋒をなしたのが、科学アカデミー民族学・人類学研究所の所長を務めるヴァレリー・ティシュコフである。彼は、ソ連における民族学のあり方が、国家のイデオロギーの強い影響下にあり、停滞していたという。また、民族の理解のあり方もそれに則って硬直したものであり、政治化されたものであったと厳しく批判している[23]。後に彼は、『エトノスへのレクイエム』と題された論集も出版し、そのセンセーショナルな見出しとともに大きな論争を呼ぶこととなった[24]。また、極東・シベリア地域の少数民族を研究している佐々木史郎は、ソ連における民族という枠組みは、政治的用語となっており、人々の生活実態と乖離する部分が大きいとして、それに代わる枠組みを作る必要を訴えた[25]。

こうした議論は確かに一理あるものの、宇山智彦が指摘するように、新

(Ithaca and London: Cornell University Pressm 2005).)。

[23] Valery A. Tishkov, "The Crisis in Soviet Ethnography," *Current Anthropology*. 33:4 (1992), pp.371-382.

[24] Valery A.Tishkov, *Rekviem po etnosu: issledovaniia po sotsial'no-kul'turnoi antropologii* (Moskva: Nauka, 2003). もっとも、ティシュコフ自身、センセーショナルな言葉などを用いこそするものの、民族の存在意義を完全に否定しているわけではなく、少数民族がそれとして団結し、権利を主張する意義などは認めている。あくまで彼が目指しているのは、ソ連的な民族理解からの脱却である。このティシュコフの議論については、渡邊日日が詳細な検討を行っている（渡邊日日「ロシア民族学に於けるエトノス理論の攻防：ソビエト科学誌のために」高倉浩樹、佐々木史郎編『ポスト社会主義人類学の射程（国立民族学博物館調査報告 No.78）』吹田、国立民族学博物館、2008年、72-78頁）。

[25] 佐々木史郎「『民族』解体：シベリア・ロシア極東先住民の文化・社会研究の枠組みに関する理論的考察」『民族の共存を求めて（3）（「スラブ・ユーラシアの変動」領域研究報告輯No.52）』札幌、スラブ研究センター、1998年、64-117頁）。

たな本質的なカテゴリーを構築・本質化する危険性をはらんでいる。また、これもやはり宇山の指摘する通り、実際に人々自身が民族という分類を内面化し、日々の生活の中で意識する側面があるという現実も存在している。そのため、人々が実際の生活の中で、どのような形で民族というカテゴリーを意識し、実践しているのかを論じることに意味があると言えるだろう[26]。宇山は同時に、先に紹介したような、階層的な集団分類を避けるために、ネイションとエスニック・グループといった区分をあえて避け、民族という緩やかな枠組みで捉えるほうが有用であるとも指摘している[27]。

　本書の民族、エスニシティという使い分けは、この考え方にも則っている。すなわち、先に列挙したナーツィアやナツィオナーリノスチ、ナロードなどの公認された分類範疇を総称するものとして「民族」という用語を用い、文脈によってそれぞれの区分が必要な場合には、その場で適切な訳しわけを行った上で、原語を注記することとする。他方、こうした分類範疇につながりうる、人々が日々の日常などで感じている、差異と連帯の感覚を「エスニシティ」と呼称する。

　ここで注目したいのは、ソ連の崩壊に伴い、それまで公に定められてきた、個々の民族の枠組み自体にも見直しが進んでいるということである。ソ連時代、各民族の枠組みは公に定められていた一方で、それに回収されない様々な自己意識のあり方も残存していた。セルゲイ・アバーシンは、中央アジアのウズベク人を対象に、その内部にキプチャクやサルトといった自己意識を持つ人々がいることについて論じている[28]。もっとも、これらのグループは「ウズベク人」という「ネイション」の枠組みを、少なく

26　宇山智彦「歴史学、民族、中央ユーラシア：今後の研究のための問題提起」『東欧・中央ユーラシアの近代とネイション（スラブ研究センター研究報告シリーズNo.80）』札幌、スラブ研究センター、2001年、4頁。

27　宇山「歴史学」1頁。

28　Sergei Abashin. *Natsionalizmy v Srednei Azii: v poiskakh identichnosti.* (Sankt Peterburg: Aleteiia, 2007).

とも現状においては受け入れており、その内部にあるものとして自らを定位している。

　これに対しロシア国内では、特に2002年の国勢調査前の過程において、多くの集団が独立した民族としての認定を求めた運動を行うようになった。この過程については、特にロシア科学アカデミー民族学人類学研究所が、包括的なモニタリング調査を行い、その結果が報告書として刊行されている[29]。また伊賀上菜穂は、シベリアに居住するロシア人の下位集団とされる人々の自己認識のあり方について、歴史的・社会的分析を試みている[30]。もっとも、これらの報告は基本的に概説的な内容に留まっており、個々の集団のミクロな実態と運動との関連性などについて十分な検討はなされていない。

　こうしたミクロな実態の検討において援用できるのが、先に取り上げた「認知論的アプローチ」であろう。実際、それを明示こそしていないものの、似たようなアプローチを行っているのが、渡邊日日による南シベリアのブリヤートを取り上げた民族誌である。そこでは、日常の様々な場面、制度に注目し、その中で人々が何に準拠しつつ、自らをどのような存在として認識しているのか、その中で民族的な所属意識などがいかに現れているのか、といった問題が論じられている[31]。

---

[29]　Elena Filippova, Dominik Arel, and Katrin Gusef (eds.) *Etnografiia perepisi-2002*. (Moskva: Aviaizdat, 2003); Valerii A. Tishkov (ed.). *Na puti k perepisi*. (Moskva: OAO "Aviaizdat", 2003): Valerii V. Stepanov and Valerii A. Tishkov (eds.) *Etnokul'turnyi oblik Rossii: perepis' 2002 goda*. (Moskva: Nauka, 2007).

[30]　伊賀上菜穂「ロシア連邦におけるロシア人サブグループをめぐる昨今の状況：民族の境界と『権利』の諸相」高倉浩樹・佐々木史郎編『ポスト社会主義人類学の射程』吹田、国立民族学博物館、2008年、225-266頁。

[31]　渡邊日日『社会の探究としての民族誌：ポスト・ソヴィエト社会主義期南シベリア、セレンガ・ブリヤート人に於ける集団範疇と民族的知識の記述と解析、準拠概念についての試論』三元社、2010年。

これに倣って問題を整理すれば、日常の中で多数ある差異が、いかなる瞬間に前景化するのか、それがどのような仕方で民族という主張になっていくのかを論じることが必要なのである。本書では、特に宗教に基づいて特徴づけられるとされる集団を取り上げつつ、実際にこの人々が前景化する過程と、そこから彼らが民族を名乗るようになる背景を検証するということになる。

2.3. 宗教の復興とエスニシティ

ペレストロイカの過程で、民族と同時にもう一つ顕在化したのが、宗教に対する人々の関心の高まりである。旧ソ連地域は、多民族地域であると同時に、ロシア正教、イスラーム、仏教、ユダヤ教、その他土着の様々な信仰などが共存する、多宗教地域でもある。しかし、無神論を標榜したソ連では、宗教組織は当局による厳しい管理下に置かれ、宗教施設の大部分は接収されるか、打ち壊しの憂き目にあっていた。また学校などでは、繰り返し反宗教プロパガンダが展開されていた。こうした政策の中でも、一部の人々は密かに洗礼や割礼を行ったり、私的な場所での礼拝などを行ったりしていた一方、徐々に体制に適応し、宗教的な儀礼などから距離を置いていく人々も現れるようになっていた[32]。

ペレストロイカ期からソ連崩壊の時期に、この宗教に対する圧力が弱まると同時に、共産主義という理想への信頼が弱まる中で、人々の間で再び宗教に対する関心も高まったのである。こうした現状については、ロシア国内においては、まず社会・統計学的な調査が行われ、人々の宗教意識の増加についての研究などが行われた[33]。こうした調査からは、人々の間で、

---

32 デイヴィッド・ランセルは、ロシア中西部の女性にインタビューを行い、年代ごとにその生活の変化について描写した（David L. Ransel. *Village Mothers: Three Generations of Change in Russia and Tataria.* (Bloomington and Indianapolis; Indiana University Press, 2000).)。

33 Kimmo Kaariainen and Dmitrii Furman. *Starye tserkvi, novye veruiushchie:*

ロシア正教徒やムスリムとしての意識が、着実に増加している様子が明らかとなっている。

また冷戦構造の崩壊に伴い、現地調査が可能になった人類学者たちも、旧ソ連・ロシアでのフィールドワークを行うとともに、その宗教や儀礼の実態についての研究を活発に行った[34]。こうした一連の研究の中で、特に

---

religiia v massovom soznanii postsovetskoi Rossii. (Moscow: Letnii sad, 2000).

[34] 総論的なものとしては、ロシア各地を巡り様々な宗教・民族の実践の紹介と、それに対する心理的分析を試みたデイヴィッド・ルイスの研究がある（David C. Lewis. *After Atheism: Religion and Ethnicity in Russia and Central Asia.* (Ritchmond, Surrey: Curzon Press, 2000)）。個別の論題としては、シベリア・極東のシャマニズム（山田孝子「サハにおける文化復興とシャマニズム・儀礼の復興」煎本孝編著『東北アジア諸民族の文化動態』札幌、北海道大学出版会、2003年、319-356頁）、モンゴルのシャマニズム復興や仏教（煎本孝「モンゴル・シャマニズムの文化人類学的分析：内モンゴル、ホルチン・ボのシャマニズムにおける歴史意識と宇宙論的秩序」煎本『東北アジア』357-440頁；Morten A. Pederson. *Not Quite Shamans: Spirit Worlds and Political Lives in Northern Mongolia.* (Ithaca and London: Cornell University Press, 2011;)）、中央アジアのイスラーム（Bruce G. Privratsky. *Muslim Turkistan: Kazak Religion and Collective Memory.* (London and New York: Routledge, 2001); Sergey P. Poliakov. *Everyday Islam: Religion and Tradition in Rural Central Asia.* (Armonk: M.E. Shape, 1992); 藤本透子『よみがえる死者儀礼：現代カザフのイスラーム復興』風響社、2011年；菊田悠『ウズベキスタンの聖者崇敬：陶器の町とポスト・ソヴィエト時代のイスラーム』風響社、2013年）、ロシア、東欧におけるキリスト教（Tobias Kollner. *Practicing without Belonging? Entrepreneurship, Morality, and Religion in Contemporary Russia.* (Halle Studies in the Anthropology of Eurasia). (Berlin: Lit Verlag, 2012).) を取り上げたものがある。また、ユニークな研究としては、近年のロシアにおける呪術への関心の高まりを分析した藤原潤子の研究がある（藤原潤子『呪われたナターシャ：現代ロシアにおける呪術の民族誌』人文書院、2010年）。

明らかとなってきたことは、この復興が決して過去の宗教実践・理解のそのままの再興を意味してはいない、ということであり、またこれらの宗教がしばしばエスニシティや民族と結びついて捉えられている、という点である。

　興味深い研究例として、モンゴルに居住する少数民族グループのブリヤートにおけるシャーマニズムを取り上げた島村一平の民族誌がある。この民族誌では、ロシア国内のブリヤートを意識し自主的にシャーマンとなるモンゴル国内のブリヤートが増加していることを取り上げ、それが仏教徒が大半を占める多数派のハルハ・モンゴルと異なる存在としてのブリヤートを定位する一つの様式となっていることを示している[35]。

　しかし、キリスト教やイスラームのような世界宗教の場合、その宗教が内在している普遍主義的な性質と、民族としての特殊性の間で葛藤が生じ得る。この問題に関しては、中央アジアにおけるイスラームについての研究が大いに参考になる。中央アジアの諸民族は、基本的にムスリムとして、イスラームを自分たちの伝統と結びついたものとして捉えている。この中央アジアのイスラームの様態については、すでにソ連時代から研究がなされていた。そこで強調されていたのが、宗務局の定める「公式イスラーム（official Islam）」と人々が日常的に実践している「非公式イスラーム（unofficial Islam）」の対立が認められる、という点であった[36]。この枠組みを意識しつつ、ソ連崩壊後のカザフスタンで長期調査を行ったブルース・プリヴラッキーは、カザフ人の民族意識にとって重要な意味を持つと同時に、その独特のイスラーム理解がソ連期から現代に至るまで継承され、そのエスニシティを支えているということを指摘している[37]。

---

[35] 島村一平『増殖するシャーマン：モンゴル・ブリヤートのシャーマニズムとエスニシティ』横浜、春風社、2011 年。

[36] Alexandre Bennigsen, *Enders Wimbush. Muslims of the Soviet Empire; a Guide*. (London: Hurst, 1986).

[37] Bruce G. Privratsky. *Muslim Turkistan: Kazak Religion and Collective*

一方、近年の研究では公式／非公式という区分を取り去り、これらを連続するものとして捉える視点が導入されている。そうした試みとして、藤本透子は死者儀礼を中心とするカザフのイスラーム実践の変容と現状を丹念に分析した。その上で、伝統的な要素と近年のイスラーム回帰という状況が、共存している様子を示している[38]。また、菊田悠はウズベキスタンの陶工の間で見られる聖者崇敬の特徴を取り上げつつ、やはりそれとイスラームとの間の関係を明らかにしている[39]。

　これらの研究は、「土着の習慣」に則った実践と、近年高まっているイスラーム意識の葛藤を示しつつ、その中で自らの民族意識を位置付ける傾向を明らかにしている。こうした葛藤は、キリスト教徒＝ロシア正教徒にも該当する問題である。特に歴史的にロシア正教は、ロシアという国家・民族の文化の中核とされてきたものであり、非ロシア人によるその受容はしばしば「ロシア化」と結びつけられて考えられてきた。

　近年のロシア帝国史研究においては、異民族の統治手段としてのロシア正教改宗・宣教政策が、国家においてどのような意味を持ち、現地社会にどのような影響を与えていたのか、という問題が盛んに論じられてきた。特に、本書で取り上げる沿ヴォルガ地方はこうした政策の最前線として、盛んに論じられてきた[40]。もっとも、結局こうした研究において関心が向

　　　Memory. (London and New York: Routledge, 2001). こうしたイスラームの区分は、ロシアにおけるイスラームにおいても応用されている（Dmitrii Makarov and Rafik Mukhametshin, "Official and Unofficial Islam," Hilary Pilkington and Galina Yamlianova (eds.) *Islam in Post-Soviet Russia: Public and Private Faces*. (London: Routledge, 2003), pp.117-163.）。

38　藤本透子『よみがえる死者儀礼：現代カザフのイスラーム復興』風響社、2011年。

39　菊田悠『ウズベキスタンの聖者崇敬：陶器の町とポスト・ソヴィエト時代のイスラーム』風響社、2013年。

40　Isabelle T. Kreindler, "Educational Policies toward the Eastern Nationalities in Tsarist Russia: A Study of Il'minskii's System" (PhD diss., Columbia

けられていたのは、ロシア正教化に対峙するムスリムのあり方であり、正教を受け入れつつも民族としての自覚を持ち続けた人々については、十分な研究がなされてこなかった。例外的にポール・ワースが、帝政末期から革命期にかけて、受洗タタールと呼ばれた人々がクリャシェンとして自己主張する過程を描いている。この研究は、当時の知識人の肉声に迫ったもので、非常に貴重な研究である。もっともこれはあくまで歴史的な研究であり、その射程は革命直後の時期にとどまっている[41]。本書は、この帝政期からソ連期にかけての民族・宗教に対する国家の働きかけが、現在の社会・政治状況とかかわりあう中で、人々の認識や活動にどのような帰結をもたらしているのかを論じるものともなっている。

2.4. ポスト社会主義という視点

本書ではここまで述べてきたように、現代のロシアにおける人々の認識している差異、特に宗教に基づいたエスニシティの顕在化と、民族という単位との関係について論じる。特にここでは、ソ連崩壊以降の民族復興、

University, 1969); Robert P. Geraci, *Window on the East: National and Imperial Identities in Late Tsarist Russia*. (Ithaca: Cornell University Press, 2001); Paul W. Werth. *At the Margins of Orthodoxy: Mission, Governance, and Confessional Politics in Russia's Volga-Kama Region, 1827-1905*. (Ithaca: Cornell University Press, 2002); Agnès N. Kefeli. *Becoming Muslim in Imperial Russia: Conversion, Apostasy and Literacy*. (Ithaca and London: Cornell University Press, 2014); 西山克典「洗礼タタール、「棄教」タタール、そして正教会：19世紀中葉ヴォルガ中流域における宗教・文化的対抗について」『ロシア・イスラム世界へのいざない（スラブ研究センター研究報告シリーズ No.74）』札幌、スラブ研究センター、2000年、28-54頁。

41 Paul W. Werth. "From 'Pagan' Muslims to 'Baptized' Communists: Religious Conversion and Ethnic Particularity in Russia's Eastern Provinces," *Comparative Studies in Society and History*. 42: 3 (2000), pp.497-523.

宗教への関心の上昇という文脈の中で、この問題について考察することとなる。そこでは、民族や宗教の概念がこの文脈のなかで、いかに変容し人々に認識されているのか、といった議論も必要であろう。

ここで一つ参照に値するのが、「ポスト社会主義人類学」という見方である。北シベリアをフィールドに人類学的調査を行っている高倉浩樹は、自らのフィールドで「民族名称・住民の生活空間・社会組織、宗教的実践や政治的な意思決定といった社会組織、宗教的実践や政治的な意思決定といった社会のあらゆる領域に、社会主義は見事なまでに浸透」していることに気づいていた[42]。この経験から、旧ソ連社会のフィールドの特徴として挙げているのが、「伝統」と「社会主義」、そして「その後の現在」のせめぎあっている現状である。そこから、「ポスト社会主義人類学」を、この「3つの歴史的位相を同時代性という観点から把握する」ものと定義している[43]。また、こうした視点は、旧社会主義社会を的確に理解するための方法であるとともに、より普遍的な理論的貢献として、「西欧的とされてきた近代にかかわる諸制度・諸概念の新たな意味での概念再考」となることもできることを示唆している[44]。こういった研究態度は、社会主義圏を対象とする人類学者の間で一定程度共有され、それを意識した研究も進められている[45]。

---

[42] 高倉浩樹「ポスト社会主義人類学の射程と役割」高倉編『ポスト社会主義人類学』、4頁。

[43] 高倉「ポスト社会主義人類学」、6頁。

[44] 高倉「ポスト社会主義人類学」、7頁。

[45] そもそも、こうした視点は、高倉がこのように定式化する前から意識されていた問題である(吉田世津子『中央アジア農村の親族ネットワーク:クルグズスタン・経済移行の人類学的研究』風響社、2004年)。また、最近では旧ソ連の枠にとどまらず、中国やモンゴル、カンボジアなど、社会主義を経験した諸国の比較研究も試みられている(藤本透子編『現代アジアの宗教:社会主義を経た地域を読む』風響社、2015年)。

他方で、こうした見方のみに頼ることの限界も指摘されている。渡邊は、歴史的な継続性はある種当然のことであり、「ポスト社会主義」という述語が、分析概念としてどこまで有意なものであるかについての疑問を呈する[46]。また、この見方が現状を理解する上で、一定の貢献をなしたことは認めつつも、過去志向的な立論になるという問題点も提起している[47]。さらに、移行期の混乱が顕著に見えた1990年代に対し、2000年代にはフィールドも変化し、社会インフラが整備されるなど、もはや「ポスト社会主義」という語で表現することの限界を示している。他方で、その先が何であるのか、という対象が不明瞭な現状から、暫定的に「ポスト社会主義以後の人類学」という概念を提唱している[48]。
　ただし渡邊の議論は、ポスト社会主義人類学という見方そのものを完全に否定しているわけではない。ただ、議論をさらに深化させていく上で、さらにそれと組み合わせ、より汎用性の高い議論を構築することの必要性が強調されているのである。渡邊は一つの可能性として、ポスト植民地主義の議論との関連付けを挙げている[49]。確かに、植民地支配の現存を前提とするポスト植民地の議論と、社会主義時代の影響の現存を前提としているポスト社会主義の議論は、構造的な相違が指摘できる。しかし、渡邊自身が警告しているように、この二つの枠組みを安易につなげることはできず、特に帝政期の支配も念頭に置いた、より長期的な議論の必要がある[50]。
　こうした問題意識を共有している例として、ツィピルマ・ダリエヴァは、中央アジアとコーカサスの都市を対象に、帝政期からソ連を経て、現

---

[46] 渡邊日日・佐々木史郎「ポスト社会主義以後という状況と人類学的視座」佐々木史郎・渡邊日日編『ポスト社会主義以後のスラヴ・ユーラシア世界：比較民族誌的研究（国立民族学博物館論集4）』風響社、2016年、12頁。
[47] 渡邊「ポスト社会主義以後」、21頁。
[48] 渡邊「ポスト社会主義以後」、12頁。
[49] 渡邊「ポスト社会主義以後」、21-25頁。
[50] 渡邊「ポスト社会主義以後」、22頁。

在に至る景観の重層性を、ポスト社会主義とポスト植民地主義双方の観点から取り上げた論集を編纂している。この中では、これらの都市がロシアによる支配を受けて変容していることを指摘しつつ、そこには伝統的な要素も残っていることを指摘した。さらにそもそも近代的な装いを与えた者が、モスクワやペテルブルクというロシアの中心地で教育を受けた現地出身者であり、単純に植民者／非植民者に分割できない複雑なものであることを指摘している[51]。

　本書で取り上げるクリャシェンという問題は、こうした二つの論点を反映した議論が可能であると考える。第1の点に関しては、このクリャシェンと呼ばれる人々の形成過程を考えるに当たり、帝政期の改宗政策とソ連期の民族政策の影響を受けており、長期的な考察を否応なく必要としている。さらに、第2の点に関しては、このクリャシェンとは植民者としてのロシアと、非植民者としてのタタールの狭間に当たる存在であり、この支配がもたらした複雑な様子を顕著に表すものとして貴重な実例を示している。

　もう一つ、本書の議論において念頭におくべきと思われるのが、世俗化に関する議論との関係である。ソ連は無神論を標榜し、政策的に公的空間から宗教を放逐していた。ソ連の崩壊以降は、逆に宗教に対する関心が上昇し、ロシアを始めとする後継国家は、しばしばロシア正教やイスラームを、（事実上の）国教として、国民統合を図っている。

　このソ連から現在に至る宗教状況に関して、クリス・ハンは世俗化に関する議論と重ね合わせる必要性を指摘している。特に、従来の世俗化に関

---

[51] Tsypylma Darieva and Wolfgang Kaschuba. "Sights and Signs of Post-socialist Urbanism in Eurasia: An Itnroduction," Tsypylma Darieva, Wolfgang Kaschuba, and Melanie Krebs (eds.) *Urban Spaces after Socialism: Ethnographies of Public Places in Eurasian Cities*. (Frankfurt and N.Y.: Campus Verlag, 2011), p.24-25.

する議論は、基本的に西欧をモデルとして進められてきたのに対し、それと並行して生じている異なるモデルとして、旧ソ連を始めとする社会主義社会における世俗化の問題を取り上げる有効性を示しているのである[52]。こうした過程については、しばしばホセ・カサノヴァの議論が応用され、現代世界において生じている「脱＝私事化」という問題に関わるものとして議論されている[53]。本書においても、宗教に基づいた分類の顕在化・政治化として捉えれば、これらの議論は大いに参照すべきであろう。

　これを整理すれば、本書においては、クリャシェンと呼ばれる人々に関し、帝政期からソ連期を経て現在に至る時間軸において、ロシアによる支配の変遷と現地の対応に注意を向けることになる。同時に、同じ時間軸の中で、宗教の社会的な位置の変化を踏まえ、これらの変化の中で、クリャシェンというエスニシティがいかにして顕在化・焦点化し、民族としての主張に至っているのか、その中ではいかなる活動を行っているのかを明らかにする、というのが本書の基本的な立場である。それを通じて、現代ロシアにおける宗教とエスニシティの関係について考察し、広くは近代における両概念の一つの有り様を提示することを目指す。

3. 研究対象 ── タタール、クリャシェンとタタルスタン共和国

3.1. タタールとクリャシェン

　ここで、まずタタール（Tatary / *Tatarlar*）という民族について理解する

---

[52] Chris Hann. "Broken Chains and Moral Lazarets: the Politicization, Juridification and Commodification of Religion after Socialism," Chris Hann (ed.). *Religion, Identity, Postsocialism: The Halle Focus Group 2003-2010.* (Halle, Saale: Max Planck Institute for Social Anthropology, 2010), pp.10-12.

[53] ホセ・カサノヴァ（津城寛文訳）『近代世界の公共宗教』玉川大学出版会、1997年。

必要がある。日本で「タタール」というと、東洋史の文脈では「韃靼」、あるいはロシア史の中では「タタールのくびき」という言葉が想起されるかもしれない。そこからは、モンゴル系で大陸を股にかける遊牧民というイメージが導かれるであろう。このタタールとは、古代からヨーロッパの間で、東方の野蛮人を指す言葉として広まっていた「タルタル」を投影したものであり、漠然とした他称としての集団名称である。

対して、ここで取り上げる現代のロシアにおける少数民族としての「タタール」とは、上の定義と重なる部分もありつつ、その構成はより複雑である。現在のタタールとは、言語的にはトルコ人や中央アジアの諸民族と同じテュルク系語族に属し、宗教的にはスンニ派のムスリムが多数派を占めている。狭義には、ヴォルガ中流域のカザン周辺に分布するカザン・タタール（Kazanskie tatary / Kazan tatarları）を指す。その起源については、様々な論争があるが、一般にはヴォルガ中流域に古代に王国を建設していたテュルク系のブルガルと、モンゴル侵略以降に成立したキプチャク・ハン国の住民が混淆し、さらに周囲のフィン・ウゴル系諸民族と交流・同化しつつ形成されてきたと考えられている。当初は、先に示したように、ロシア人などからの他称・総称として、タタールと呼ばれていた。しかし19世紀後半頃より、一部のムスリム知識人から、積極的な民族的自称として「タタール」と名乗る人々が現れ、現在に継承されている[54]。

さらに、広義には西シベリアの中・南部諸州に分布するシベリア・タタール（Sibirskie tatary / Seber tatarları）、北コーカサスのアストラハン

---

[54] 帝政期には中央アジアへ留学に行き、知識人としての素養を身につける者達が現れた。さらに19世紀も後半になると、ロシアの教育を受ける者も現れ、様々な立場からイスラームの理解のあり方や、自らをどう名乗るかについての議論が行われていた（長縄宣博「ヴォルガ・ウラル地域の新しい知識人：第一次ロシア革命後の民族（миллэт）に関する言説を中心に」『スラヴ研究』第50号、2003年、33-63頁；濱本真実『共生のイスラーム：ロシアの正教徒とムスリム（イスラームを知る5)』山川出版社、2011年、68-108頁）。

周辺に居住するアストラハン・タタール（Astrakhanskie tatary / Əsterxan tatarlαı）も含まれる。この両グループは、それぞれ、やはりモンゴル帝国の末裔に当たるシベリア・ハン国、アストラハン・ハン国の住人との関係から形成されており、カザン・タタールとは異なる形成史を有している。しかし、言語的には類似点が多く、また19世紀以降は相互に活発な交流もあり、共通意識も有している[55]。ソ連時代以降は、国勢調査では「タタール」という民族の中に包摂して記録され、より強固にタタールという民族的自意識が醸成された。

しかし、ソ連崩壊以降の民族復興の流れの中で、改めて自らの民族意識を見直す傾向も生じている。それはこれら集団間のみならず、カザン・タタール内部でも生じている。中でも先鋭的な問題を成したのが、本書で取り上げることになるクリャシェンである。クリャシェンとは、しばしば「受洗タタール（Kreshchenye tatary / Kerəşen tatarlαı）」とも呼ばれ、帝政期の改宗政策により、ロシア正教を受容したタタール及びタタール化した周辺民族の子孫とされている。その出自から、基本的にはカザン・タタールの中のグループとされているが、イスラームの影響を受ける前に正教化したことで、より「純粋な」土着の文化などを保存した集団とも見なされている。とはいえ、もともと生業などに大きな違いがあるわけでもなく、ソ連期には都市化が進行したことで、両者の差異はさらに希薄化している。

ペレストロイカ以降、民族・宗教に対する関心が高まる中で、タタールも自らの言語や文化の復興を求めて活動するようになった。同時に、タ

---

[55] その他、クリミア半島に居住するクリミア・タタール（Krymskie tatary / Krim tatarları）も、同じくタタールという名称を冠しており、ソ連時代の大半はタタール民族の一部として扱われていた。しかし、言語的な差異の大きさなどもあり、1989年の国勢調査以降は、独立した民族としての扱いを受けるようになった。現在のタタルスタンの公式言説の中でも、タタールの統合が謳われつつも、クリミア・タタールについては、非常に近い関係にある別個の民族として扱われている。

タールの間で自分たちの文化の核としてイスラームに対する関心が高まり、特に帝政期の改宗政策を自分たちへの抑圧とする見方が広まると、クリャシェンに対し、「裏切り者」といった見方も広がるようになった。これに対して、クリャシェンの知識人の間から、自らをタタールとは異なる独自の民族として主張する運動が展開するようになっている。

　ここから明らかなように、現在のクリャシェンとは、ソ連崩壊以降の民族・宗教運動の中で、自己の存在の再確認を強いられている人々ということができる。本書では、このクリャシェンに関し、一方では知識人らによって展開されている民族運動を取り上げ、その主張のあり方と、活動の中身を検討する。他方で、そうした活動とは別に、クリャシェンに該当するとされる人々の一般レベルでの信仰実践や文化活動をとりあげ、政治的な活動としての民族運動と、日常レベルでのエスニシティの重なり合いと齟齬を明らかにすることを目指す。

3.2. ロシアの中のタタルスタン共和国

　本書の対象となるのは、ロシア連邦沿ヴォルガ中流域のタタルスタン共和国である。ヴォルガ河は「ロシアの母なる川」とも呼ばれ、ロシア文化の中心地とされている。しかし歴史的に見ると、その流域には様々な王朝の興隆が見られ、多様な集団の交流の地であった[56]。そして、現在でもヴォルガ河中下流域には、様々な民族が共存している。

　ヴォルガ河とカマ河の合流点を中心とするヴォルガ中流域は、ロシア人などのスラヴ系、タタールなどのテュルク系、マリなどのフィン・ウゴル系民族が共存する地域となっている。元はテュルク系とされるブルガ

---

[56] ヴォルガ流域の多民族状況の変遷については、三浦清美がまとめている（三浦清美「歴史的ヴォルガ：ヴォルガがロシアの川となるまで」望月哲男・前田しほ編『文化空間としてのヴォルガ（スラブ・ユーラシア研究報告集4）』札幌、スラブ研究センター、1-23頁）。

図 0-1　沿ヴォルガ中流域略図（櫻間瑞希作成）

が王朝を築き、イスラームを受容したが、その後モンゴルの征服を受けた。同時に、フィン・ウゴル系民族もここには居住しており、イスラームと並行して伝統宗教も維持されていた。その後、カザンを中心とするカザン・ハン国の成立を経て、16世紀にイヴァン雷帝の侵攻を受けて、ロシアの支配下となった。そして、ロシア人を始めとするスラヴ系民族の植民が始まるとともにロシア正教も流入し、改宗・宣教活動も進められることとなった。こうした活動には、現地から反発も生じていたが、ソ連期を挟んだ現在では、宗教や民族を巡り暴力的な衝突が頻発したコーカサスと比較し、曲がりなりにも宗教的・民族的共存を達成した地域として注目されている。

　現在の行政区分においては、タタルスタン、チュヴァシ、マリ・エル、ウドムルト、モルドヴィア、バシコルトスタンの6つの民族共和国[57]があ

57　現在のロシアは、基本的にソ連時代の地方区分を踏襲した連邦制を敷いており、その内部には2013年時点で、モスクワ、サンクトペテルブルグの2つ

る。その中でも、タタルスタン共和国は、ヴォルガ河とカマ河が合流する地点を中心に広がり、歴史的に両河川を介した東西交流の中心として重要な地域であった。共和国の首都はカザン市であり、これも帝政期以来、東部辺境への進出の重要拠点であった。現在、人口は100万人を超え、連邦内で8番目に大きな都市となっており、2013年にはユニバーシアード、2015年に世界水泳が開催されるなど、特にスポーツに力を入れつつ国際的な知名度も得つつある[58]。

タタルスタン内では他に、カマ河流域に、ロシアで最大のトラック製造企業であるカマスを擁するナーベレジヌィエ・チェルヌィ市を抱えるほか、共和国南東部では石油を産出しており、その加工業で栄えたアリメチェフスクやニジネ・カムスクといった、ソ連期に発展した都市もある。また、主要な産業としては農業があり、ロシアの中でも屈指の生産量を誇っている。

ソ連崩壊以降の体制転換の中、ロシア全体が急激な資本主義化、自由主義化に邁進したのに対し、タタルスタン共和国は大統領となったミンティメル・シャイミエフ（Mintimer Shaimiev: 1937-）のイニシアチヴにより、緩やかな転換を目指し、保護主義的な経済政策を採用した。結果的にこの方針は成功し、連邦内でも経済的に豊かな地域の一つとなっている。また、シャイミエフの巧みな政治手腕によって、新生ロシア連邦の中で、大幅な自治の獲得に成功した。こうしたタタルスタン共和国の動向は、ソ連崩壊

の特別市（gorod）、46の州（oblast'）、9の地方（krai）、非ロシア人の名称を冠した21の各共和国（respublika）、4の自治管区（avtonomnyi okrug）、1の自治州（avtonomnaia oblast'）が設置されている。現在の各民族共和国は、基本的にソ連期のロシア連邦共和国の中にあった自治共和国であり、ソ連解体後に自治権を拡大した。ただし、旧ソ連構成共和国とは異なり、形式的にも独立権などは有していない。

58　2018年のサッカー・ワールドカップでは日本代表のキャンプ地ともなり、日本でも知名度を高めた。

以降のロシアにおける中央・地方関係を理解するうえでの重要な事例として、日本や欧米において多くの研究者の注目を集めている[59]。

　研究や教育の分野の発展も進んでおり、カザンには 20 近い高等教育機関がある。中でもカザン大学は、1804 年設立で、現在のロシア国内で 3 番目に古い歴史を持ち、2010 年の教育改革では、連邦全体で 7 つ設置された連邦水準の大学の 1 つとされ、沿ヴォルガ連邦管区の中核大学と位置づけられている。帝政期にはロシアにおける東洋学の中心をなしており、現在でもタタール史やタタール語の研究・教育の中心をなしている。また、研究に特化した機関としては、ソ連崩壊後にロシア科学アカデミーから独立して、自前のタタルスタン科学アカデミーを設立し、各分野の研究者の活動の場となっている。ここでは、タタールの歴史や文化、言語についての研究にも力が入れられ、タタルスタンの民族政策や内外の民族運動を支えるものともなっている。

　2010 年の国勢調査の結果によれば、共和国全体の人口は 378 万 6400 人で、ソ連崩壊以降、ロシア全体では人口が減少する中で、漸増傾向にある。共和国全体で都市化の傾向も顕著であり、同調査によれば、285 万

---

[59] 小杉末吉「ソ連邦レフェレンダムとタタルスターン」『比較法雑誌』33 巻 1 号、1999 年、1-30 頁；下斗米伸夫『ロシア世界（21 世紀の世界政治 4）』筑摩書房、1999 年、197-225 頁；松里公孝「エスノ・ボナパルティズムから集権的カシキスモへ：タタルスタン政治体制の特質とその形成過程 1990-1998」『スラヴ研究』第 47 号、2000 年、1-36 頁；塩川伸明『ロシアの連邦制』、89-161 頁；Sergei Kondrashov, *Nationalism and the Drive for Sovereignty in Tatarstan, 1988-92: Origins and Development*. (New York: Basingstoke, 2000); Gulnaz Sharafutdinova, "Chechnya Versus Tatarstan: Understanding Ethnopolitics in Post-Communist Russia," *Problems of Post-Communism* 47, no.2 (2000), pp.13-22; Katherine E. Graney, *Of Khans and Kremlins: Tatarstan and the Future of Ethno-Federalism in Russia*. (Lanham, MD: Lexington Books, a Division of Rowman & Littlefield, 2009).

3600 人（75.4%）が都市居住民とされている。

　共和国の民族構成をみると、2010 年の国勢調査の結果によれば、タタールが 53%、ロシア人が 40% で大半を占めている。その他には、タタールと同じくテュルク系のチュヴァシが 3% を占め、フィン・ウゴル系民族のウドムルトやマリなども居住している。ロシア人はカザンを中心とする都市部に大半が居住しているのに対し、タタールは都市化も進んでいるものの、3 分の 1 ほどは農村部に居住しており、農村優位の地方では、民族構成でタタールが 90% を超えている郡（raion）も存在している。またチュヴァシなども、集住した村落を形成している。

　共和国内では、ロシア語とタタール語を国家語として、2 言語使用を推奨しており、タタール語メディアなども活発に活動している。こうした民族運動の一定の成功例としても、タタール／タタルスタンに対して注目が集まっている。またソ連崩壊以降、宗教の復興も進んでおり、多くのイスラームのモスクやロシア正教の教会が再び活動するようになっている。特にこのイスラームとキリスト教の「平和裏の共存」は、タタルスタンの誇るべき特徴の一つとして、広くアピールされており、多文化・多宗教共存の例としてもしばしば言及される[60]。また、こうした実践と地理的な位置

60　関啓子は、ロシアの中でも多民族共生教育を達成した例として、しばしばタタルスタンの例を挙げている（関啓子『多民族社会を生きる：転換期ロシアの人間形成』新読書社、2002 年、114-152 頁）。また、ケイト・グレイニーも、カザンをロシアの多民族性を象徴する空間として紹介している（Kate Graney, "Making Russia Multicultural Kazan at Its Millenium and Beyond," *Problems of Post-Communism* 54, no.6 (2007), pp.17-27.）。特に、イスラームに関しては、しばしばテロなどのイメージと結びつけられるコーカサスと対比して、穏健なイスラームのあり方として、比較研究のような形で取り上げられている（Hilary Pilkington and Galina Yamelianova. (eds.) *Islam in post-Soviet Russia: Public and Private Faces.* (London: Routledge Curzon, 2003); Shireen T. Hunter. *Islam in Russia: the Politics of Identity and Security.* (Armonk, New York, London: M.E. Shape, 2004); Marjorie

から、カザンを「ユーラシアの中心」、「東西交流の懸け橋」と自称する動きも活発化している。

確かに全体の傾向を見れば、目立った民族対立はなく、共存が達成しているように見える。しかし、タタールの間には、ロシアによる支配の記憶が強く残っており、過激な主張を行う勢力も存在している[61]。他方、タタルスタン内のロシア人等、その他の民族の間には、行政の幹部人事などにおいて、タタール優遇に見える現状に対する反発もある。

ここでは、こうした状況の中で、狭間に置かれた存在としてのクリャシェンに注目し、多民族・多宗教社会の葛藤を浮き彫りにすることを目指す。特に、これをソ連崩壊以降の社会の再構成の過程の中に位置付けることで、ポスト・ソ連社会の一側面を明らかにするとともに、400年に及ぶロシアによるこの地域の支配の一つの結末も示すこととなる。

4．調査概要

本書は、全体としては旧ソ連・ロシアの地域研究の一つと位置づけられる。方法としては、歴史学的な作業によって、帝政期からソ連期の様子を確認しつつ、その背景を考慮しながら、民族誌的な現地調査によって、民族文化、宗教的な習慣などの現在の様子、及び人びとの意識のあり方を明

  M. Balzer (ed.) *Religion and Politics in Russia: A Reader.* (Armonk, New York, London: M.E. Shape, 2010); Galina Yameilanova (ed.) *Radical Islam in the Former Soviet Union.* (London and New York: Routledge, 2010).)。

[61] こうしたタタールの鬱屈した状況については、ヘレン・フォーラーが現地調査に基づいてまとめている（Helen M. Faller. *Nation, Language, Islam: Tatarstan's Sovereignty Movement.* (Budapest, New York: Central European University Press, 2011).)。ただし、この本の中では、タタールへの過度な思い入れと捉えられる記述が随所に見られ、こうした運動に対する評価には留保すべき点が目立つ。

らかにする。

　本研究は、2008 年 9 月から 2010 年 10 月、2011 年 7 月、2012 年 7 月、2015 年 9 月に行ったロシア連邦タタルスタン共和国における現地調査に基づいている。このそれぞれの期間で、筆者はレーニン名称カザン国立大学（2010 年以降は、カザン（沿ヴォルガ）連邦大学）タタール文献歴史学部（当時）の研究生として文献調査、及びタタルスタン各地でのフィールド調査を行った。

　歴史的な側面について、帝政期に関しては、この地域の宣教活動に当たったカザン司教区の雑誌『カザン主教区報知 (Izvestiia po Kazanskoi eparkhii)』を始めとする宣教師の記録のほか、特にカザン連邦大学附属図書館に所蔵されている、様々な民族誌的資料、旅行記などを資料として用いる。またソ連期については、やはり同図書館所蔵の民族誌などを参照する他、タタルスタン国立文書館 (Natsional'nyi arkhiv Respubliki Tatarstan) タタルスタン共和国中央歴史・政治文書館 (Tsentral'nyi gosudarstvennyi arkhiv istoriko-politicheskoi dokumentatsii Respubliki Tatarstan) に所蔵されている史料なども参照している。

　民族誌的な調査については、カザン市内の教会で観察及びインタビューを行ったほか、様々なクリャシェン関連行事に参加して、その様子の観察及び聞き取り調査などを実施した。また、クリャシェン居住村落に短期的な滞在を数回行い、その村内の文化諸施設や学校などを訪問しつつ、聞き取り調査などを行った。

　特に複数回訪問し中心的なデータ収集を行ったのは、以下の 3 つの村である。

I）ペストレチ郡クリャシュ・セルダ村

　カザンから東に約 80 キロメートルに位置しており、バスで約 2 時間の距離にある（筆者の長期滞在中は直通のバスが運行されていたが、現在カザンからは郡中心までのバスしか運行されていない）。人口は約 500 人

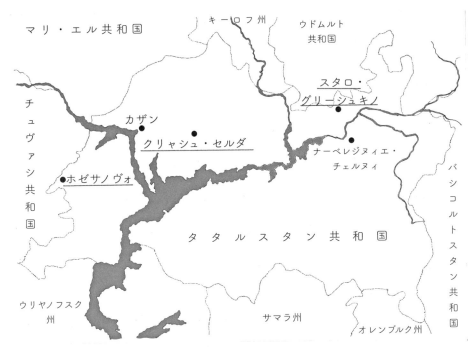

図 0-2 調査地（櫻間瑞希作成）

で、民族構成としてはほとんどがクリャシェンとされていれる。ペストレチ郡は、ロシア人、タタール、クリャシェンの割合が拮抗しているといわれ、クリャシュ・セルダ村は、カザンから延びる幹線道路を進んだときに、最初に突き当たるクリャシェン村落で、それに続いて3つのクリャシェン村落が続いている。逆にカザン方面に進んでいくと、隣のチタ村を初め、ムスリム・タタールの村落が続き、ちょうどその境界地点に当たっている。村内の主な文化施設として、学校、博物館、文化の家（公民館）がある。学校は、帝政期にここに居住していたドイツ人貴族の住居を改装したもので、ソ連初期から運営されている。それに併設された博物館は、第9章で取り上げるように、学校の教師が村内の民具などを集めて開設したもので、児童の教育に利用されているほか、クリャシェンの文化を集めた場

所として注目されている。また第 7 章で取り上げるように、2006 年に村出身の実業家の寄付により新しい教会が建設され、新たに派遣された司祭によりクリャシェン語による祈祷が行われている。筆者は滞在中、この教会に起居して調査を行った。

Ⅱ）メンデレエフスク郡スタロ・グリーシュキノ村

　カザンからおよそ 240 キロ東に位置しており、カザンから郡中心のメンデレエフスクまではバスで約 4 時間の距離で、そこからさらに車で 15 分ほどの位置にある。地理的にはカマ河沿岸地域に当たり、比較的ロシア人の割合が高い地域の中にある。また、隣にはマリが居住する村があり、さらに進むとすぐにウドムルト共和国に入るという位置にある[62]。人口は約 600 人で、民族的にはクリャシェンがほとんどであるとされている。ここも文化施設としては、学校、文化の家、博物館がある。この村は、帝政期からすでにロシア正教の宣教師による学校が置かれていた。もっとも帝政期には教会は置かれていなかった。その後、村人の主導により礼拝堂が設立され、祭りなどの際に不定期に、郡中心から司祭が派遣され、クリャシェン語での祈祷が行われていた。さらに 2015 年に村の学校の校長の主導により、教会が新築され、定期的な祈祷などが行われるようになった。

---

[62] マリ及びウドムルトは、共に沿ヴォルガ中流域に居住するフィン・ウゴル系の少数民族で、共にマリ・エル共和国、ウドムルト共和国という民族共和国を持ち、タタルスタン共和国に隣接している。2010 年の国勢調査によると、ロシア全土で共に約 55 万人とされており、それぞれの共和国内でも約 29 万人（41％）、約 41 万人（27％）で、多数派を占めるにはいたっていない。それもあって、民族語の保持率なども決して高くない。共に、宗教的にはロシア正教徒が大半を占めているが、ロシア正教受容以前の「異教 (iazychestvo)」を自分たちの「本来の信仰」として、その復興を進める動きもある。

III）カイビツク郡ホゼサノヴォ村

　カザンから南西に約150キロメートルの場所に位置し、直通のバスで3時間程度の距離となっている。地理的には、チュヴァシ共和国との共和国境に面しており、村の居住部を出て、しばらく歩くとチュヴァシ共和国の中に入るような位置にある[63]。また村内のテレビも、カザンではなく、チュヴァシ共和国の都市カナシュの放送局からの電波を受信しており、チュヴァシ語の放送が入る環境にある。人口は約700人で、そのほとんどはクリャシェンとされるが、チュヴァシの住人も少なくない。そもそも、この村は周辺の村と合わせ、いわゆるモリケエヴォ・クリャシェンの居住地とされ、帝政期からそもそもこれらの住人はチュヴァシとみなすべきではないかという議論が存在した[64]。結局、革命後の民族自治共和国の境界画定期に、タタール語をしゃべる人々とされ、現在に至っている。村内には学校があるが、まとまった博物館などはなく、学校の校舎内に文化展示の部屋が置かれている。また、文化の家もあり図書館が併設されている。村内に教会はないが、5キロほど離れた隣村（ロシア人村）で教会が機能している。この村では、当時の村ソヴィエトの議長の家に起居して調査を行った。

　この3村落が主要な調査地となったのは、クリャシェンの民族組織を

---

[63] チュヴァシは、やはり沿ヴォルガ中流域に居住する少数民族で、言語的にはフィン・ウゴル系に分類する説もあったものの、現在はテュルク系として認知されている。2010年の国勢調査によると、ロシア全土で約144万人、共和国内では約81万人（65%）と、比較的大きな人口を抱えており、共和国内の多数派も確保しているが、言語面等でのロシア化は進んでいるといわれている。宗教的には、ほとんどはロシア正教徒であるが、やはりキリスト教化以前の「異教」を復興させようという動きも見られる。

[64] Pchelov A. "Tatary ili Chuvash?" *Inorodcheskoe obozrenie: prilozhenie k zhurnalu "Pravoslavnyi sobesednik"*. 1912.12. Kniga 1-ia. pp.14-15.

通じて、受け入れ可能な人を探した結果であり、偶然的な要素が強い。しかし、結果的にバランスの取れた構成になっていると考える。クリャシェンについての民族誌では、主に5つの地域グループに分類できるとされており、先述のモリケエヴォ・クリャシェンのほか、カザンから東に位置する外カザン・クリャシェン、エラブガを中心とするカマ河流域に居住するエラブガ・クリャシェン、カマ河南岸に広がるチーストポリ・クリャシェン、飛び地の集団としてウラル地方のチェリャビンスク州に居住するナガイバキが挙げられている[65]。上記の3村は、それぞれ外カザン・クリャシェン、エラブガ・クリャシェン、モリケエヴォ・クリャシェンに該当し、特にその周辺の集団との関係や社会・経済的な関係において、それぞれに独自性を持った地域となっている。すなわち、カザンに近く、ムスリム・タタールとの関係・交流がより強い外カザン・クリャシェン、エラブガやナーベレジヌィエ・チェルヌィといったロシア人優勢な街に近いエラブガ・クリャシェン、チュヴァシというタタールとは異なる民族との関係がより強いモリケエヴォ・クリャシェンという特色が指摘できる。ただし、先に述べたように、短期滞在を繰り返すという形式で、全ての村で同様の調査をしたわけではなく、滞在期間も異なっている。そのため、本書の中では、あくまで各事例の解釈に際して、これらの要素を考慮する、ということにとどまる。

　こうした地域的な特色は指摘できるが、それぞれの村の基本的な生活形態などには共通点も多い。基本的なインフラ面については、どの村も下水道は設置されていないが、上水道設備は不十分ながら整備され、電気とガスは安定して供給されている。また、通信網も整備されており、テレビや電話（携帯電話は一部で接続が悪いが）はもちろんのこと、近年はイン

65　*Etnoterritorial'nye gruppy tatar Povolzh'ia i Urala i voprosy ikh formirovaniia: istoriko-etnograficheskii atlas tatarskogo naroda.* (Kazan': Dom pechati, 2000), p.132.

ターネットも急激に普及している、特に SNS を使ったコミュニケーションが盛んで、クリャシェンの活動においても、ロシアで最もポピュラーな SNS サイトである Vkontakte などが重要な活動手段となっている。

　もっともソ連崩壊以降、コルホーズ（集団農場）の解体により、経済的には厳しい状態にある。一部では、大規模農業企業への移行により成功した者もあったが、大半は収入の確保に苦労することとなった[66]。そもそも、どの村落でも学校や役所、村内に 1~3 軒ある雑貨屋といったものに雇用の場は限定されており、郡中心やカザン、ナーベレジヌィエ・チェルヌィといった近隣の都市部に仕事に通っている者も少なくない。若者の流出も、各村で共通した問題として認識されている。また仕事があったとしても、その給料は決して十分ではない[67]。そのため、大抵の家庭はやや広めの家庭菜園を持って、野菜などを栽培しているほか、鶏や牛を飼っている家庭がほとんどで、日常の食事はパンやお茶、菓子などを買う他は、ほとんどこれら自家製のもので賄っている。また、余った野菜などは市場に持ち込んで販売し、あるいは副業として養蜂などを行っている者もいる[68]。住居は独立家屋で、石造りの土台の上に木製漆喰の建屋というのが良く見られる形式であるが、これも住民自身が自力で建築していることが多い[69]。

---

[66] 上記のクリャシュ・セルダ村を、筆者が日本人の友人と歩いていた時、それを見つけた村人の一人が「お前たちは中国人か？」と言って話しかけてきたことがある。日本人だと答えると、「どちらでもいいが、ここの農場に投資するつもりはないか？」と語りつつ、いかに現在この村の旧コルホーズが窮乏しているかを訴えてきたこともある。

[67] 筆者がお世話になった村の校長の月収は 1 万ルーブル（当時のレートで 3 万円強）程度であった。そのため、彼も夏場には養蜂に力を入れ、この月収を超える収入を得ている。

[68] こうした自給自足的な面があるために、2008 年の金融危機による不況で若者が就職難に陥ると、「食べるものには困らない」といって一時的に村落に回帰するという現象も見られた。

[69] こうした状態は、クリャシェンに限定したことではなく、少なくともこの地

こうした、自家栽培や自力での建築は、経済面での問題もさることながら、村内の社会規範として、良いことと認識されており、カザンなどの都市で大学に通ったり働いている者も、夏季休暇や土日、休日には実家に帰り、こうした作業を手伝うことが一般的となっている[70]。

　また、各村の住人同士の会話はほとんどタタール語で行われているが[71]、教育やマスメディアを通じて、ほとんどの住人はロシア語での会話も可能である。もっとも、高齢者になると、ロシア語を聞いて理解することは十分にできるが、正確に話すことができず、恥ずかしいという理由で話すことを躊躇する人も珍しくない。筆者の調査に当たっても、特に初期はロシア語が主に用いられ、ロシア語が苦手な高齢者などと話をする際には、別の村人に通訳をお願いした。調査と並行してタタール語の学習も行い、後半の2010年頃からは、直接タタール語での聞き取りなども行っている。

5. 本書の構成

　本書は、全4部10章からなっている。第Ⅰ部は、タタールとクリャシェンの関係の歴史的経緯とその現在の評価を示し、クリャシェンという

　　　域の村落部においては、民族の違いに関係なく、似たような状況にある。
70　ただし、近年の都市住民の中には、こうした雑事は金銭で解決し、自らは仕事に専念するほうが効率的で良いという意見を述べる者も出てくるようになっている。
71　本文で述べるように、クリャシェンの運動においては、彼らに独自の「クリャシェン語」があるかは一つの重要な争点となっている。実際、多くの人々は自分たちの元々の言語が、標準タタール語と比べ、少なくとも方言レベルでの差異があることを認めている。しかし、近年の学校でのタタール語教育の影響も受け、村の人々が現在話している言語はタタール語である、という意識が共有されている。そのため、本書の中では、特に発話者らがそれを意識して明言している場合を除き、彼らの話している言語については「タタール語」と表記することとする。

存在が、歴史的な存在としていかに位置づけられているのかを明らかにする。第1章は、帝政期からソ連初期にかけてのクリャシェンの形成からタタールへの統合過程を取り上げる。特に、帝政期の改宗政策と現地社会の関係を示しつつ、帝政末期からソ連初期にかけて、クリャシェンという集団が明確に現れる過程を明らかにする。第2章では、このクリャシェンに対するタタールの視線を顕著に示したものとして、2004年に制作された『ジョレイハ』という映画を取り上げ、その描写からクリャシェンが現在、タタールの言説環境においていかなる状況にあるのかを明確にする。

第Ⅱ部は、クリャシェンが民族を名乗る運動について取り上げる。第3章では、タタールの民族運動の展開の中で、クリャシェンが周縁化・疎外される様子をまず示す。そこから、クリャシェンの民族運動が組織化され、公認を求めて運動する過程を示す。第4章では、こうした運動がいったん沈静化した後、共和国で公認されることによる環境の変化を示す。同時に、その過程で運動が分裂する様子も描く。第5章は、このクリャシェンの問題が全面的に出てきた国勢調査の問題について論じ、現在のロシアにおける民族認定のメカニズムを示す。さらに、国勢調査の中のクリャシェンとタタールの論争を分析し、その中で争点となっている点を明らかにする。

第Ⅲ部は、クリャシェンと現在のロシア正教復興との関係を論ずる。第6章では、現代のクリャシェンの宗教意識のあり方について、社会調査の結果や筆者自身の部分的な聞き取りに基づいて、その大まかなスケッチを示す。第7章では、ロシア正教の公式の施設としての教会を取り上げ、それに対して人々がどのように接しているのかを論じ、実際に教会がどのような意味を担わされているのかを明らかにする。第8章では、村落部における、土着信仰に基づくと思われる儀礼を取り上げ、ロシア正教会がそれにどう対応し、また人々がどうそれを解釈しているのかを示す。これらの議論から、クリャシェンの運動及び人々一般が、ロシア正教とどのような関係を結んでいるのかについて論じる。

第IV部は、クリャシェンの運動団体が推進しようとしている文化とは何かについて論じる。第9章では、ソ連的な民族文化提示のあり方を示し、それに倣う形で地方レベルで展開している、学校、博物館、アンサンブルの実態について紹介する。第10章では、前章の議論を受けつつ、クリャシェンの文化を広くアピールするために行なわれている祝祭として、ピトラウという祭りについて論じる。ここではタタールのサバントゥイという祭りと並列して論じ、独自性の表現のあり方と、その困難を明確にする。同時に、一般の人々と民族運動団体との認識のギャップについても論じる。
　これらの議論を通じて、結論ではクリャシェンというエスニシティが、民族を名乗る過程について、ソ連の制度面などに注目した検討を行う。さらに、こうしたエスニシティの発現との関わりの中で、ロシア正教がいかなる役割を担い、また認識されているかについても論じる。これらをまとめつつ、現代のロシアにおける民族の受け止め方とその意味について議論する。

第 I 部

タタールの中のクリャシェン

第 1 章

受洗タタールからクリャシェン、
そしてタタールへ

1.1. イスラームの浸透と正教改宗政策

1.1.1. ロシア以前の沿ヴォルガ中流域

　ヴォルガ河は、古代より東西の交通路としての役割を果たしてきた。そして現在のカザンを中心とする中流域は様々な集団が往来し、諸王朝の交代が相次いだ。7世紀頃より、カスピ海沿岸からこの地域にかけてはハザールが強大な帝国を形成し、各地の勢力をその支配下に置いた。そのうち、このヴォルガ中流域に位置していたテュルク系集団とされるヴォルガ・ブルガルは、10世紀初め頃にその支配を脱するようになった。そして、イスラームを受容するとともに、同じくイスラーム国家であるアッバース朝と友好関係を築くことで、首都ボルガル[1]を中心に独立した国家としての地位を確立していった。ヴォルガ河の沿岸を支配下に置いたこの王国は、その後ヨーロッパから中央アジア・中国を結ぶ陸上と水上双方の交通の要衝の一つとして、中央ユーラシアの交流センターの位置を占め、北方ユーラシアのイスラーム化と交易活動に大きな役割を担った[2]。

　13世紀にモンゴル帝国による征服を受け、その後継国家であるジョチ・ウルスの支配下に入った。その後、15世紀にジョチ・ウルス内の後継者争いが起こると、ヴォルガ河畔の都市カザンを中心にカザン・ハン国が成立した。そして、イスラームを国教としてモスクワ大公国と相対することとなったが、カザン・ハン国内では特にテュルク系諸民族とフィン・ウゴル系諸民族が混在し、住民の間ではイスラーム以前の信仰に基づいた習慣なども保持されていた。

1　この跡地は、2014年に「ボルガルの歴史的・考古学的遺産群（Bolgar Hitorical and Archaeological Complex）」として、世界遺産に登録された。
2　イブン・ファドラーン（家島彦一訳）『ヴォルガ・ブルガール旅行記（東洋文庫789）』平凡社、2009年、14-15頁。

1.1.2. カザン陥落と正教宣教活動

　16世紀半ば、イヴァン雷帝（Ivan Groznyi: 1530-1584）の治世の下、モスクワ大公国は東方への進出を強め、カザン・ハン国に侵攻した。そして、ヴォルガ河沿岸に城塞スヴィヤシスクを築き、1552年激しい攻防の末、ついに首都カザンを占領した。この後、カザンはロシア帝国の東方進出の一大拠点と位置づけられ、行政や文化、学術の中心地として発展していった。

　ここでロシアの東方支配に当たり、中心的な政策の一つとなったのが、現地住民のロシア正教への改宗であった。1555年にはカザンおよびスヴィヤシスク大主教区が設立され、大主教グーリー（ルゴチン）（Gurii (Rugotin): ?-1563）が派遣されていた。モスクワの府主教マカーリーもロシアを正教国家とすることを望み、現地住民への正教布教を支持するとともに、積極的に支援した[3]。最初にその主要な対象となったのはムスリムの貴族や軍人で、その地位の保証や褒賞を通じて、自発的な形での改宗が進んでいった。これらのエリート層の改宗者は、そのままロシア社会のエリート層に同化し、ロシア人化していった[4]。一方、町民や農民への改宗活動も進められたが、強制的な方法に対しては反発が強まったため、恐怖による改宗は禁じるという命令が出され、もっぱら物品の授受や学校の設立による啓蒙活動による改宗・宣教活動が進められた。もっとも、こうした禁止にもかかわらず、現地のロシア人らによって実質的に強制的な改宗も散発的に行われていた[5]。この当時、洗礼を受けた人々の多くは、土着の伝統宗教に親しんだ人々で、名目上ムスリムとされていても、イスラーム的

---

[3] Matthew P. Romaniello. "Mission Delayed: The Russian Orthodox Church after the Conquest of Kazan," *Church History*. 76:3 (2007), p.514.

[4] 濱本真実『共生のイスラーム：ロシア正教徒とムスリム（イスラームを知る 5）』山川出版社、2011年、51-52頁。

[5] 濱本真実『「聖なるロシア」のイスラーム：17-18世紀タタール人の正教改宗』東京大学出版会、2009年、74-75頁。

な生活習慣などになじんでいたわけではないと推測されている[6]。また、この時期のロシアの一般的な認識において、現地の人々を言語や宗教を基にして明確に区分することはなく、かつてのモンゴル帝国支配下の人々は、一括して「タタール（tatary）」と呼ばれていた[7]。

しかし、最初期の宣教活動は徹底したものではなく、いったんロシア正教を受け入れたとされる人々も、周囲のムスリムや、伝統的な信仰を保持した人々との接触を続け、実際には改宗以前とほとんど変わらない生活を送っていることが多かった。さらには、この地域に移住してきたロシア人が周囲の環境に感化され、ムスリムになるといったことまであったとも言われている[8]。後にモスクワ及び全ロシア総主教ともなったゲルモーゲン（Germogen: 1530-1612）は、カザン及びアストラハン大主教を務めた際、こうした状況を目の当たりにして危機感を抱き、宣教活動の強化を上奏した。その結果、ロシア正教徒と非正教徒の居住区を別にし、両者の接触を制限するようにした。もっともこの後、大動乱の時代（スムータ：Smuta）を迎えると、非ロシア人に対する宣教政策は、再び弱まることとなった[9]。

しかし、17世紀の中頃からロシア政府は非ロシア人に対する改宗を強化するようになり、17世紀の後半になると、改宗を促進する法令が多数

---

[6] Nikolai I. Vorob'ev. *Kriasheny i tatary: nekotorye dannye po sravnitel'noi kharakteristike byta.* (Kazan': Tipografiia Sovnarkoma, 1929), p.4.

[7] Robert P. Geraci. *Window on the East: National and Imperial Identities in Late Tsarist Russia.* (Ithaca: Cornell University Press, 2001), pp.17-18.

[8] Iulduz G. Mukhametshin. *Tatary-kriasheny:istoriko-etnograficheskoe issledovanie material'noi kul'tury seredina XIX – nachalo XX v.* (Moskva: Nauka, 1977). p.16.

[9] ただし、17-18世紀初頭にかけても、タタールの上層階級の間で、ロシア正教に改宗するものはあった。しかし、こうした人々は、そのままロシアの支配階層に同化していき、現在のクリャシェンとつながるものとは考えられていない。なお、この時期の改宗の実態については、濱本真実の論考が詳しい（濱本『「聖なるロシア」』、2009年）。

発布された。さらに18世紀になるとピョートル1世（Petr I: 1672-1725）の統治下で、ロシア帝国の東方への拡大も進められるようになると、カザンはいよいよ帝国東方の中心都市という地位を確立した。そして、この地域の改宗政策にも再び力が入れられるようになった。具体的には、改宗者に対して免税や兵役免除といった優遇が与えられ、逆に非改宗者に対しては正教徒奴隷の所有禁止などの制限が課された。さらに、当時のカザン及びシンビルスク主教ティーホン（Tikhon）により、改宗者のための学校も創設され、ロシア正教を根付かせるための努力が続けられた。その結果、ピョートルの治世末期には、カザン県においてロシア正教を受容した非ロシア人の数は4万人に上ったとも伝えられている[10]。

さらに18世紀中葉になると、より積極的かつ体系的な改宗政策が展開されるようになり、1731年、スヴィヤシスクに、非ロシア人の宣教活動に従事する委員会が設置された。これは、後に新受洗者取扱局（Novokreshchenskaia kontora）と改名され、改宗活動に従事することとなった。1738年にルカ（コナシェヴィッチ）（Luka (Konashevich)）がカザン及びスヴィヤシスク大主教になると、さらに改宗政策の改革が進められていく。まず、改宗者とロシア人の間の婚姻を推進しつつ、非改宗者との分断を図り、教会の建設も進めた。そして、ピョートル1世以来の改宗者に対する免税措置などを継続しつつ、さらに金品を含む報奨の授与も行われた。逆にムスリムに対しては厳しい姿勢を示し、モスクの建築制限を徹底して、既存のモスクの打ち壊しなどが実施された。こうした方策の結果、特に1740年代を通じて、数万人単位で現地住民のロシア正教への改宗を進めることに成功した[11]。

10　Geraci. *Window on the East.*, p.20.
11　Faizulkhak G. Islaev. *Pravoslavnye missionery v Povolzh'e.* (Kazan': Tatarskoe knizhnoe izdatel'stvo), pp.21-22; Faizulkhak G. Islaev. *Dzhikhad tatarskogo naroda: geroicheskaia bor'ba tatar-musul'man s pravoslavhoi*

しかし、この時期の強制的な方法を伴う宣教活動により改宗した人々は、あくまで形式的に改宗したに過ぎず、現実には従来通りの宗教・生活習慣を維持していたと言われている。この時期の改宗者は新受洗者（novokreshchenye）と呼ばれ、それ以前に改宗し、ロシア正教徒としての自覚を持ち、その教義に則った生活などを送っていた人々は旧受洗者（starokreshchenye）と呼ばれて区別されるようになった。また、ムスリムに対する強圧的な方法も併用して行われたこの時期の政策は、現地の人々の強い反発も招き、ルカはその後、ムスリム・タタール間で悪魔の化身として語り継がれるようになった[12]。

　その後、エカテリーナ2世（Ekaterina II: 1729-1796）が即位すると、こうした宣教活動全体が見直されることとなる。新受洗者取扱局は1764年に廃止され、改宗政策そのものも事実上止められることとなった。さらにプガチョフ反乱[13]を受けて宗教寛容令が発布され、ムスリムによるモスクの建設も許されるようになり、1799年には正教会によるムスリムへの改宗活動自体が禁止されるまでになった[14]。そして19世紀になると、ムスリムがその勢いを盛り返すと同時に、両者の対立は新しい局面を迎えるようになった。

---

　　　inkvizitsiei na primere istorii Novokreshchenskoi kontory. (Kazan', 1998), pp.109-115.

12　Geraci. *Window on the East.*, p.21.
13　ドン・コサック出身のエメリヤン・ブガチョフがタタールやカルムィクなど非ロシア人も巻き込んで起こした反乱（1773-75）。国家体制そのものへの反対も内包し、ヴァルガ・ウラル地方の民衆の連帯も形成した。
14　山内昌之『スルタンガリエフの夢：イスラム世界とロシア革命（岩波現代学術文庫201）』岩波書店、2009年、71-72頁。さらに、エカテリーナ2世は、ムスリム宗務局（Dukhovnoe upravlenie musul'man）を設立し、イスラームを国家制度の中に組み込むことで、その監督を強めるようになった。

1.2. 受洗異族人の大量棄教とイリミンスキー

1.2.1. 受洗異族人の大量棄教

19世紀になると、カザン県の各地の改宗現地人から、ロシア正教を棄て、イスラームへと「回帰」するための請願が相次ぐようになった。すでに1802～1803年には、最初の棄教（otpadenie）の請願が出され、1820年代になると村単位での大量の棄教の請願が行われるようになった。そうした請願では、自分たちの祖先はムスリムであったが、強制的にロシア正教へと改宗させられたと主張し、ムスリムへと「回帰」することが要求された[15]。こうした流れは、19世紀を通じて拡大を続けた。

この時代は、タタールを中心にイスラームにまつわる関心も以前と比べて高まっていた。ウファやオレンブルクといった商業の中心へ出稼ぎに行った改宗者たちは、そこで言語を同じくするムスリムと交流を持ち、改めてイスラームへ回帰する気持ちを強めるようになっていた[16]。また、繊維業を通じて財を成したムスリム商人たちは、積極的に改宗者たちを雇用し、そこでイスラームへの帰依をそそのかしたとして、宣教師などから非難されるような例もあったと指摘されている[17]。

また、こうした社会経済的な事情に加え、改宗者たちの日常生活の中にもムスリムとの近縁性が埋め込まれていた。この地域の習慣として受け継がれていた、サバントゥイやジエンと呼ばれる春・夏の祭では、ムスリム

---

15 Znamenskii P. *Kazanskie tatary*. (Kazan': Tipografiia Imperatorskogo Universiteta, 1910). p.38.

16 Werth. *At the Margins of Orthodoxy: Mission, Governance, and Confessional Politics in Russia's Volga-Kama Region, 1827-1905*. (Ithaca: Cornell University Press, 2002). p.163.

17 Agnès N. Kefeli. *Becoming Muslim in Imperial Russia: Conversion, Apostasy and Literacy*. (Ithaca and London: Cornell University Press, 2014). p.124.

とロシア正教の改宗者が出会い、共にそれを祝うことで相互の交流を維持・確認する重要な契機であった[18]。また家庭では、女性を中心にイスラームにまつわる民話・伝説が語り継がれ、それを通じて改宗者たちも自分達のムスリムとしてのルーツを再確認していたのである[19]。

実際に受洗タタールの村を訪れて、その生活、文化を記録したミハイル・マシャノフは、彼らが名目上はロシア正教徒であるものの、正教とイスラームを混同し、事実上ムスリムのようであるとしている[20]。そして、教会にもろくに通わず、来たとしても礼拝にまじめに取り組まない様子を嘆いている[21]。さらに、村の中には伝統宗教由来の供犠の儀式が残り、かつそこにはイスラームの影響も見られることを報告している[22]。

特にこういった動きは、18世紀の改宗運動の結果正教徒として登録された、新受洗者の間で多かったといわれている。彼らは、上記のように事実上ムスリムとしての生活習慣などを維持していたが、パスポートや各種の証明書の発給、税や諸負担の納入の際には、ロシア正教徒として扱われることで、生活の二重性が生じ、様々な形で抑圧を感じるようになってい

---

[18] Kefeli. *Becoming Muslim in Imperial Russia.*, p.127. ただし、こうした祭りは必ずしもムスリムとの近縁性を確認するだけの機会だったわけではなく、逆にロシア正教の祭りと一体化するといった事態も面も見られた。この詳細とその後の展開については、第10章で検討する。

[19] Agnes Kefeli-Clay, "The Role of Tatar and Kriashen Women in the Transmission of Islamic Knowledge, 1800-1870," in Geraci, R.P. and Khodarkovskii, M. (eds.), *Of Religion and Empire: Missions, Conversion, and Tolerance in Tsarist Russia.* (Ithaca: Cornell University Press, 2001), pp.264-265.

[20] Mikhail Mashanov. *Religiozno-nravstvennoe sostoianie kreshchenykh tatar Kazanskoi gubernii Mamadyshskogo uezda.* (Kazan': Universitetskaia tipografiia, 1875), p.5.

[21] Mashanov. *Religiozno-nravstvennoe sostoianie.* p.11.

[22] Mashanov. *Religiozno-nravstvennoe sostoianie.* pp.21-25.

た。それを解消する手段のひとつが、正教の棄教だったのである[23]。

　さらにこの時期には、フィン・ウゴル系諸民族など、もともとムスリムではなかった人々にもイスラームの影響が及んでいた。宣教師のヤコヴ・コブロフは、ムスリム・タタールがチュヴァシやチェレミス、ヴォチャク[24]といった、周囲の異族人 (inorodtsy)[25] と接する中で、ロシア正教についての悪い噂を流しながら、巧みにイスラームへ誘導しているとし、さらに市場ではタタール風の格好をしていない人が標的となって、詐欺などが行われていることを報告している[26]。さらに、タタールの習慣に慣れてきたチュヴァシやヴォチャクの住んでいる場所に教師を送り込み、イスラームの教義などを教えるほか、子供たちにタタール語の読み書きも教えて、事実上、タタールと見分けがつかなくしているとも指摘している[27]。

　このようなムスリム・タタールの勢力の伸長は、ロシア正教会、さらには帝国当局にとって脅威と映った。すでに19世紀初めから、再び宣教活動が行われるようになったが、なかなかその成果は実らず、1866〜67年にかけては公にされているだけで約9000人もの請願者が現れるに至っ

---

[23] 西山克典「洗礼タタール、「棄教」タタール、そして正教会：19世紀中葉ヴォルガ中流域における宗教・文化的対抗について」『ロシア・イスラム世界へのいざない（スラブ研究センター研究報告シリーズ No.74）』札幌、スラブ研究センター、2000年、42頁。

[24] チェレミスは現在のマリ、ヴォチャクは現在のウドムルトを指す。

[25] 異族人とは、ロシア帝国に存在した身分的・民族的カテゴリーで、法律用語としては、「後進性」や独特な生活様式のために、特別な扱いを必要とするとみなされた人々を指した。もっとも、沿ヴォルガ・ウラル地域では教育などの分野において、非ロシア人全般を指す用語としてもしばしば用いられ、あるいはより広く、ロシア帝国内の非ロシア人全てを指すような場合もあった。

[26] Iakov Koblov. *O tatarizatsii inorodtsev Privolzhskogo kraia*. (Kazan': Tsentral'naia tipografiia, 1910), pp.12-15.

[27] Koblov. *O tatarizatsii inorodtsev*. p.16.

た[28]。これに対し新たな宣教の試みを提示したのが、ニコライ・イリミンスキー（Nikolai Il'minskii: 1822-1891）であった。

1.2.2. イリミンスキーの宣教活動

ペンザ県（現在のペンザ州にほぼ該当）で司祭の子供として生まれたイリミンスキーは、カザン神学校を卒業後、タタール語講師として大学に残った。そして、タタール街区を訪れるなどして、タタール住民と交流しつつ、その生活についての見聞を深めた。さらにトルコやシリア、エジプトにも出かけて、諸外国におけるムスリムの実状についての理解も深めていった。帰国後、再びテュルク語・アラビア語の教授として教鞭を取ったが、同時に現地非ロシア人の宣教活動に積極的に関与していくようになる。

この宣教活動でイリミンスキーが重視したのが、聖典の民族言語への翻訳であり、各民族への口語での正教啓蒙活動である。既に以前から、聖典の翻訳の試みは行われていたが、それは文語タタール語によるもので、人々が実際に生活で用いている言葉とは乖離していた。またアラビア文字が用いられ、アラビア語やペルシア語の語彙も多く、イスラーム的な観念が反映したものとなっていた。これに対し、イリミンスキーは翻訳に当たって、実際に受洗タタール自身が用いている日常言語に忠実にすることを目指した。それによって、より受洗タタールに親しみを覚えさせることを意図したのである。さらに、それを記述する際には、キリル文字を基調とすることとし、ムスリム・タタールからの影響を極力回避しつつ、よりスラヴ・正教文化に引き寄せようという意図があった[29]。

28　Znamenskii. *Kazanaskie tatary*. p.45. 1860年代のカザン大主教区内の受洗タタールの数は、旧受洗者を中心に、約4万5000人と見積もられていた（Evfimii A. Malov. *Missionerstvo sredi mukhammedan i kreshchenykh tatar: sbornik statei*. (Kazan': Tipo-litografiia imperatorskogo universiteta, 1892), p.400.）。

29　Petr Znamenskii. *Istoriia Kazanskoi dukhovnoi akademii za pervyi*

1864年、イリミンスキーの翻訳作業を補佐していた受洗タタール出自のヴァシリー・ティモフェーエフ（Vasilii Timofeev: 1836-1895）を教師として、カザンに受洗タタール学校（Kreshcheno-tatarskaia shkola）が設立された。この教育・宣教活動には、カザン神学校の教授で、東洋学を専門とし、また対ムスリム宣教部の部長も勤めていたエヴフィミー・マロフ（Evfimii Malov: 1835-1918）も協力した。この学校は寄宿制で、生徒たちはティモフェーエフと寝食を共にし、生活全般の指導も受けながら、正教の教義や歴史を習った。この教育活動においては、ロシア語の授業も行われたが、特に初年度の教育言語としては基本的に現地諸民族の言語が用いられた[30]。この学校の卒業生たちは、その後、出身の村などの学校・教会へ赴任し、その母語での祈祷などを通じて人々への宣教を行うとともに、各村レベルでの教育を通じて、自分たちと同じ将来の宣教師候補を育成する任を与えられていた[31]。

　その後、カザン受洗タタール学校はカザン中央受洗タタール学校（Kazanskaia tsentral'naia kreshcheno-tatarskaia shkola）と改称され、地方にも同種の学校が設立された。さらに、その対象は受洗タタールに留まらず、同じくロシア正教に改宗したチュヴァシやヴォチャクを対象とした学校も設立されていった。こうした各地の学校で教える教師を育成するために、カザン異族人師範学校（Kazanskaia inorodcheskaia uchitel'skaia seminara）が開設され、イリミンスキーが校長に就任した。

　これら一連の政策は一定の成功を示し、チュヴァシやチェレミスのタタール化は食い止められ、旧受洗者を中心に、ロシア正教の勢力を維持す

　　　(doreformennyi) period ee sushchestvovaniia (1842-1870 godu). (Kazan': tip. Imperatorskogo universiteta,1892), pp.428-429.
30　*Kazanskaia tsentral'naia kreshcheno-tatarskaia shkola: materialy dlia istorii khristianskogo prosveshcheniia kreshchenykh tatar*. (Kazan': Tipografiia B.M. Kliuchnikova, 1887), pp.76-77.
31　Geraci. *Window on the East*. p.125.

ることができた。さらに、一連の教育活動を施したことにより、受洗タタールらの間に独自の知識人層を形成することになり、後に彼らが独自の民族を形成する基礎を作ることとなった[32]。

1.2.3. 棄教の限界とクリャシェンの名乗り

帝政期を通じて、新受洗者を中心とするイスラーム回帰の動きはやむことがなく、特に1905年の信仰の自由令の発布時には、最後にして最大の棄教請願が起こった[33]。もっとも、イリミンスキーの活動の成果もあり、正教徒現地人の多くが、キリスト教徒として生活する道を選んでいた。当時の民族誌家で、自らもチュヴァシの血を引くニコライ・ニコーリスキー（Nikolai Nikol'skii: 1878-1961）の記録するところによれば、1911年の時点で、カザン県やヴャトカ県（現在のウドムルト共和国南部からタタルスタ

---

[32] チュヴァシの間では、イヴァン・ヤコヴレフ（Ivan Iakovlev: 1848-1930）が、イリミンスキーのチュヴァシ語翻訳事業に力を貸し、自らチュヴァシ学校で教鞭を振るい、チュヴァシの啓蒙に多大な貢献をしたとして、現在でも高く評価されている（Ivan Ia. Iakovrev. *Moia zhizn': vospominaniia.* (Moskva: Respublika, 1997), pp.13-14.）。一方、受洗タタールの中からは、補祭の職にあったヤコヴ・エメリヤノフ（Iakov Emel'ianov: 1848-1893）が詩集を出版するなど、独自の文化活動を展開する人々も現れるようになった（Iakov E. Emel'ianov. *Stikhi na kreshcheno-tatarskom iazyke.* (Kazan': Tipografiia M.A. Gladyshevoi, 1879).）。

[33] この結果、ムスリムを選択した人の数は、5万人に上るとも言われている。しかし、当時の司祭セルゲイ・バギンは、この数字は1860年代以降にムスリムとなった人々も合算したものであるといい、実際に自由令発布後に正教を離れた人数はおよそ3000人であるとも報告している（Sergei Bagin. *Ob otpadenii v magometanstvo kreshchenykh inorodtsev Kazanskoi eparkhii i o prichinakh etogo pechal'nogo iavleniia.* (Kazan': Tsentral'naia tipografiia, 1919. pp.10-12.）。いずれにせよ、19世紀末から20世紀初頭にかけ、相当な数の現地非ロシア人がイスラームへ「回帰」したという事実に変わりはない。

ン北東部)を中心に、12県60郡にまたがり、およそ12万人の受洗タタールが居住していたという[34]。

イリミンスキー及びその後継者による宣教啓蒙活動は、着実に成果を上げ、受洗タタールの間では、かつての伝統宗教由来の儀礼などの慣習も、特に学校での教育を受けた若者たちによって廃止されつつあった[35]。そして、イリミンスキー没後も、彼への敬慕の念は引き継がれ、聖者としてその墓を訪れる人もあったという[36]。

写真1-1 カザンに現存するイリミンスキーの墓碑(2008年9月筆者撮影)

また、この時期には受洗タタールの間で、自分たちをムスリム・タター

---

34 Nikolai V. Nikol'skii. *Kreshchenye tatary: statisticheskie svedeniia za 1911 g.* (Kazan': Tsentral'naia tipografiia, 1914), p.1.

35 帝政期の著名な歴史家ボリス・チチェーリン(Boris Chicherin: 1828-1904)の姪で、ソ連最初の外務人民委員ゲオルギー・チチェーリン(Georgii Chicherin: 1872-1936)の姉に当たるソフィア・チチェーリナ(Sof'ia Chicherina: 1867-1918)による、20世紀初頭の旅行記では、20-25年前に見られた鶏などを犠牲にささげる儀礼が行われなくなったと書かれている(Sof'ia Chicherina. *U Privolzhskikh inorodtsev: putevye zametki.* (Sankt-Peterburg: Tipografiia V.Ia. Mil'shteina, 1905), p.84)。

36 Chicherina. *U Privolzhskikh inorodtsev.* p.70.

ルとは明確に区別するような動きも顕在化していた。すでに19世紀半ば、イリミンスキーは宣教活動の過程で、カザン県ママディシュ郡において、ロシア人が受洗タタールのことを「クレション／クレションカ (kreshchon / kreshchonka)」[37] と呼び、受洗タタール自身も「クリャシン (kriashin)」と自称していることを報告している[38]。しかし、こうした「クリャシン」や「受洗 (*chukungan*)」という言葉は、ムスリムの間では罵倒語として用いられていたとも言われている[39]。19世紀を通じ、タタールの間でムスリムとしての意識が強まる中で、受洗タタールは「本物の信仰」を捨て、神との関係を絶った「愚か者」として扱われるようになっていたのである[40]。

とはいえ、同じクリャシェンの間でも、より古代の習慣などを色濃く残す者、イスラームの影響を強く残す者など、多様な生活・信仰様式が見られた。また新受洗者らのうち、ムスリムに回帰した者でも、かつて形式上とはいえ、正教徒であったという事実から逃れることはできず、モスクで屈辱的な場所をあてがわれたり、ムスリムの墓地の外に埋葬されたりするなどの差別もあったと言われる[41]。

19世紀半ば以降、「ジャディード」と呼ばれる新しい世代の知識人による運動が活発になった。そして、単なるムスリムではなく、「タタール」という、独自の文化や伝統、言語に支えられたものとしてのエスニシティが徐々に浸透するようになっていった。とはいえ、その「タタール」とし

37　前者は男性の呼称で、後者はロシア語の規則に倣った女性を表す形。
38　Kazanskaia tsentral'naia kreshcheno-tatarskaia shkola. p.9. もっとも、イリミンスキー自身は自らの著した文章においては、一貫して「受洗タタール」という呼称を用いている。
39　Malov. *Missionerstvo sredi mukhammedan*. p.187.
40　S. Danilov. "Vospominaniia starokreshchennogo tatarina iz ego zhizni," *Strannik*. no.3 (1872), p.13.
41　西山「洗礼タタール」43頁。

ての意識の中でも、ムスリムであることは重要な意味を持ち続けていた[42]。これに対し、ムスリム・タタールから疎外されていくなかで、受洗タタール自身から、より明確に自分たちがムスリム・タタールとは異なるエスニシティとしての自覚が出てくるようになったのである。

　ソフィア・チチェーリナは、受洗タタールが住む村に出かけた際に「この本はタタールのものか？」と尋ねたのに対して、家の主人がきっぱりと、「いやクレシェンのもの (kreshchenskie) だ」と返答したという。そして、彼らがタタールとはムスリムを指すものと言いつつ、正教徒としての自分たちと差異化しようという意識を強く持っていることを紹介している[43]。

　さらに、自らが「クリャシェン」と呼ばれることを積極的に求める声も見られるようになる。聖職者であったダヴィド・グリゴーリエフは『カザン主教区報知』に寄せて、「我々をクレション と呼んでください (Zovite nas kreshchenami)」と題された記事を書いた。そこでは、カザンの異族人、

---

[42] ジャディードは、タタールの歴史の中でも最も注目を集めるテーマの一つとして、多くの研究がなされてきた。その理論的な中心はダミル・イスハコフであり、アーネスト・ゲルナーの議論に拠りながら、ジャディードの活動により、タタールが宗教的な結びつきに基づく集団から、世俗的な近代的民族へと変容したと論じている (Damir Iskhakov. *Fenomen tatarskogo dzhadidizma: vvedenie k sotsiokul'turnomu osmysleniiu.* (Kazan': Iman, 1997).)。しかし、長縄宣博はこうした解釈はジャディードを一枚岩に理解した結果であるとする。そして、ジャディードと呼ばれる人々の中にも、様々な立場があったことを示しつつ、ムスリムであることの重要性も認識されていたことを指摘している（長縄宣博「ヴォルガ・ウラル地域の新しいタタール知識人：第一次ロシア革命後の民族（миллэт）に関する言説を中心に」『スラヴ研究』第50号、2003年、33-63頁）。また長縄は帝政末期にムスリムが帝国当局に対して、積極的な働きかけなどを通じて「ムスリム公共圏」を形成したと論じている（長縄宣博『イスラームのロシア：帝国・宗教・公共圏 1905-1917』名古屋、名古屋大学出版会、2017年）。こうした自律した社会の存在は、クリャシェンらの疎外感を一層強めたとも考えられる。

[43] Chicherina. *U Privolzhskikh inorodtsev.* p.93.

ムスリムが正教を受け入れて、自らを「クレショニン (kreshchenin)」あるいは「クリャシェン (kriashen)」と呼ぶようになってから 350 年が経っているとしつつ、いまだに自分たちが「嫌悪すべき名前」である「タタール」と呼ばれていることが、不満として述べられている[44]。特に、比較的「ロシア化」の進んだ知識人層のクリャシェンが、タタールと呼ばれることを嫌っているという[45]。また、タタールという名が侮辱的となっていることも紹介されている[46]。もちろん、この意見は特に正教に対する帰依が強いと推測される聖職者の意見として、そのまま一般化することはできない。しかし、こうした意見が彼ら自身の口から現れ、公言されるようになったことは注目に値する。また、ここでは「よりロシア化が進んだ」とされてはいるものの、決してロシア人と同一化されているわけではなく、ムスリム・タタールでもロシア人でもない、その中間的な集団として、自分たちを位置づけようという意識が垣間見える。こうした動きは、イリミンスキーの教育活動によって育った知識人層を中心にして、積極的に推進されていく。そしてロシア革命後、各地で民族の自立が叫ばれるようになる中、クリャシェンの運動も、より先鋭化しつつ展開するようになる。

1.3. クリャシェンの認定からタタールへの統合

1.3.1. 革命とクリャシェン

　300 年にわたるロマノフ朝の支配に終止符を打ったロシア革命は、同時に帝国内の様々な民族に、民族自決の原則に則った自立の実現の希望を抱かせることとなった。沿ヴォルガ中流域では、まずタタールやバシキール

44　D. Grigor'ev. "Zovite nas kreshchenami," *Izvestiia po Kazanskoi eparkhii*. 1906. No.14-15. p.450.

45　Grigor'ev. "Zovite nas kreshchenami," p.452.

46　Grigor'ev. "Zovite nas kreshchenami," p.454.

を中心とするムスリムによって、自立と解放へ向けた大会などが開かれていた[47]。

一方、このようなタタールを筆頭とするムスリムが主導権を握る趨勢に対し、クリャシェンやチュヴァシといった他の民族の代表は、強い危機感を抱いた。1917年の5月には、これら非ムスリムの少数民族の代表が集まって、第1回沿ヴォルガ少数民族大会（Pervoe obshchee sobranie predstavitelei melkikh narodnostei Povolzh'ia）が開催された。この会議では、イリミンスキーの活動の影響を強く受けた教師や聖職者が集まっており、大会の議長は、イリミンスキーの後任として異族人師範学校の校長を務めたニコライ・ボブロフニコフであった。

この会議の中では、自分たちの権利の確保などのために、将来的な地域＝民族連邦制を導入することの必要性などが議論された。さらにその準備のために、母語での教育の必要性なども活発に議論された。もっともこうした方向性は、基本的にイリミンスキーの行った業績をなぞるものであり、実際に「偉大なイリミンスキー」を継承して、正教啓蒙に励む必要性が言及された[48]。また、この会議の中では母語での祈祷の必要性なども話題に上った[49]。さらに教育の中でも、宗教を扱うことが不可欠なものである、ということが強調されていた[50]。

総じてここでは、宗教と民族が密接に関係したものとして認識されていた。補祭のF. サドコフは、端的に「宗教が民族の復興（natsional'noe vozrozhdenie）へと導く」とし、「我々は民族主義者（natsionalisty）として、民族（narodnost'）を維持するために、我々の民族の中で宗教が強化され

47　西山『ロシア革命と東方辺境』242-243頁；山内『スルタンガリエフ』129-185頁。

48　*Protokol 1-go obshchego sobraniia predstavitelei melkikh narodnostei Povolzh'ia.* (Kazan': T-vo tsentr tip., 1917), pp.23-24.

49　*Protokol 1-go obshchego sobraniia.* pp.24-25.

50　*Protokol 1-go obshchego sobraniia.* p.41.

るよう努めるべきである」と語っている[51]。

　前述のように、この大会の発端となったのは、ムスリムがヘゲモニーを握ることへの警戒であり、それに対しロシア正教徒として対抗することを目的としていた。しかし、ロシア正教徒としての共通性と同時に、各々の「少数民族」の存在も認めつつ、その自立なども基本的な原則として確認されていた[52]。

　クリャシェンの知識人たちはこうした流れを受けて、さっそく同年に、独立した組織としてクリャシェン民族協会（Natsional'noe obshchestvo kriashen）を創設した。そして、その機関紙『クリャシェン（Kriashen）』は、スローガンとして「クリャシェンは民族である（Kriasheny - natsiia）」を掲げた。

　革命以降のボリシェヴィキ政権は、民族自立の原則に則り、各地の民族に一定の自治を与え、現地民族に対する教育の発展と、幹部としての登用を推進した。後に「現地化（korenizatsiia）」と呼ばれたこの一連の政策は、特に革命直後の時期には、民族共和国などを有することになる比較的大き

---

[51]　*Protokol 1-go obshchego sobraniia.* p.48.

[52]　一方、ムスリムの間では、より複雑かつ激しいヘゲモニー争いの様相を呈していた。すなわち、タタールと、同じくムスリムでかつ言語的にも極めて近しいバシキールの間で、両者を事実上、一体の民族としての自治を行うのか、別個のものとするのかで意見の対立が見られたのである。さらに、内戦当時の赤軍の戦略なども絡み合い、結局主にタタールの推進した両者を一体化しての、イデル・ウラル共和国構想は頓挫し、バシキール、タタールそれぞれ独立した自治共和国が形成されることとなった（Daniel E. Schafer, "Local Politics and the Birth of the Republic of Bashkortostan, 1919-1920," Suny R.G. and Martin T. (eds.), *A State of Nations: Empire and Nation-making in the Age of Lenin and Stalin.* (N.Y.: Oxford University Press, 2001), pp.165-190.）。しかし、両自治共和国の境界地帯の人々をどちらの「民族」に属するとみなすかなどの問題は残り、現在に至るまで、双方の位置づけをめぐる対立・論争は続いている。

な民族集団に限らず、郡や村単位のごく小さな民族集団にも適用されていた[53]。

クリャシェンもこうした制度に従う形で、自らの独自性を保持し、権利を獲得することを目指した。1919年にはカマ河に接する町エラブガで、クリャシェン問題に関する部門を設立することが決定された[54]。その後、カザン県民族問題部の中にクリャシェン課が設立され、クリャシェンの政治的・文化的発展の為の努力が行われた。そこで強調されたのは、帝政期の専制支配・宣教活動の影響からの脱却であった。そして、そのための出版事業や教育活動の重要性が強調された[55]。この時期のクリャシェンの総数は30～35万人と見積もられ、広範な啓蒙活動が求められたのである[56]。また、当初クリャシェンの活動の中心はイリミンスキーの教育活動により生み出された聖職者などが中心となっていたが、革命以降はソ連が推進する民族政策に則った活動を標榜する青年層が主導権を握るようになっていった[57]。

---

[53] テリー・マーチン（半谷史郎ほか訳）『アファーマティヴ・アクションの帝国：ソ連の民族とナショナリズム、1923年～1939年』明石書店、2011年、58頁。

[54] "Iz Protokola zasedaniia Elabuzhskogo ispolkoma ob organizatsii otdela po delam kriashen," *Obrazovanie Tatarskoi ASSR: Sbornik dokumentov i materialov*. (Kazan': Tatarskoe knizhnoe izdatel'stvo, 1963), p.105.

[55] "Otchet o deiatel'nosti Kazanskogo gubernskogo otdela po delam natsional'nostei za 1919 g," *Obrazovanie Tatarskoi ASSR*. pp.168-169.

[56] "Dokuladnaia zapiska zaveduiushchego tsentral'nym kriashenskim otdelom ob otkrytii i nachale deiatel'nosti otdela," *Obrazovanie Tatarskoi ASSR*. p.181.

[57] こうした傾向の中心人物として、『クリャシェン新聞（Kryaşen gazite）』の編集長で、ボリシェヴィキの民族政策に従いつつ、クリャシェンの統合を唱えたアレクセエフの名を挙げることができる（Paul. W. Werth, "From 'Pagan' Muslims to 'Baptized' Communists: Religious Conversion and

写真1-2　中央クリャシェン出版局による出版物『プロレタリアの力』(1920年)

　1920年になると、こうした動きはより加速する。この年の1月、ロシア共和国民族人民委員部附属中央クリャシェン支部 (Tsentral'nyi kriashenskii otdel pri Narkomnatse RSFSR) が創設され、政治的・文化的な啓蒙活動に当たった。また、7月には第1回全ロシア・クリャシェン労働者農民大会 (1-i Vserossiiskii rabochekrest'ianskii s"ezd krashen ママ) が開催された。ここでは、ムスリム・タタールの代表から、少数民族は一体となって共通の敵（＝ブルジョアジー）と闘争すべきである、という意見も出された。しかし、クリャシェンの間でタタールと一体化するという意見が大勢を占めることはなく、ムスリム・タタールとは協力して活動すべきであると言いつつ、クリャシェンを文化的自治の対象としての「民族 (natsional'nost')」として認めることとなった。またこの場では、クリャシェンの啓蒙活動を進めるためにクリャシェンに理解できる文字（＝キリル文字）で書かれた、「クリャシェンの言語 (iazyk kriashen)」による学校教育や、教科書出版の必要性、中央クリャシェン支部付の組織・アジテーション部門などの設置、クリャシェン居住地での中央クリャシェン支部による指導の必要性なども提案された[58]。

　　Ethnic Particularity in Russia's Eastern Provinces," *Comparative Studies in Society and History*. 42:3, (2000), p.509）。

58　Fedor Kriuchkov. "O karshenakh: Sostoiavshchemsia 1-my Vserossiiskomu

出版活動に関しては、エラブガで新聞『前進（Alga baryik）』などが創刊され、約3万部が発行された[59]。さらに、1920年にはタタール共和国出版局の中に、クリャシェン部が創設された。これは、中央クリャシェン出版局（Tsentral'noe kriashenskoe izdatel'stvo）とも呼ばれ、革命関連の書籍やロシア語の古典文学の翻訳を中心に、積極的な出版活動に従事した。こうした独自の活動を可能ならしめたのは、イリミンスキーにより独自の文字体系が確立されていたことであり、アラビア文字を基調とするムスリム・タタールによる出版事業とは、明確に差異化された出版体系を創設することができた。

　教育に関しても、基盤となったのはやはりイリミンスキーの活動に端を発する中央受洗タタール学校であった。しかし、無神論を標榜するボリシェヴィキの下、ロシア正教を基盤とする学校を継続することは不可能であった。1918年には、これはカザン・クリャシェン教員中等専門学校（Kazanskaia kriashenskaia uchitel'skaia seminariia）に改組された。さらに翌1919年には3年制の教育コースに再改組され、1921年にカザン・クリャシェン教育専門学校（Kazanskii kriashenskii pedagogicheskii tekhnikum）となった[60]。ここで教育された教員たちを通じて、社会主義的な価値観をクリャシェン大衆の間に広めていくことが目指されたのである。

1.3.2. クリャシェンのタタールへの「融合」

　このように革命直後には、クリャシェンが一定の自治権を有する民族として認められ、それに相応しい権利が与えられた。しかし、すでに1920年代の初めには、クリャシェンの地位に対して疑問が投げかけられるようになり、その扱いについての議論が湧き上がっていた。

---

s"ezdu krashen," *Zhizn' natsional'nostei: organ narodnogo komissariata po delam natsional'nostei.* No.27 (84), 1920.09.20.

59　Otchet o deiatel'nosti Kazanskogo gubernskogo otdela. p.168.
60　NART (Natsional'nyi arkhiv Respubliki Tatarstan), f.R-261, op.1, d.57, l.62.

ソ連の基本的な方針の中には、「諸民族の接近と融合（sblizhenie i sliianie natsii）」が含まれており、各民族の文化を尊重することも、一時的な措置とみなされていた。そして、然るべき段階を踏んで、統合を図るべきと考えられていたのである。

　クリャシェンに関しては、その独自性を一定程度認めつつ、タタールと極めて近い関係にあるという前提は維持されていた。特に領域に関する問題に、それは顕著に現れている。先に指摘したように、エラブガ周辺に、一定のクリャシェンの自治的な行政機構が整備されたが、あくまでタタール自治共和国の内部という位置づけは変わらなかった[61]。

　クリャシェンとしての運動を推進する知識人たちも、当初は中央受洗タタール学校出身者を中心にして活動が推進されていたが、時代が下り活動の範囲が広がるにつれて、ロシア正教とのつながりが薄い人々も関わるようになり、その内部でも運動の方針を巡って対立が見られるようになった。

---

[61] チュヴァシ共和国（1920年当時は自治州）との境界地区に居住するモリケエヴォ・クリャシェンは、その言語的な特徴などから、帝政期より受洗タタールとみなすべきか、チュヴァシとみなすべきかで議論があった（A. Pchelov. "Tatary ili chuvashi?," *Inorodcheskoe obozrenie: prilozhenie k zhurnau "Pravoslavnyi sovesednik".* 1912. 12. Kniga 1-ia. pp. 14-15）。革命後、自治共和国の区割りに関して議論が行われる中、その住民より請願があり、「チュヴァシ語は理解できず、チュヴァシの習俗、気質、習慣は全く異質なもので」、「その起源は疑いもなくタタールである」ことを勘案して、この地域をタタール自治共和国に編入するよう求められた（"Prigovor obshchego sobraniia grazhdan d. Starye Kurbashi Staro-Tiaberdinskoi volosti Tsivil'skogo uezda o Prisoedinenii k TASSR," *Obrazovanie Tatarskoi ASSR.* pp.313-314.）。この請願は受理され（"Protokol No.2 zasedaniia administrativnoi komissii po detal'nomu ustanovleniiu granits TASSR ," *Obrazovanie Tatarskoi ASSR.* pp.323.）、現在に至るまでこの地域はタタールスタン領に含まれている。ここには、当時クリャシェン（受洗タタール）の中に、タタールと同一視する意見があり、当局もその観点を共有し、かつそれが領域の区割りに反映していたことを良く示している。

そしてクリャシェンを、特にタタールとの関係でどのように位置づけるのかについて、意見の相違が顕になり、運動全体の目指す方向性も徐々に変化していった。

1921年に開かれたタタール共和国クリャシェン共産主義者地方大会では、クリャシェンを「独立した民族（otdel'naia natsiia）」とすることは、大きな間違いであるとしている。そして、クリャシェンは古い習慣を残したり、「タタール語の純粋性（chistota tatarskogo iazyka）」を保ったりするなどの違いはあるものの、総じてタタールとは多くの類似点があることが強調された。そして、クリャシェンが少数であることなどから、自治単位の創設は不可能であり、そもそも党の定める文化的自治の原則とも矛盾する、という点が指摘された。しかし、当面のところタタールないしロシア人と融合するには困難があるとして、一時的な措置として、人々に理解可能な言語での政治・啓蒙活動や、教科書などの出版が必要であるということが指摘された[62]。

1922年には特別委員会が設立され、明確にクリャシェンが独立した民族ではないとしたうえで、タタールとの融合を目指すことが確認された。そして、「似非ナショナリスト（psevdonatsionalist）」を摘発し、宣教活動や教会要素の影響から脱却するよう努めていくこととなった[63]。

1923年に行われた、第2回クリャシェン共産主義者州会議（2-ia oblastnaia konferentsiia kommunistov kriashen）では、こうした方針を確認するような発言が相次いだ。州委員会宣伝部からの報告では、クリャシェンは「ロシア化政策の対象」であるとされ、「一般タタール大衆から孤立し

---

[62] *Protokol mestnogo oblastnogo s"ezda Kommunistov-Kriashen Tatrespubliki, sostoiavshegosia 16-19 marta 1921 goda v g.Kazani.* (Kazan': Kriashenskoe izdatel'stvo, 1921), pp.226-227.

[63] "Kriashenskii vopros (po materialam komissii Oblastkoma)," *Krasnaia Tatariia*. 274, no.2351. 1925.12.04.

ている」と位置付けている。そして1922年までの間に、クリャシェンは独立した民族とみなされて、独自の組織などを持っていたことを指摘しつつ、現在ではクリャシェン共産主義者は、みなクリャシェンを「タタールの孤立した集団（obosoblennaia gruppa tatar）」とみなしているとしている[64]。すなわちここでは、本来クリャシェンがタタールの一部であることを前提としながら、特に帝政期のロシア化政策の影響によって、離反されていると主張しているのである。

ここで、タタール語の実用化と共産主義者の課題について報告したペトロフは、はっきりとクリャシェンがロシアの正教宣教活動によって形成されたものであるとし、その特色は、宗教的な原理主義、反革命的な宣教の精神であると述べている。さらに、クリャシェンとタタールの接近について言及した上で、クリャシェン学校において、タタール字母（＝アラビア文字）の導入が必要であると強調している[65]。またこの報告では、クリャシェンの党関係者や若者労働者、知識人の中の革命的分子は、「我々はタタールだ」と表明することを恐れないと述べ、クリャシェン自身の間からも、タタールとの接近・融合への意志があることを示唆している[66]。

他方、「教権主義と似非ナショナリズムとの闘い」という報告を行なったクプツェフは、クリャシェンの中の富農層や宣教活動の影響を受けた知識人の間に、教権主義的な動きがあり、それが現在のクリャシェンにとって最も憂慮すべきものであると指摘している。こうした教権主義の動きは、受洗タタールと非受洗タタールの対立をも引き起こし、クリャシェンが民族であるという「似非ナショナリズム」を引き起こしていると指摘している[67]。そして、このような対立を解消するためには、受洗タタールの起源

---

[64] TsGA IPD RT (Tsentral'nyi gosudarstvennyi arkhiv istoriko-politicheskikh dokumentatsii Respubliki Tatarstan), f.15, op.1, d.1065, l.91-91ob.
[65] TsGA IPD RT, f.15, op.1, d.1065, l.30.
[66] TsGA IPD RT, f.15, op.1, d.1065, l.30ob.
[67] TsGA IPD RT, f.15, op.1, d.1065, l.34.

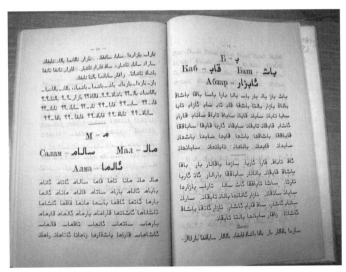

写真 1-3　クリャシェン向けタタール語教科書（1923 年）

（＝ロシアの宣教活動）の歴史を広く明らかにすることが必要であると述べられている[68]。

　その他の報告の中でも、繰り返しクリャシェンとその他のタタールの対立が引き起こされていることへの懸念が表明され、特に当時用いていた文字が、帝政期の宣教活動との関連でつくり出されたことから、ロシア化／正教化を阻止するためにもこれを廃止し、他のタタールと同じ文字（＝アラビア文字）を用いるべきであるという意見が出された[69]。このような訴えは、実際の政策にも反映し、クリャシェンのために、アラビア文字での筆写を教えるための教科書などが作成された。

　1925 年に行われたクリャシェン問題に関する州委員会政治局決定では、「クリャシェンと主なタタール大衆との接近と融合の路線を取ることは、

68　TsGA IPD RT, f.15, op.1, d.1065, l.34ob.
69　TsGA IPD RT, f.15, op.1, d.1065, l.66.

党の選択した路線の正しさを承認する」ものとされた。そして、クリャシェンのための啓蒙的な文献などの出版の必要性が謳われつつ、やはりタタールが用いている文字（＝アラビア文字）導入の必要性が訴えられた[70]。

もっとも、こうした試みが遍く実現したわけではなく、実際にはキリル文字によるクリャシェン語文献の出版もしばらくは継続していた。またこの時期には、カザン大学のニコライ・ヴォロビヨフ（Nikolai Vorob'ev: 1889-1967）らにより、クリャシェンが古代の習慣などを保存した集団と位置づけられ、民俗学的な研究の対象となった。これらの文献を見ると、基本的にクリャシェンが宣教活動の結果、正教を受容した集団であり、タタールの中の１グループであるという枠組みは維持されている。その上で、カザン・タタールの文化はイスラームの強い影響を受けているのに対し、クリャシェンの文化は、「より純粋な形で、ロシアによる征服以前の古代タタールの習俗の特徴を保存している」と位置付けている[71]。こうした研究成果は、クリャシェンが独自の習慣などを保持する集団であるという見解を補強する意味を持った。

このように、民族の自立やその接近と融合といった課題を巡って議論が行われる中、ソ連として最初の全国規模の国勢調査が1926年に実施された。この国勢調査では、各人の民族的な属性についても問うことが定められた。この調査の実施に当たっては、民族学者たちが動員されて、その領内の詳細な民族誌的（etnograficheskii）な情報を明らかにすることが必要とされ、また各人の自己決定（samoopredelenie）を尊重することが原則として定められた[72]。この結果、ごく少数の集団も公式なカテゴリーとして

---

[70] "Reshenie biuro Oblastkoma po kriashenskomu voprosu," *Krasnaia Tatariia*. No.274 (2351), 1925.12.04.

[71] Nikolai. I. Vorob'ev. "Nekotorye dannye po bytu kreshchennykh tatar (kriashen) Chelninskogo kantona," *Vestnik nauchnogo obshchestva Tatarovedeniia*. no.7 (1927), p.157.

[72] Francine Hirsch. *Empire of Nations: Ethnographic Knowledge and the*

の「民族（narodnost'）」として認定され、ソ連領内の「民族リスト」には実に 190 もの集団の名前が挙がった。そして、クリャシェンもその中に含まれ、10 万 1466 人がクリャシェンとして回答した[73]。もっとも先に紹介したように、この時期のクリャシェンの人数は 30 万人以上と見積もるものもあり、こうした潜在的な「クリャシェン」の内、相当数がタタール（あるいはロシア人）と自らを記載した可能性が窺える。

　一方、これとほぼ同時期の 1927 年に、タタール語のラテン文字表記への移行が決定された。そしてクリャシェンの間でも、この動きへの対応が必要となった。1928 年に行われたクリャシェン共産主義者州評議会では、この問題への対応も話し合われた。ここでは、ラテン文字（*Yanalif*）へ移行することは自明のこととしつつ、その導入をどのようなペースで行うのか、すなわちクリャシェンとして即座に移行するのか、タタールのペースに合わせるべきかが議論の争点となった。前者を支持する立場からは、タタールとの接近と融合を示すためにアラビア文字の導入を行ったが、ラテン文字はより文化的な発展を示すものであり、即座に導入すべきであるという声が挙がった。それに対し、クリャシェンが独自の動きを取ることは正しくないとし、タタールと同じ教材などを使う便などからも、タタールと歩調を同じくすることが現実的であるという意見も出された[74]。ただい

  Making of the Soviet Union. (Ithaca: Cornell University Press, 2005), pp.115-118.

[73] この調査では、さらにウラル地方のチェリャビンスク州に主に居住し、しばしばクリャシェンの下位グループとみなされているナガイバキ（nagaibaki）も、タタールでもクリャシェンでもない「民族」として認められ、9219 人がそれを自らの民族として回答した（*Vsesoiuznaia perepis' naseleniia 17 dekabria 1926 g. Kratkie svodki vypusk IV: Narodnost' i rodnoi iazyk naseleniia SSSR*. (Moskva: Tsentral'noe statisticheskoe upravlenie. Otdel perepisi, 1928. pp.14-17.)。

[74] NART, f.R-261, op.1, d.81, l.11-15.

ずれの立場からも、ラテン文字の導入はもちろん、この導入を通じてタタールとの接近と融合という全体の方向性を進めること自体に反対する声は上がらなかった。

　しかしこの会議の場では、クリャシェンがタタールと同等に扱われていない、という不満も続出した。カザンからやや東方、カマ河沿岸にあるルィブノ・スロボツキー地区の代表は、「タタールには学校が建てられているのに、クリャシェンには何もない」という。さらに作業場の責任者からは、「まずはタタールにみんな与えて、それからあんたたちだ。あんたたちは、前にはおいしい目を見ていたんだからな」と言われたといい、帝政期の対立図式が未だに解消されていない様子が訴えられている。また土地整理の際には、タタールに50%の割引があるのに対し、クリャシェンには25%しかないという不満も述べている。エラブガ郡の代表は、クリャシェンの親たちが自分の子供がムスリム化するのを恐れて、学校に行かせていない現状を明かした。また、選挙の際にはクリャシェンが無視されているということも報告し、やはりクリャシェンに対する差別的な扱いの見られたことが述べられている。こうした状況について総括するように、カザン南部でヴォルガ河沿岸にあるスパスク郡の代表は、「タタールに都合のいい時だけ、我々はタタールと認められ、そうでない時は単にクリャシェンとされる」とし、タタールの態度に翻弄されざるを得ない自分たちの立場の脆弱さを物語っている[75]。

　このようにタタールとクリャシェンの間の確執は残ったものの、両者の「融合」は進められ、1928年をもってカザン・クリャシェン教育専門学校も廃止された。そして、文字のラテン語化と共に、出版体系もタタールと統一されることとなった[76]。さらに、1932年に導入された国内パスポート

75　NART, f.R-261, op.1, d.81, l.10-10^{ob}.
76　その後、1939年にタタール語の表記はキリル表記へと移行する。しかし、すでに出版体系などが統一され、独自の組織なども有していなかったこの段

では、各人の民族を記す欄が設けられた。そこには「クリャシェン」と記載する余地はなく、遍く「タタール」と記載されることとなった。それにより、人々は日常的に自らが「タタール」であることを確認することとなり、その認識を固定化・内面化していくこととなる。1939年に行われた国勢調査では、民族のリストの中からクリャシェンの名は消え、公式な記録の中からクリャシェンという存在は消滅することとなった。ただし、公式にその名が消えたとしても、実生活の中では、決してムスリム・タタールとの差異が完全に消失したわけではなく、それを維持し意識化する機会なども存在していた[77]。それがより明確に意識され、公に表明されるようになるのが、ペレストロイカからソ連崩壊以降である。

1.4. 歴史の狭間の存在としてのクリャシェン

古代より沿ヴォルガ中流域は、様々な文化・宗教の交差する場であった。イヴァン雷帝のカザン制圧以降、ここでは、その多様な人びとを統治するに当り、一つの重要な手段となったのがロシア正教への改宗であった。しかし、しばしば強制を伴った改宗のための努力は、人々の生活に矛盾を生じさせ、また改宗者とそうでない人々の間に対立を引き起こすこととなった。

---

[77] 階では、クリャシェンから何らかの意見表明が出されることはなかった。例外的な動きとして、タタール自治共和国のママディシュ郡出身で、技術者のちにレニングラードの大学などの教員を務めたイヴァン・マクシモフが1970年代にソ連中央やカザンの研究所、党機関、報道機関などにクリャシェンの存在を訴える請願を行っている。しかし、これが実を結ぶことはなく、孤立した働きかけにとどまった（*Est' takoi narod kriasheny: Problemy etnokonfessional'noi identifikatsii kriashen*. (Kazan': Kriashenskii prikhod g.Kazani, Sovet veteranov kriashenskogo dvizheniia g.Kazani, 2011), pp.97-117.）。

この矛盾を解消すべく、帝政末期に大量棄教という現象が起こった。もっとも、すべての正教徒非ロシア人がイスラームへの「回帰」を目指したわけではない。特に、旧受洗者と呼ばれた人びとは、すでに一定程度正教への帰依の感情を有しており、またそれに則った生活にもある程度の適応をしていたと思われる。さらに、ムスリムとしての意識を強めるタタールとの間に距離を感じる人びとも存在していた。イリミンスキーが行った宣教政策は、彼らをロシア正教に留まらせつつ、教育を与えることで、タタールとは区別されるエスニシティの自覚を強めることとなった。やがて、帝政末期にははっきりと自分たちを「クリャシェン」と名乗り、周囲のタタール以外の小民族とともに、よりはっきりと民族として然るべき権利を要求する動きが顕在化した。それがより制度化した形で現れたのが、革命以降のことである。

その時代の空気を反映し、革命政府は民族自決の原則を尊重し、少数民族の「発展」を促進した。その柱となったのが言語教育であり、民族幹部の登用であった。ソ連当局は、イリミンスキー及びその宣教活動自体に対しては、否定的な態度を一貫して示していたものの、その言語政策においては、強い類似性を示すこととなった。また、現実に東方諸民族を統治するに当たって、有用な人材を活用するにおいては、イリミンスキーの下で育った現地人を採用せざるをえなかったのである[78]。クリャシェンも、まさにイリミンスキーにより独自の文字言語と教育施設を有していたことによって、独立した民族に準ずる権利などを手にすることができた。

ソ連初期は、人々を区分する基本的な範疇として、民族という単位が確立されると共に、その個別の枠組みが形成される時代でもあった。そして、各地でその枠組みを決定するための議論が沸騰していた[79]。その枠組みは、

---

[78] Kreindler, "Educational Policies toward the Eastern Nationalities," pp.211-213.

[79] 荒井幸康は、モンゴル、ブリヤート、カルムイクというモンゴル系民族が、

決して当局が一方的に上から押し付けたものではなく、当事者の間の論争や働きかけがあり、そこでは帝政期の制度やそれによって培われていた集団関係も反映していた。

クリャシェンは、こうした時代の中で一時的に独立した民族という地位を享受した。しかし、基本的には宗教的な特徴によって定義される存在であるとみなされていたために、その活動は「似非ナショナリズム」として批判されるようになり、タタールとの融合が目指されることとなった。その後、タタールと同時に言語のラテン文字化が行われ、独自性の指標の柱の一つを失ったことにより、その存在は公式には言及されることはなくなった。

このように、クリャシェンという集団は、時の政策と周囲の集団との関係の中で、常に自らの位置づけを変化させてきた。特に革命前後の動乱期には、独自の文化とそれに見合った自治を有する民族としての地位を獲得することに成功したものの、すぐにそれは否定されることとなる。もっとも、政策の面で彼らの存在が否定されたとしても、人々の意識の中では、ムスリム・タタールとの差異の感覚は残り続けていた。また、ソ連時代を通じて描かれた民族誌においては、タタールの一部という枠組みを維持しつつも、クリャシェンの独自な民俗などは記録され保存され続けた。ペレストロイカの時期になると、社会環境も大きく変化した。人々の間で宗教への関心が高まり、各地で様々なエスニシティが顕在化するようになった。その中でクリャシェンも再び自らの位置づけを考え直すことを強いられることとなった。

革命以降、その言語をめぐって政府と様々な議論を重ね、独自の言語を構築していき、「民族」としての枠組みを構築していく様子を詳細に描いている（荒井幸康『「言語」の統合と分離：1920-1940年代のモンゴル・ブリヤート・カルムイクの言語政策の相関関係を中心に』三元社、2006年）。

第 2 章

『ジョレイハ』とクリャシェン

2.1. タタールとジョレイハの物語

2.1.1. ムスリム・アイデンティティと「ジョレイハ」の物語

　ロシアの支配下に入って以降、キリスト教を中心とする社会の中に入ったタタールにとって、ムスリムとしての信仰を維持し、伝えていくことは決して容易なことではなかった。第1章で触れたように、帝政期においては、非ロシア人に対するロシア正教への改宗政策が行われ、特にムスリム指導者としてのムッラーらがイスラームを定着させようとする動きは厳しく取り締まられていた。そうした中、ムスリムとしての自己認識を維持し、継承する上で重要な役割の一つを担っていたのが、各家庭で語り継がれていたイスラームにまつわる民話である[1]。その中でも、最もポピュラーな民話の一つだったのが、「ユースフとジョレイハ」の物語であった。

　創世記とコーランに由来する、ヤアクーブ（ヤコブ）の子ユースフ（ヨセフ）とズライハの物語は、古くより沿ヴォルガ地域の人々に親しまれ、語り継がれていた。元々、聖典の中では、主人公は父の寵愛を受けたために、兄たちによって奴隷として売り飛ばされたユースフを主人公とする物語であった。エジプトに行き着いたユースフは、自分を買った男の妻に見初められ、誘惑を受ける。しかし、ユースフはその誘惑を断り続け、業を煮やした女は、彼に襲われたと讒訴してユースフを牢に入れる。その後ファラオの夢を解釈したことで、ユースフは奴隷の身分からも解放されるというのがあらすじである[2]。この女の名前は、創世記、コーランともに明

---

[1] Agnès N. Kefeli. *Becoming Muslim in Imperial Russia: Conversion, Apostasy, and Literacy*. (Ithaca and London: Cornell University Press, 2014), pp.60-116.

[2] Agnès Kefeli, "The Tale of Joseph and Zulaykha on the Volga Frontier: The Struggle for Gender, Religious, and National Identity in Imperial and Postrevolutionary Russia," *Slavic Review* 70, no.2 (2011), p.376; 松本耿郎「アッラーへ至る道における二人の女性：ジャーミーの『ユースフとゾレイ

らかにしていないが、イスラーム世界では広くズライハという名を与えられ[3]、アレンジも加えられながら広まっていた。

　沿ヴォルガ地域において、この話はタタールのみならず、ムスリムではないロシア人やフィン・ウゴル系諸民族の人々の間でも人気のある話として知られていた。宣教師のエヴフィミー・マロフは、タタールの居住地を周っていた際に、子どもたちにしきりに「ヨセフの話」をせがまれたことを回想している[4]。こうした物語は、特に農村部において、タタールがムスリムとしての自覚を再確認する上で重要な役割を果たし、様々な解釈を施されて語り継がれていた。また、中東世界で語られてきた中世以来の物語も流入しており、知識人に留まらず、広く農民などの間にも広まっていた[5]。

　一方、19世紀になるとムスリム・タタールの間でジャディードと呼ばれる新たな知識人層が活動を行うようになり、イスラーム刷新運動を展開していく。彼らは、近代的な教育システムを応用し、従来の寺子屋的な修学方式に代えて、算数や歴史などの世俗的な科目も含む学校システムを考案し、ムスリム社会内部の改革を目指した。こうした運動の中では、過去の迷信などを取り払ったイスラームの純化もしばしば取り上げられた。そしてユースフの話についても、より明確で矛盾のないストーリーを作りあ

　　　ハー』にみる二女性の運命」『早稲田商学』第427号、2011年、383頁。
[3]　この女性の名前は、ムスリム世界一般では「ズライハ」という名で知られているが、タタール語で表現する際には「ジョレイハ（Zələyxa）」と変化している。ここではそれに倣い、ムスリム世界一般についての話については「ズライハ」、タタールの間の話に限定する際には「ジョレイハ」という表記を採用する。
[4]　Kefeli, "The Tale of Joseph," p.376; Evfii A. Malov. *Missionerstro sredi mukhammedan i kreshchenykh tatar: sbornik statei.* (Kazan': Tipo-litografiia Imperatorskogo universiteta, 1892), p.89.
[5]　Kefeli, "The Tale of Joseph," p.382.

げることを優先し、特に男性の主人公（＝ユースフ）を強調するものが作られた[6]。

しかし、人々の間では引き続き、様々な種類の物語が継承されていた。その中でも、最も人気を集めていたのが、中世の詩人クル・アリーの手になる「ヨセフの物語」であった。これは、シルクロードに沿ったロシアから中国にかけての広範囲で、一大ベストセラーとして多くの読者を魅了していた。この物語の特徴は、元々は脇役の一人としてあまり描写されることのなかったズライハに光を当て、この物語の中で彼女が真のイスラームに目覚める点を強調したことである。このように女性の役割を強調したことで、この物語はより女性たちの共感を呼び、好んで語り継がれることとなった[7]。

やはり中世の詩人ヌールッディーン・アブドッラフマーン・ジャーミーは、このユースフの物語を土台に叙事詩「ユースフとズライハ」を書いた。そこではズライハを主人公にして、女性の愛を描きつつ、同時に宗教者として完成していく過程を主題とした[8]。19世紀初頭からは、西洋諸語にも翻訳されて、近代ヨーロッパの文学者にも大きな影響を与えたと言われている[9]。

このように、ユースフの物語はムスリム世界において広く知られ、同時に様々な改変を受けてきた。そして、多様な様式を取りながらも、この物語は一貫してムスリムのあるべき姿を描いたものと受け止められてきた。と同時に、この物語を語り継ぐことで、人々の間にムスリムとしての自覚を浸透させることにも貢献していた。

そうした中、あくまでユースフを主人公にした物語を強調し、男性を中

6　Kefeli, "The Tale of Joseph," p.381.
7　Kefeli, "The Tale of Joseph," p.384.
8　松本「アッラーへ至る道」94頁。
9　松本「アッラーへ至る道」80頁。

心としたイスラーム解釈を推進してきたジャディードらムスリム近代知識人の間からも、新たな解釈が現れるようになった。それが、20世紀初頭のタタールを代表する作家であり、民族運動の中心人物であったガヤズ・イスハキーによる戯曲『ジョレイハ』である。

2.1.2. イスハキーのジョレイハ

イスハキーは、1878年にチーストポリ郡ヤウシルメ村で、ムッラーの息子として生まれた。この村は、もともとはムスリム・タタールと受洗タタールが混在していたが、受洗タタールは、19世紀のうちにほとんどが棄教し、ムスリムになったとされる。ここでイスハキー自身は双方の習慣に親しんでいたともいわれている[10]。イスハキーはマドラサなどで学び、幼少の頃から優秀な生徒として知られていた。そして、早くから執筆活動を行うとともに、当時活発化していたタタール民族運動にも積極的に参与していた。特に帝国議会にムスリム・フラクションが創設された後はそれに協力するなど、ロシア・ムスリムの統合という立場から活動を展開した。

ロシア革命後は、ボリシェヴィキと対立したことで亡命を余儀なくされ、ベルリンや満州、日本に滞在した。亡命先からも、ヴォルガ・ウラル地域をボリシェヴィキの圧政から解放し、タタール独立国家樹立を支援する運動を展開した。日本では「イデル・ウラル・トルコ・タタール文化協会」、満洲では「極東イデル・ウラル・トルコ・タタール文化協会クリルタイ」を設立し、日本や極東地域のタタール、ひいては世界中のタタール・コミュニティの創設と、その連帯のための活動に尽力した[11]。作家としては、

---

10 Madia V. Goldberg, "Russian Empire – Tatar Theater: The Politics of Culture in Late Imperial Kazan," PhD diss. in the University of Michigan, 2009, p.100.

11 松長昭『在日タタール人：歴史に翻弄されたイスラーム教徒たち（ユーラシア・ブックレット No.134）』東洋書店、2009年、17-26頁。

女性の同権問題に強い関心を抱いていたことでも知られている。『ジョレイハ』もこうした問題意識を引き継ぎつつ、具体的に帝政末期のロシアによる抑圧的な改宗・宣教政策にさらされているタタール社会を描いている[12]。

戯曲『ジョレイハ』の舞台は、19世紀半ばのカザン県のある村で、イスハキーの故郷と同じく、ムスリムのタタールと受洗タタールが混在している。主人公のジョレイハは、家族と共に、政府の登録上は正教徒であったものの、実質的にはムスリムとしての生活を送っていた。しかし、父をムスリム風に葬ったことから、地元の司祭と警察のひんしゅくを買うこととなった。その結果、ジョレイハは修道院送りにされたうえ、ロシア人農民のピョートルと強制的に結婚させられ、夫サリムジャンはシベリアへの流刑に処された。その後ジョレイハは、シベリアを出ることに成功したサリムジャンと奇跡的な再会を果たし、共に脱走することを画策する。しかしこの試みは失敗し、サリムジャンはその場でロシア人村人によって撲殺される。ジョレイハはこれに絶望し、ピョートルを毒殺して投獄されることになった。その後、天使に連れられて天国へと向かうジョレイハが描かれたのち、正教徒として成長してきたジョレイハの息子ザハルは、自らの置かれた境遇への葛藤から、ムスリムとして生きる決意をし、ジョレイハの棺を救おうとするが、逆に村人に殺されて幕が閉じられる[13]。

このイスハキーによる『ジョレイハ』は、帝国によるロシア正教への改宗政策の被害者としてのジョレイハを悲劇のヒロインとして描き、彼女にロシアによる支配の圧迫を受けたタタールの姿を重ね合わせていた。また、この作品は単にロシア帝国による圧迫としての改宗政策のみならず、その

12　Minakhmet Sapakhov. *Zolotaia epokha tatarskogo renessansa*. (Kazan': Tatarskoe knizhnoe izdatel'stvo, 2004), p.132.

13　Gayaz Isxakıı. "Zələixa," *Gayaz Isxakıı 15 tomda. 4 tom*. Kazan: Tatar. kit. nəşh. 371-445b.

結果引き起こされたタタール内部の対立も鋭く描き出している。この劇中では、聖典の中の「ユースフの物語」において、ユースフが兄に裏切られたことに重ね合わせるように、ジョレイハと夫サリムジャンが、ムスリムである同じ村の人々に裏切られる様子が描かれている。アグネス・ケフェリはこうした描写から、ムスリムとしての生活を送っている登録上の受洗タタールに対して蔑みの視線を向ける周囲のムスリム・タタールと比べ、祖先が強制的に改宗させられただけで自身は敬虔なムスリムとしての実践を行なっているジョレイハらとどちらが正しいムスリムなのか、ということが問われている、と指摘している[14]。ここでは、一方では表面上の宗教の所属の別にかかわらず、タタールとして団結すべきということが強調されている。しかし、あくまでこの劇においては、タタールとはムスリムであることが本来の姿であり、正教徒としてのロシア人と対をなす存在であることが自明のこととして描かれている。

　そうした位置付けは、ジョレイハの息子ザハルの選択により明確に現れている。マディア・ゴールドバーグも指摘するように、ザハルは劇中正教徒として成長したことが描かれるが、その父親がサリムジャンなのかピョートルなのかは明らかとされない。そして、ジョレイハが死ぬ場面で、ジョレイハを迎えにきた天使を見、またジョレイハとサリムジャンの間の娘2人と出会うことで、自身の宗教的なあり方などに対する葛藤を抱くようになる。そして、最終的にはザハル・ペトロヴィッチという、ピョートルの息子の正教徒という立場を捨て、サリムジャンの息子アフマドとしてムスリムとして生きることを決断した[15]。このように、この劇ではロシア帝国の政策によってタタール・コミュニティが分断されたことが、印象的な形で表現されていた。と同時に、タタールはたとえ表面的に正教徒と

14　Kefeli, "The Tale of Joseph," p.393.
15　Goldberg, "Russian Empire – Tatar Theater," p.97; Isxakıi. "Zələixa," 434-436b.

なったとしても、内面においては「正しいムスリム」であり続け、その誇りを捨てるべきではないということが訴えられている。

　この戯曲は1907年から1912年の間に書かれたものの、ロシア帝国の政策を真っ向から批判するものであったために、長い間上演されることはかなわなかった。ロシア革命後、ようやくカザンやモスクワの劇場で公演を行うことができ、イスハキー自身もそこに居合わせて大盛況な様子を目にすることができた[16]。さらに、イスハキーから3年間の上演権を買い取ったサヤル劇場の支配人ガブドゥッラ・カリエフは、沿ヴォルガ中流域から、コーカサス、トルキスタンでの公演を予定していた[17]。しかしイスハキー自身が亡命したことで、彼の存在と共にその作品もソ連内においてはタブーとなり、再び上演は禁止された。しかし、イスハキー自身は亡命先でも、積極的にこの作品の上演を行っていた。

　この戯曲のメッセージは、イスハキーの同時代人のみならず、ソ連時代を経て、再び民族的・宗教的な自己意識を覚醒させている、現在のタタールにとっても強いインパクトを与えるものとなっている。

2.2. 映画『ジョレイハ』の制作と特徴

2.2.1. 『ジョレイハ』映画化の試み

　ペレストロイカ以降、民族・宗教の復興が進む中で、タタールもその文化や言語の復権を求めるようになり、人々の間に宗教的な自己意識の向上も見られるようになった。またソ連が崩壊することで、これまでタブーとされていた人々の名誉回復も積極的に進められるようになった。その中で

---

[16] G.S. Mukhammedova. "Otrazhenie politiki khristianizatsii v drame G. Iskhaki 'Zuleikha'," *Islamo-khristianskoe pogranich'e: itogi i perspektivy izucheniia*. (Kazan': Akademiia nauk Tatarstana, 1994), p.165.

[17] Goldberg, "Russian Empire – Tatar Theater," p.106.

イスハキーは、タタールの近代文学の巨匠のひとりであり、民族運動の英雄として注目を集めるようになった。

1991年には、出身村の生家跡に、彼を記念する博物館が設立された。また同年には、タタルスタン共和国作家同盟により、イスハキーの名を冠する文学賞が創設され、文学面での功績が称えられることとなった。さらにタタール出版局により、『イスハキー全集』（全15巻）が出版されているほか、学校教育においても、タタルスタン内で必修となっている「タタール文学」の中で、彼の作品が取り上げられている。

写真2-1　博物館に設置されたイスハキーの胸像（2011年7月筆者撮影）

その中でも『ジョレイハ』は、最も注目を集めている作品のひとつとなっている。1992年にプラザト・イサンベトの監督により、カザンのカマル名称タタール国立アカデミー劇場で、再びこれが上演されることとなった。ゴールドバーグの指摘によると、この上演はソ連時代との決別を示しながら、革命以前の「英雄的な」過去とのつながりを強調するものであった。そして、ここで描かれた帝政期のタタールへの圧迫は、そのままソ連期における自分たちへの抑圧と重なり合うものとみなされた[18]。

その後、カマル劇場の役者であったラミル・トゥフワトゥッリン（Ramil Tukhvatullin: 1966-）により、『ジョレイハ』を映画化する企画が持ち上がった。トゥフワトゥッリンは、学生時代にイスハキーの作品に出会い、その

18　Goldberg, "Russian Empire – Tatar Theater," pp.109-111.

作品が上演されるのを見て、彼の生涯と作品について研究するようになったという。その後、やはりカマル劇場の劇作家であるユヌス・サフィウッリンとともに、『ジョレイハ』執筆の背景となった、帝政期の改宗政策やカザン県の様子について、文書館などにも通って調べ、映画化の構想を練り上げていった[19]。

　この企画を実現させる背景となったのが、2005年のカザン1000年祭であった。1990年代、タタルスタン科学アカデミーの研究者を中心に、カザンの起源についての再検討が行われ、発掘調査などが進められた。その結果、カザン・クレムリンの敷地内の地層から発見された硬貨を根拠に、カザンの起源は紀元1005年と推定された。そして、1999年に当時の連邦首相ウラジーミル・プーチンの同意を得て、2005年に連邦規模の行事として、カザン1000年祭を祝うことが決定された[20]。ここでは、カザン／タタルスタンが「ユーラシアの中心」として、東西文化の交流を支え、多民族・多宗教の共存を達成していることが強調された。

　と同時に、カザンがタタールの都であり、ロシアのイスラームの中心を占めていることも大々的に宣伝された。その一つの象徴となったのが、カザン・クレムリン内に建設されたクル＝シャリフ・モスクである。すでに1990年代初頭から、タタール知識人によって、カザン・クレムリン内にモスクを建設する構想が持ち上がっていた。1995年に、タタルスタン初代大統領ミンティメル・シャイミエフによる大統領令に基づき、正式にモスクの建設が進められた[21]。これは生神女福音大聖堂の復旧と並行して

19　トゥワトゥッリンへのインタビュー（2009年1月17日、カザン市、共和国政府庁舎）。

20　Ravil' Bukharaev. *Prezident Mintimer Shaimiev i model' Tatarstana: ocherk politicheskogo tvorchestva*. (Sankt-Peterburg: Russko-baltiiskii informatsionnyi tsentr 'Blits', 2000), pp.304-305.

21　Kate Graney, "Making Russia Multicultural: Kazan at Its Millennium and Beyond," *Problems of Post-Communism*. 54, no.6 (2007), p.21; Nadir V.

進めることで、両宗教の平和共存を示すものとされていた。しかし、最近のインタビューでシャイミエフは、タタールの知識人の間から、もともとモスクがあったのは生神女福音大聖堂が建っている場所であり、聖堂をいったん破壊してそこにモスクを建て、聖堂をクレムリン内の別の位置に移すべきという意見があったことを紹介している[22]。現状のとおり、この提案は退けられ、聖堂はそのままの位置に建てられ、モスクはクレムリン領域内の別の場所に建てられることとなった。しかし、こうした提案があったこと自体、タタールの知識人らの間に、過去に対する強い意識があることを示唆しており、このモスクはそのシンボルとしての期待があったことを示している[23]。

　『ジョレイハ』の映画化企画も、こうした流れの一つとして位置づけられたうえで、公的な支援を受けて実現したと考えられる。当初は、トルコ共和国からも資金提供の話があったが、これは実現しないままになった。その代わりに、最大の支援者となったのがシャイミエフであった。シャイミエフは、『ジョレイハ』の映画化の話を耳にすると、個人として全面的にこれを支援する姿勢を明らかにした。そして、自らの財団を通じてこの企画に金銭的な援助を行った。さらに特に宗教に関わる内容面については、タタール出自でモスクワに置かれたロシア・ヨーロッパ部ムスリム宗務局

Kinossian, "The Politics of the City Image: The Resurrection of the Kul-Sharif Mosque in the Kazan Kremlin (1995-2005)," *Architectural Theory Review*. 13, no.2 (2008), p.192.

22　Oleg Platonov. "Shaimiev: 'Davaite sobor razrushim, postavim tam mechet' – i takie slyshalis' predlozheniia…'" Biznes Online. 2016.09.15.[http://www.business-gazeta.ru/article/322678]（2016年9月22日閲覧）.

23　ナディル・キノシアンも、このモスクがタタルスタンにとって、主権国家としての地位を主張し、同時にタタールの歴史との連続性を担保するシンボルとして位置付けられていることを指摘している（Nadir Kinosian. "Post-Socialist Transition and Remaking the City: Political Construction of Heritage in Tatarstan," *Europe-Asia Studies*. 64:5 (2012), pp.879-901.）.

のムフティー（ムスリムの代表者）を務めるラヴィル・ガイヌッディン（Ravil' Gainutdin: 1959-)が助言を行うという形で支援を行った。

　最終的に600万ルーブル（当時のレートで約2300万円）以上の予算が組まれ、共和国内の村などを舞台に撮影が進められた。撮影に当たっては、カマル劇場などに所属するプロの役者のほかに、撮影地の住民などもエキストラとして参加した。トゥフワトゥッリンは監督を務めながら、ジョレイハが強制的に結婚させられるロシア人男性ピョートルを演じた。そして主人公ジョレイハは、彼の妻で、やはりカマル劇場の役者であるイリシヤ・トゥフワトゥッリナが務めた。

　1000年祭に先行して完成したこの映画は、カマル劇場での上映を皮切りに、共和国各地で上映会を重ねた。2006年には、ベルリンで行われた太平洋映画祭にも出品して好評を博し、タタールの文化や歴史をアピールする貴重なツールとしての役割を果たした[24]。そして2008年にはDVD化されて、タタール語DVDの売上で常に上位を占めるようになった。トゥワトゥッリン自身も、これ以降タタルスタン共和国政府の諸民族文化・言語発展部の部長に就任し、民族文化振興に直接関わるようになった。

2.2.2. 映画『ジョレイハ』のあらすじ

　映画『ジョレイハ』は、その冒頭でロシア帝国による沿ヴォルガ地域の支配と改宗政策が概観される。その後、場面は19世紀半ばのカザンのある一室へと移り、受洗タタールを始めとする非ロシア人に対する改宗政策についての、イリミンスキーとマロフの論争が映し出される。こうして帝政期、特に19世紀後半のロシア帝国による支配、ロシア正教への改宗政策についての予備知識が与えられたうえで、本編の物語が始まっていく。

24　"Fil'm «Zuleikha» stal prizerom kinofestivaliz «Berlin-Aziia»," *Tatar-inform*. 2006.12.11. [http:www.tatar-inform.ru/news/2006/12/11/37909/]（2012年6月4日閲覧）.

本編の舞台は、カザン県のある村で、ムスリムと、ロシア正教徒として登録しつつもムスリムとしての生活を送る人々が共に暮らしていた。しかし、形式だけとはいえ正教徒として登録されている人々とムスリムのままの人々の間には軋轢が生じていた。ムスリムのアフメトは、弟サリムジャン一家が税金を逃れるために正教徒となっていることをあげつらい、取っ組み合いの喧嘩に発展する。それを逆恨みしたアフメトは、新任の司祭にサリムジャンの妻ジョレイハの父ギマディが、正教徒として登録しているにもかかわらず、ムスリムとして葬られていることを讒訴する。

　この司祭は、住民に本物のキリスト教徒としての生活を送らせるために、村外れのモスクに十字架を立て、教会にすることを画策していた。住民はこの試みに反抗し、十字架を持ちこんだコサックと乱闘騒ぎを起こすが、あえなく鎮圧され、暴動に加わった人々は一晩監禁される。翌日、カザンから訪れたイリミンスキーとマロフの立ち合いの下で、裁判が開かれる。そこでは、ギマディをムスリムとして葬った村のムッラーがまず難詰される。続いてジョレイハが呼び出され、夫サリムジャンによって、自分が正教徒マルファとして登録されていることを告げられる。そしてジョレイハは、マルファとして修道院に送られ、サリムジャンら暴動に参加した村の男たちは、逮捕・投獄されることとなった。

　その後、辛い修道院生活を終えたジョレイハは、ロシア人男性ピョートルとの不本意な結婚生活を送ることとなる。ロシア語を理解できず、正教へ帰依することもなく、ただジョレイハはイスラームの経文を唱え、サリムジャンと娘たちとの再会を願う日々を送っていた。ジョレイハが心を開かないことに苛立ったピョートルは酒におぼれ、ジョレイハを折檻していた。そんなある日、教会の礼拝から逃げ出したジョレイハは、偶然同郷の男性と出会い、逃亡を試みるが失敗する。

　その夜、ジョレイハは再びその男性と共に逃亡を企て、ちょうど時を同じくして脱獄を果たしたサリムジャンと奇跡的な再会を果たす。しかし、目を覚ましたピョートルらがコサックを呼び、逃亡の試みは再び失敗する。

その上サリムジャンは、コサックの殴打により命を失ってしまう。希望を失ったジョレイハは、隠し持っていたヒ素をあおって自殺しようとするが、子どもの泣き声に思いとどまった。やはりその泣き声で目を覚ましたピョートルは、ただの水と誤って、ジョレイハが毒を注いだグラスをあおり、あえなく絶命する。コサックによってジョレイハは逮捕された後、服役を経て、正教徒として神学校に進んだ息子ザハルと生活を共にする。そして、娘たちとの再会を果たせないまま、ムスリムとして埋葬することをザハルに頼んで、静かに息を引き取り、映画の幕は閉じられる。

2.2.3. 映画『ジョレイハ』の特徴

　映画『ジョレイハ』は、イスハキーの戯曲を参照しつつ、あくまでオリジナルの作品として独自の演出も行われている。中でも最も目立つものとなっているのが、イリミンスキー及びマロフの登場と、モスクの教会への建て替え・炎上である。この2つの描写は、イスハキーの原作にはないオリジナルな場面であり、監督らの歴史観やこの映画の意図を考察する上で重要な点と考えられる。

　監督のトゥフワトゥッリンは、この映画の制作に当たり、文書館などにも通って歴史を研究したという。イリミンスキーとマロフという実在の人物が登場したことは、そうした研究に基づいたものと考えられる。冒頭、イリミンスキーとマロフは、カザンのある一室で、宣教活動のあり方について議論を交わす。そこでイリミンスキーは、あくまで自分が推進してきた学校を通じての宣教活動の重要性を主張するのに対し、マロフは、宣教師の報告などを引用しつつ、当時の宣教活動が実を結んでいないことを指摘する。そして、「(イリミンスキーの方針に対し反対で)<u>あったし、これからもそうだ</u>」と述べる (5:05)[25]。

---

[25] 以下、作品中の引用については、括弧内にDVD第2版（2010年）中での放映時間を記載する。また、タタール語でのセリフの和訳はそのままにし、

ここで、マロフが正教を布教する手段として主張するのが、ムッラーとの論争である。すでに 1 章で触れたように、マロフは、イリミンスキーの進めた聖典の翻訳と学校教育による正教啓蒙活動の有力な協力者の一人であった。そのため、ここに引用したセリフのように、マロフが一貫してイリミンスキーの啓蒙活動に反対していたと言い切ることには若干の違和感を覚える。とはいえ、当初からマロフは、タタールらへの宣教活動において、教義に関する論争の必要性も唱えていた。そして、イリミンスキーの没後には、マロフは学校での正教啓蒙教育が思うような成果を上げていないことに対する批判的な姿勢を示すようになったことも指摘されている[26]。この劇中の 2 人の様子は両者の宣教活動をデフォルメして対照させることで、帝政期の改宗政策の 2 つの側面を象徴的に表そうとしていたと考えることができる。トゥフワトゥッリン自身も、筆者とのインタビューの中で、この 2 人のことを「宣教師の画期的な人物で、物事に自身の見方を持っていた。それは必ずしも同じではなく、ときに彼らの間では、異教徒（inovertsy）[27] に関して異なる見方もあった」と語っている[28]。

　そこで両者の描写を詳しく見てみると、まずマロフは、イリミンスキー

　　　　ロシア語でのセリフの和訳には下線を付す。
26　Robert P. Geraci, *Window on the East: National and Imperial Identities in Late Tsarist Russia.* (Ithaca: Cornell University Press, 2001), p.229.
27　「異教徒」という表現は、そのまま非キリスト教徒を指す言葉として用いられ、特に 18 世紀半ばまでは、実際の信仰に関わらず、非ロシア人一般をさす用語としてしばしば用いられていた。しかし、イリミンスキーらの活躍した 19 世紀半ば以降には、先述の「異族人」という言葉が専ら用いられていた（Paul Werth, "Changing Conceptions of Difference, Assimilation, and Faith in the Volga-Kama Region, 1740-1870," Burbank J., von Hagen M. and Remnev A. (eds.), *Russian Empire: Space, People, Power, 1700-1930.* (Bloomington: Indiana University Press, 2007), pp.171-175)。
28　トゥフトゥッリンへのインタビュー（2009 年 1 月 17 日、カザン市、共和国政府庁舎）。

との論争の中で強硬な態度を示すほか、裁判の場面においても、暴動を起こした村人たちに対して高圧的な姿勢を崩さない。また、言語的にも恰もタタール語を少なくとも自由には扱えない人物であるかのように描かれている。実際にはマロフは、カザン神学校において対ムスリム宣教を主導し、タタール語の教授も行っており、タタール語を理解できなかったとは考えづらい。また、ロバート・ジェラシが指摘するところによれば、ムッラーらとの論争を繰り返すことで、むしろムスリムたちに対して一定の理解も示すようになっていたという[29]。このギャップには、現在のタタールの視点から見た時に、帝政期の一般的な改宗政策が強硬なものであり、タタールに対する理解を全く欠いたまま行われていたという、強い批判的な姿勢の反映を見ることができるであろう。

　逆に、イリミンスキーの描写を見ると、彼の姿勢とその活動に対して、より両義的な態度を看取することができる。まず彼は、自らの教育システムの本質（sushchnost'）を、「異族人にキリスト教を広めること」としている。またイスラームの存在について、「ロシア人にとってのみならず、キリスト教世界全体にとっての問題」とし、強い警戒感を隠さない（8:30）。現実にマロフと比べると、イリミンスキーは宣教活動に没頭する中で、ムスリムへの明確な敵視を強めていったとも言われている[30]。そして、ソ連期においてイリミンスキーは、帝政期の非ロシア人への抑圧、改宗政策の象徴的存在として、「黒百人組の『宣教師』」[31]といった保守頑迷なイメージや、「極端な君主制主義者でツァーリ政府の忠実な僕」[32]といった強く否

29　Geraci, *Window on the East*, p.108.
30　Geraci, *Window on the East*, p.108.
31　*Bol'shaia sovetskaia entsiklopediia. t.27.* (Moskva: Sovetskaia entsiklopediia, 1933), p.786.
32　*Istoriia Tatarskoi ASSR. t.1.: s drevneishikh vremen do Velikoi Oktiabr'skoi Sotsialisticheskoi Revoliutsii.* (Kazan': Tatarskoe knizhnoe izdatel'stvo, 1955), p.354.

定的な評価を与えられてきた。

　しかしこの映画での描写は、より曖昧な立ち位置にいるイリミンスキーの姿を描いているようにも見える。冒頭の議論の場面では、マロフがエカテリーナ2世によりそれまでの強制的な改宗政策が廃止されたせいで、ロシア帝国の拡張や皇帝の専制まで危うくなったと憤るのに対し、教育の重要性を説き、より現地の実状に合った方策をとるべきとする（7:30-8:00）。また、後の裁判の場面では、ジョレイハに対しタタール語で優しく語りかけるなど、ある程度現地人に理解のある人物という印象も与える。

　さらにここで注目すべきは、イリミンスキーが、自身のシステムの本質を正教の布教に置いており、各民族の独自性には干渉しないという態度を示している点である。すなわち、受洗タタールたちの、いわゆる「ロシア化」を目指しているわけではなく、タタール＝ムスリムの影響から引き離すことに最大の重点を置いているのである。彼の発言の中でも、「宣教の精神で養育された、受洗知識人のかなりの部分は、すでに受洗者(kreshchenye)はタタールではないという説を採用するようになっている」とし、正教への改宗者とムスリム・タタールが差異化されていることを肯定的に評価している（6:20-6:40）。さらにイリミンスキーは、受洗者たちが自らを「独自の民族（natsiia）」とみなすようになっている、と語っている。

　第1章で触れたように、イリミンスキー自身の記述をみても、当時「クリャシン」と名乗る人々がいたことは記録されている。しかし、それが「民族」としての自覚を伴っているとまでは明言されていない。さらに、イリミンスキー自身は一貫して「受洗タタール」という表現を使用し続けた。すなわちこの発言は、より映画製作者の意見を反映したものとも考えられる。そして、ここでこの「民族」に言及していることは、クリャシェンの独自性に対し、作り手から一定の理解が示されていると解釈することもできる。現在のタタールの間では、イリミンスキーは帝政期の改宗・宣教政策の一つの象徴として、極めてネガティブな評価が与えられている。

しかし、こうした傾向に対し、この映画での描写は、イリミンスキー及びその活動に対する評価の見直しを行なっていると取ることもできる。

ただしこの映画においても、イリミンスキーがあくまでロシア正教への改宗に注力することで、帝国政府とつながっていることが否定されているわけではない。そして、その努力とクリャシェンの独自性の関連性を示唆することによって、現在のクリャシェンによる民族を名乗る運動が、ロシア帝国による政策の影響によるものである、という印象を与えかねないものともなっている。

また、やはりイスハキーの戯曲になかったものとして、モスクの教会への建て直しという描写がある。確かに、帝政期においてはモスクの建築制限があり、マロフなどはその厳格な適用を求めた[33]。もっとも、撮影地の村に後に派遣されてきた司祭も語るように、モスクと正教会の教会では、内部の構造が全く異なっており、映画中で行われているように、十字架を立てるだけで教会の代わりにしようという試み自体がやや現実味にかけたものとなっている[34]。とまれ、ムスリムにとって重要な宗教施設であるモスクを教会に作り変えようという試みは、タタールに対し帝政期の改宗政策への反発をより強める結果になることは容易に想像される。そして、実際に劇中において、村人がこの試みに対して強く反発して反乱を起こし、結果的にモスクが炎上する様子は、対立の帰結が悲劇的なものであることを強く示唆している。

こうした正教会とイスラームの対立の強調の描写は、まずロシア正教会の強い反発を招くこととなった。さらに、この映画の描写とそれを巡る論争が起こったことで、ロシア正教に改宗した人々の子孫であるクリャシェンにとっては、タタール社会における自らの位置づけについて再考するこ

---

[33] Evfimii, Molov. "O tatarskikh mechetakh v Rossii," *Pravoslavnyi sobesednik*. 1868, Ch.1. p.45.

[34] 司祭ディミートリーの話（2009年1月29日、クリャシュ・セルダ村教会）。

とを迫られることとなった。

2.3. 『ジョレイハ』の波紋

2.3.1. 『ジョレイハ』への反応

　この映画が上映されるにあたり、その最も重要なターゲットであったムスリム・タタールは、概ね好意的な反応を示した。タタール語女性誌『ソユンビケ（Səenbikə）』に掲載されたこの映画についての記事では、タタールの困難な歴史を伝えるものとして高く評価している。そして、こうした歴史に目を背けては、民族が消えてしまうとして、タタール文化・意識の維持におけるこの映画の意義を強調している[35]。

　また、カザン文化芸術大学准教授のラミル・ガリフッディンは、ソ連期の映画においては、タタールがもっぱら否定的な形象として現れているとしている。そして、「本物のタタールの姿」が描かれることがなかったことを強調する。それに対しこの映画『ジョレイハ』では、タタールの「本物の正しい姿」が描かれ、人々の共感を呼んでいると指摘している[36]。

　この映画の位置づけは、タタルスタン共和国内のみならず、広く各地に居住しているタタールにも見せるべきものとされている。ちょうど映画の完成と並行して進行していたカザン1000年祭の中では、タタールの故地としてのタタルスタン／カザンが強調されつつ、タタルスタン外に住む「タタール・ディアスポラ」に対しても積極的なアピールが行われた。この映画『ジョレイハ』は、その一環として用いられるものとも考えられていたのである。トゥフワトゥッリンも、ちょうど1000年祭の行われている時期に、タタールの若者向け新聞のインタビューに答え、タタルスタン

---

[35]　Guzəl Kamaletdinova. "Zələixa," *Səenbikə*. no.2 (2005), p.6.

[36]　R. Garifullin. "Zələixa həm kinoda tatar obrazları," *Tatarstan yaşləre*. 2005.01.20. [http://www.tatyash.ru]（2012年6月6日閲覧）.

各地で巡回するほかに、タタールの居住するあらゆる場所の映画館で上映する希望を述べている[37]。

しかし、このようにムスリム・タタールが好意的に評価する一方で、映画に対する批判的な意見も存在していた。そもそもタタルスタンの正教会は、撮影段階からこの映画に対して否定的な態度を取っていた。トゥフワトゥッリンによれば、修道院での撮影を依頼したところ、カザン及びタタルスタン大主教アナスターシーはこれを拒否し、隣のチュヴァシ共和国にまで出向いて撮影を行わざるを得なくなったという[38]。

さらに、映画に対する批判的な論調は、映画の完成後、特に2008年にDVDが発売され、インターネット上に流出した頃より、さらにはっきりと目につくようになった。ロシア正教系のニュース・サイトでは、映画の内容を「ナショナリスティックで反キリスト教的なもの」と、厳しい口調で批判している。そこでは、この映画の主題が、イスラームとキリスト教の反目に置かれており、「諸民族の友好」というスローガンに反するものであると評されている。さらに、トゥフワトゥッリンがこの映画をフィクションであると語っているにもかかわらず、イリミンスキーらをあえて登場させていることに対して、実在の人物と事件との関連を想起させることになると非難をしている[39]。加えて指摘されているのが、映画の中心的な

---

37 G. Şəixi, "Ramil TƟXVƏTULLIN: 'Xalıq <Zələixa>nı kɵte'," *Tatarstan yaşləre*. 2005.07.14. [http://www.tatyash.ru/index.php?get.php?1062880.htm#0]（2012年6月6日閲覧）.

38 Alsu, Musina. "Geroi tragedii p'iut tsement po-nastoiashchemu," *Vecherniaia Kazan'*. 2004.09.29. [http://old.evening-kazan.ru/article.asp?from=number&num_dt=29.09.2004&id=16454]（2012年6月6日閲覧）.

39 " 'Zuleikha', otkroi lichiko! Tatarskii fil'm o 'nasil'stvenno kreshchenoi musul'manke' nachal 'pobednoe shestvie' po Evrope…," *Russkaia liniia*. 2008.10.28. [http://www.rusk.ru/st.php?idar=104666]（2012年4月4日閲覧）.

主題となっている受洗タタールの扱いについてである。映画の中では、タタールはムスリムであることが正しく、そこから外れた「誤ったタタール (nepravil'nye tatary)」として、受洗タタール＝クリャシェンが想定されているという。そうした描き方から、当のクリャシェン自身は、この映画を否定的に捉えていると指摘されている[40]。

実際この映画の演出では、ジョレイハらがクリャシェンと直接に関係するものであると示唆するものとなっている。劇中、正教を受容した住人を呼ぶ際には、ほとんどの場で「クリャシェン (kerəşen)」という語が使われている。さらに、この映画の撮影場所の一つとなったのは、実際にクリャシェンが居住しており、筆者の調査対象地の一つでもあった、クリャシュ・セルダ村であった。そして劇中、村の風景の一つとして、この村のアンサンブルの女性が伝統的な民族衣装を着て、民謡を歌い踊る場面が挿入されている。クリャシュ・セルダ村を含むペストレチ郡は、カザンに近いこともあって、共和国の民族文化行事等においてクリャシェンを登場させる際には、しばしばこの郡の伝統的な民族衣装などが用いられている。そのため、一見して劇中での描写と現在のクリャシェンの関係が推しはかれるようになっている。

こうした演出については、クリャシェン出自の音楽学者・民俗学者で、クリャシェン民謡アンサンブルも指導しているゲンナージー・マカーロフが協力している。マカーロフ自身、映画の中で村人の一人として、民族楽器ドゥンブラ（弦楽器の一種）を弾く様子が映っている。またこのほか、カマル劇場所属のクリャシェン出自の役者として、ジョレイハの母親役をヴェーラ・ミンキナが、受洗タタールの年配の男性役をニコライ・ドゥナエフが演じている。

さらに、ジョレイハがピョートルに教会へ連れて行かれ、礼拝に参加させられる場面は、カザンで唯一クリャシェン語[41]の祈祷が行われている

40　" 'Zuleikha', otkroi lichiko!"
41　クリャシェンが母語とする言葉と、タタール語を同じ言語とみなすかどうか

ティフヴィン教会で撮影が行われた。この場面は、クリャシェン出自で、普段からティフヴィン教会で祈祷を挙げているパヴェル（パヴロフ）長司祭が祈祷を先導している。この場面はロシア人の町という設定のため、ロシア語での祈祷となっているが、それに先立つ村を写す場面では、ティフヴィン教会で録音されたクリャシェン語での祈祷が挿入されている。

　トゥフワトゥッリンは、彼らが喜んで出演に同意したという[42]。確かに、撮影地の村人にとっては珍しい機会として記憶されている。エキストラとして参加した村の博物館の館長は、楽しかった思い出としてそのセリフも忘れずによく覚えているという。しかし、クリャシェン知識人として知られ、近年のクリャシェン民族運動にも積極的に参与しつつ、この映画にも出演したマカーロフやドゥナエフに筆者が直接話を聞いたところでは、全く異なる反応が返ってきた。

　マカーロフは、この映画のシナリオ作成にも関与したとされている。しかし、筆者が立ち話の中で、それとなく映画の印象を尋ねたところ、一言「世の中には見ない方がいいものもある」といって、それ以上この話題に触れようとはしなかった。一方のドゥナエフは、筆者による彼の生涯などに関するインタビューの中で、映画について尋ねた際に、端的に「気に入らない」としつつ以下のように語った。いわく、彼にはこの映画の主題が理解できず、結局何も分からないまま演技をしたという。さらにドゥナエフは、第1章で示したクリャシェン自身によって想定されているキリス

　　は、クリャシェンの独自性を巡る議論の重要な論点となっている。確かに、クリャシェンの話す言葉の独自性は指摘されるが、同時にその内部において、著しい地方差などが確認される。この祈祷で用いられている言語は、イリミンスキーが19世紀に編み出した正書法を用いたものであり、現在学校などで教えられている正則タタール語とは異なる形で体系化されている。従って、ここではクリャシェン語という言葉を用いることとする。

42　トゥワトゥッリンへのインタビュー（2009年1月17日、カザン市共和国政府庁舎）。

ト教受容の歴史を踏襲して、自分たちの祖先はすでにずっと昔に洗礼を受けていたという。その上で、映画中で描かれている人びとは「受洗タタール」であって、クリャシェンとは別のものであると強調し、こういった混同がある点で良い映画ではないとしている。

さらにこの映画の件について最も過敏に反応し、反対の姿勢を示したのがパヴェル長司祭であった。彼は普段は温厚で物静かな人物として慕われ、尊敬されている。しかし、この映画に出演した背景、映画に対する印象について、教会を観察に行った際に長司祭に直に尋ねてみたところ、急に顔色を変え、「あれは勝手に来て、祈祷を撮りたいというから撮らせただけだ」という。そして、「そもそもどういうつもりで撮影しているのかも知らなかった」といい、自分はこの映画には関係ない、ということを重ねて強調した。さらに、彼自身この映画を見たわけではないから、詳しいことは分からないという一方で、「いい映画ではない」と断言し、イスハキーのことも自分は気に食わない、と全面的な嫌悪感を示し、足早に筆者の元から去ってしまった。

こうした反応について、トゥフワトゥッリンに問い合わせると、自分たちは事前に訪問し、どのような映画を撮るかについても話し合いを持ったという。そして、映画について知らなかったというような反応があったことについて、心外という面持ちで受け取っていた[43]。

こうした意見の食い違いについて、真相は藪の中であるが、出演しておきながら全く全体の内容を知らなかったということは考えづらい。また、トゥフワトゥッリンが「喜んで協力した」と言っていることも、敢えて嘘を言うような必要性を感じられない。実際、あまり普段見せられることのないクリャシェンの民俗などを広く見せることができるという点でマカーロフなどにとっては、歓迎すべき点もあったのではないかと推測される。

43　トゥフワトゥッリンへのインタビュー（2009年1月17日、カザン市共和国政府庁舎）。

しかし、筆者がこれらのインタビューを行なったのは、2008年から2009年にかけての時期であり、この映画がインターネット上に流出し、映画の是非についての議論が沸騰した時期であった。まさに、こうした論争があることを前提とした時に、自らの関与を表明することがはばかられたということが想像できる。では、この映画のどこにそういった論争を呼ぶ余地があったのだろうか。次節では、その論争を起こす要素について、映画の中の具体的な描写を取り上げながら検討していく。

2.3.2. 『ジョレイハ』の描写と現実

　先述のように、劇中の正教徒として登録されたタタールたちは「クリャシェン」と呼ばれ、かつそれが一種の蔑称であり、忌避すべきものとして扱われている。

　作品前半部、病床に伏せるジョレイハの父親に、孫娘たちが「クリャシェン」と呼ばれていることについて尋ねる場面はその典型的な場面である。

> 娘1：おじいちゃん、どうして私たちのことをクリャシェンっていうの？　私たちはムスリムじゃないの？
> 祖父：ムスリムだ、娘よ。ムスリムだ。そんなことを言う人こそ、ムスリムじゃないんだ。わしらこそ、本物のムスリムだ。
> 娘2：じゃぁ、どうしてアフメトおじさんとこの娘たちは、私たちのことをクリャシェンっていうの？
> 祖母：よく分かりもしないまま言ってるのさ。アッラーのおかげで、アッラーに讃えあれ（*Allaga şøker, Alxamdu liLax şøker*）。お前はムスリムだ、子供たち。お前はムスリムなんだよ。
>
> 　　　　　　　　　　　　　　　　　　　　　　　　（16:10-16:45）

　この後アフメトは、男たちの集まる中で、サリムジャンが税金から逃れ

るために、ジョレイハらにも黙りながら、家族ごとロシア正教に改宗した形式で登録していることを暴露する。さらにアフメトとその娘たちは、以下のように、サリムジャンとその娘に対し、正教徒と登録されていることを揶揄するような態度をとる。そして、それに激しく抵抗するサリムジャン親子の様子は、「クリャシェン」であることが「誤った」ものとみなされており、その認定をめぐって、共同体内部で亀裂が生じていることを示唆している。

　　　（サリムジャンの娘2人（娘1, 2）は人形で遊んでいたが、アフメトの娘2人（娘3, 4）がそれを取り上げる）
　　娘3：これはクリャシェンの人形、あんたもクリャシェンなんだから。
　　……
　　娘1：人形を返してよ。お父さんに言いつけてやるから。
　　娘2：私たちには十字架がないんだから、クリャシェンじゃない。
　　娘3：今はなくても、いずれつけるんだから。あんたたちに教会で水をかけて（＝洗礼して）、ロシア人の村に連れて行くんだ。
　　娘2：お父さんに言いつけてやる。行こう、ガイディ。
　　（2人がサリムジャンの元に駆け寄る）
　　娘1＆2：お父さん、お父さん。私たちのことをクリャシェンっていうの。
　　サリムジャン：誰がそんなこと言った？
　　娘1＆2：アフメトおじさんとこの娘。
　　（激怒したサリムジャンは、アフメトに駆け寄る）
　　サリムジャン：アフメト、娘たちに何を吹き込んだんだ。俺はあんたのことを、何とも言ってないだろう。
　　アフメト：じゃぁ、なんて言えばいいんだ？　ミトロファンはク

第2章　『ジョレイハ』とクリャシェン　　99

　　　　リャシェンじゃない、ムスリムだ、とでもいうのか？
　サリムジャン：あぁ、ムスリムだ。アッラーのほかに神はなく、ム
　　　　ハンマドはアッラーの使徒だ（*Lya ilyaxa il Allax, Muxammada Rasul Allax!*）。
　アフメト：やめろ、どんな宗教というんだ。自分に得だからその宗
　　　　教を選ぶなんて、そんなことあるか？（22:20-23:30）

　この争いの結果、傷を負ったアフメトは司祭のもとに赴き、サリムジャンらが政府への登録から外れた生活を送っていることを讒訴した。その後、暴動を受けて行われた裁判の中で、ジョレイハは司祭に呼び出され、自らがロシア正教徒として登録されている現実に直面することとなる。

　司祭：マルファ・ヴァシーリエヴナ、お前に言っているんだ、お前
　　　　に。教会文書によれば、お前はキリスト教徒だ。主教様は、
　　　　お前を修道院に入れることにした。
　ジョレイハ：マルファ・ヴァシーリエヴナとは何ですか？　私
　　　　はジョレイハです。アッラーに讃えあれ（*Alxamdu liLlax*）。私の宗教はイスラームです。私は正教徒だったことなどありません。
　サリムジャン：ジョレイハ、そうじゃないんだ。俺が説明するから。
　司祭：マルファ・ヴァシーリエヴナ、お前にはいい夫も用意した。
　　　　修道院で懺悔した後には、彼と結婚すればいい。
　ジョレイハ：私はマルファではないと言っているでしょう。私は
　　　　ジョレイハ、ギマディの娘です。私にはサリムジャンという、ちゃんとニカーフ（イスラームでの結婚）をした夫もいます。みんなに聞いてください。
　マロフ：わかった。マルファ・ヴァシーリエヴナを修道院に。法がある。それは尊重しなくてはならない。

サリムジャン：これは私の妻です。もう 11 年も連れ添った。みんな知っているだろう。なんで黙ってるんだ。
司祭：正しくない。教会の文書によれば、マルファは未婚だ。
サリムジャン：嘘を書いたんだ。司祭、知っているだろう。
司祭：教会の文書によれば、お前たちは夫でも妻でもない。つまり違法状態なのだ。おまえたちは姦通者だ。懺悔しなくてはならない。マルファを連れて行け。(47:45-49:00)

　このように、ジョレイハたちは自分がこれまで暮らしてきた生活を否定され、法と文書で定められた生活に従うことを要求される。ジョレイハ自身は、その名前を失い、長年連れ添った夫と子供たちから引き離されることを余儀なくされるのである。ここには、ジョレイハたちが生きていた「現実」の生活と、法の定めに従うところの「正しい」生活の対立が鋭く現れ、当時の受洗タタールたちが、その狭間に生きる不安定な存在であったということが示されている。

　同時に彼らは、正教を受け入れたことにより、ロシア人化することも期待され、実際にそうなりつつある人々であることも示唆されている。劇中では、形式のみならず、実際に正教徒としての生活を送っている近隣の村の受洗タタールの集まるシーンも撮影されている。そこにはロシア人が同席し、イスラームでは禁止されている酒が酌み交わされている。そこで酔いつぶれた受洗タタールの男がタタール語で話をするのを聞いたロシア人は、<u>「我々の宗教、正教を受け入れたのなら、ロシア語を覚えないといけない、分かったか」</u>(28:30-28:40) と難詰している。この発言には、正教が基本的に「ロシア人の宗教」として認識されており、それを受け入れることに付随してロシア語の習得を始めとする、ロシア化がなされるべきだと考えられていたことが示唆されている。

　またここでの会話では、司祭によるモスクから教会への作り替えも中心的な話題として触れられている。そして、このニュースに対してここの受

第2章　『ジョレイハ』とクリャシェン　　101

洗タタールは、「そりゃいいことだ」と歓迎の姿勢を示し、この企てに対して暴動で反応したムスリムとしての生活を営む村の人々との懸隔を示している（29:15-29:35）。

もっとも、ここで同席している全員が、教会への作り替えに賛成しているわけではない。ドゥナエフが演じる年配の男性で、この場の中心にいるニコライは、噂のことを耳にして、嘆息しながら以下のような言葉を漏らす。

> 人を宗教から引き離すなんて、罪深いことだ。どの宗教にも存在する価値がある。神（Xodai）は一人なのだから。一体どうして、自分で建てたわけでもないモスクに十字架を立てるなんてことができるんだ。
> ……
> いや、同胞たち。タタールとの関係を悪くしてはいけない。我々は同じ根を持った民族（ber tamırlık xalıq）ならば。(28:50-30:15)

また、暴動を鎮圧したコサックの一人も、夜番をする際、司祭のやり方に対して疑問を投げかけ、「剣を使うのも、鞭を使うのも（無駄なことだ）。これは民衆に反することだ。そんなことすべきではない」と漏らす（40:30-40:40）。

そして、こうした強制的な改宗政策は現地人のみならず、ジョレイハの結婚相手とされたピョートルをも不幸なものとしたことが描かれている。教会でも礼拝に参加せず、家の中ではイコンに布をかけ、全く正教への帰依を示そうとしないジョレイハにいら立ったピョートルが、彼女を折檻する。そこに居合わせた隣人に止められるが、そこでピョートルは現在の境遇について、以下のように主教の責任であると毒づき、周囲もそれに同調する。

> ピョートル：あぁ、主教に騙された、騙されたんだ。ピョート
> 　　　　　　ル・イヴァーノヴィッチ、安寧に生きられようってな。
> 　　　　　　さぁ、飲もう。
> 男：(ジョレイハを) また修道院に戻さないといけないな。
> 女：まだわかんないのかい？　力づくで信じさせようなんて無理な
> 　　のさ。町では命令を書くだけ。普通の人間は泣くはめになるの
> 　　さ。彼女はムスリマだろう。戻してやるのがいいんだよ。
>
> 　　　　　　　　　　　　　　　　　　　　　　　(71:25-72:00)

　さらに、サリムジャンの脱走シーンを見てみると、彼はピョートルの兄と逃亡を図っていた。しかし、ピョートルの兄は監視兵の銃弾に倒れ、サリムジャンに弟の居場所を教えてそこに向かわせる (60:00-61:00)。結果、サリムジャンは一時的ながらも、ジョレイハとの再会を果たすことができた。こうした演出は、帝政期の圧政の中で、タタール、ロシア人に関係なく、民衆の間に悲劇的な運命が課されていたことを印象付けるものとなっている。

　トゥフワトゥッリンにインタビューした際も、「民衆 (narod) は政治とは関係なく生活してきた。どんな宗教かというのは関係ない。いつも仲良く暮らしてきた」「民族は一つ、信仰が違うだけだ。……それは一つの民族、タタール民族だ」として、一般の人々の間には反目などはなかったことが強調されていた[44]。

　エンドロールでは、それを踏まえて、ロシアの歴史のこうした負の側面を見据えつつ、調和のとれた世界を築くことが重要であると語られている。

> 　ロシアの歴史は、涙と悲劇的な出来事に満ちている。この歴史の苦

---

[44] トゥフワトゥッリンへのインタビュー (2009年1月17日、カザン市政府庁舎)。

い教訓は、2つの偉大な信仰を持つ民族に、平和に仲睦まじく暮らすことを教えている。現在の騒然とした世界では、この過酷な遺産の価値は、年を追うごとに、ますます大きな意味を持つようになっている。(92:00-92:15)

このように、トゥフワトゥッリンの意図としては、この映画はロシア帝国政府による政策がもたらしたタタール、ロシア人双方の悲劇を描くものとなっている。そして、タタールの民族としての統一の重要性を強調するとともに、イスハキーの原作ではそれほど示されることのなかった、タタールとロシア人の共通した運命と、その共同の可能性が示されている。

しかしながら、この映画全体を見ると、モスクの炎上など宗教的な対立がより印象的な形で描かれており、そこに注目が集まることとなった。さらに、タタール＝ムスリム、ロシア人＝正教徒という枠組みが、自然なものであるかのように描かれているがために、クリャシェンは自らの位置づけについてのジレンマを否応なく感じざるを得なくなった。これは、そのまま、現在のクリャシェンが置かれた両義的な位置を反映したものとなっている。

2.4.「誤ったタタール」としてのクリャシェン

この映画の中では、法という規範によって正教徒であるとされた人々が、現実にはムスリムとして生活し、その乖離によって引き裂かれた様子を描いている。一方、現在のクリャシェンと呼ばれる人々は、現実にすでに正教に基づいた生活習慣や民俗を自らのものとして受け入れている。しかし、タタール語を母語とし、帝政期の改宗政策によって正教を受け入れたとされる彼らは、ムスリムであることこそ「正しい」姿であるという規範の圧力を受けている。

それは、普段の何気ない話の中でも言及されている。筆者が、メンデレ

エフスク郡の郡中心からスタロ・グリーシュキノ村に向かう際、行きのタクシーの中で運転手は、「あそこはタタールの村だ。ただし正教徒だけどな」と言った。他の場面でも、概してクリャシェンとはタタールと本質的に変わらない、ということが強調される一方で、「受洗タタール」という形容が消えることはなく、特殊性を帯びた存在として認識されていることを示している。

　そうした認識は、該当する人々自身も自覚していることが確認できる。クリャシェンが居住する村落で、第8章で取り上げる夏場の供犠儀礼について質問をした際、住民の女性は「私たちは（ムスリム・タタールがクルバン・バイラムのときにするように）羊を分けることはしない。純粋な (chistii) タタールとは違う」と語った。この語りは、一方で自分たちをタタールの一部と認めていることを示唆しつつ、他方でムスリム・タタールが「純粋」＝本来的であるのに対して、それとは異なるものとして自らを定位していることを表している。

　そのような、「誤ったタタール」という位置付けに対して、一方では、ロシア化を受け入れる人々も現れている。元々、ロシア正教を信仰していることによって、生活習慣や名前などはロシア人とほとんど同じものとなっており、見た目にも顕著な違いがあるわけではない。また、ロシア語もほとんどの人が理解し、話すことができるため、カザンのような町に住んでいれば、特に自分から名乗らない限り、ロシア人との区別はできない。特にソ連期に都市への人々の流入が進む中で、多くのクリャシェンがロシア人と名乗るようになったとも言われている。

　とはいえ村落部では、周囲もその民族構成や由来を相互によく知っており、日常会話においてもロシア語以上にタタール語が優越している。ソ連崩壊前後から始まった「民族復興」の流れは、都市に移った人も含め、こうした環境に生まれ育った人々に、「正しい」自分達のあり方について考えることを迫るようになったのである。

　そこで、クリャシェンの間で見られるようになった動きの一つは、「本

来の信仰」としてのイスラームに帰依しようという動きである。映画『ジョレイハ』にも出演している、カマル劇場の女優ミンキナも、1990年代にイスラームへ「戻った (vozvratilas')」という。そして、その名前もロシア的なヴェーラからタタール的なヴェニーラに改名した[45]。

　現在のクリャシェンは、しばしば「名前はロシア語、言語はタタール語」[46]として紹介され、名前は分かりやすい指標として認識されている。やはりカマル劇場の俳優で、映画にも出演したドゥナエフは、学校を卒業して正式に俳優として採用される際、タタールの民族詩人として知られるガブドゥッラ・トゥカイ (Gabdulla Tukai: 1886-1913)[47]を演じた。しかし、彼の本名である「ニコライ」で演じると、ロシア人のようでおかしな感じがする、と指摘されたため、芸名を考える際に、「よりムスリムらしい」名前として「ナイル」を用いることとし、現在に至っている。彼自身はこのことについて、「もっとロシアっぽい名前にしておいたほうが面白かったかもしれない」と冗談交じりに語っており、さしたる不満を述べているわけではない[48]。しかしこうしたエピソードは、タタールの中でクリャ

---

[45] トゥフワトゥッリンへのインタビュー（2009年1月17日、カザン市共和国政府）。

[46] Iuliia, Larina. "Imena – russkie, iazyk – tatarskii, a sami – kriasheny," *Ogonek* no.19 (1995), p.35.

[47] カザン県の村のムッラーの家系に生まれるが、幼くして両親を亡くし、親戚の家を回る。マドラサで教育を受ける傍ら、プーシキンやレールモントフの作品をタタール語に翻訳したほか、自ら詩作にも取り組んだ。カザンに移って後、高い評価を得るようになるが、同時に病魔に苛まれることになる。アストラハンやサンクトペテルブルグにも精力的に出かけ、多くの知己を得たが、カザンに帰郷後、病が悪化して26歳にして夭折した。彼の詩は、その後もタタール文学の最高峰とされ、それにちなんだ劇が作成されたり、タタール詩の賞にその名が冠せられている。

[48] ドゥナエフへのインタビュー（2010年4月5日、カザン市カザン文化芸術大学）。

シェンが違和感を与える存在として捉えられており、特に名前がその外的な特徴として重要な意味を持っていることを象徴的に語っている。

「ジョレイハ」劇中では、主人公のジョレイハはロシア正教に改宗したとして、マルファと名づけられている。しかし、本人は作品を通してこれを拒否し、「タタール女性ジョレイハ」として死ぬことを望んだ。いわば、名前は彼女自身の存在を問うものであり、その変更を強いられることは、帝政期の抑圧の象徴の一つとして描かれていた。同時にこれは、クリャシェンの1つの指標を明確に焦点化している[49]。

監督のトゥフワトゥッリンは、共和国のイデオロギーにも従う形で、異なる宗教、異なる民族の共存の重要性を作品の中に込めている。そして、作品の細部を見ると、確かにタタール、ロシア人の区別なく、庶民が帝国政府の抑圧により悲劇を経験している様子が描かれている。監督自らがロシア人のピョートル役を演じたことにも、ロシア人の悲劇性へも配慮しようという意図を見て取ることができる。また、イリミンスキーの（比較的）肯定的な描き方にも、一方的なロシア人、正教会に対する批判的な視線とは一線を画そうという態度が窺われる。

しかし、映画の全体を見てみると、イスラームと正教の対立的な場面がより印象に残ることは否定できない。特にモスクの炎上シーンなどは、ム

---

[49] ただし名前に関しては、クリャシェンがそのままロシア名を受け入れていたわけではなく、やはりタタール語風に訛った名前も流通していたと言われている（Nikolai→Mikulai、Mikhail→Mikaila、Natal'ia→Natui、Mariia→Marca など（R.Kh. Subaeva "Osobennosti bytovaniia kalendarnykh russkikh imen u tatar-kriashen" *Onomastika Povolzh'ia 3: materialy III konferentsii po onomastike Povolzh'ia*. (Ufa: AN SSSR Institut etnografii im. N.N. Miklukho-Maklaia, Bashkirskii filial, 1973), pp.76-78.）。こうした例は、筆者のフィールド調査でもしばしば言及されたが、タタール語での会話も含め、実際の会話の中でそれが使われている例には遭遇しなかった。

スリム・タタールにとってショッキングなものとして受けとめられている。こうした演出は、史実に則ったものとは言い難いが、教育などの現場で、ロシアによる圧迫の歴史を強調されている現在のタタールにとって、それがリアルにありえたものとして写っている。そして、まさにそういったタタールという民族を襲った歴史の中の悲劇を描いたものとして、この映画は高い評価を獲得している。

　この映画は、苦難の歴史に光を当てたものとして、タタールによる高い評価を受けているが、その描写は宗教・民族間の対立を助長するものとして、ロシア正教会などからの激しい反発も呼び起こしている。ここには、民族の尊厳を回復することと、かつて支配層だった民族を含む人びととの共存の困難というジレンマが如実に現れている。こうした反響の大きさは、トゥフワトゥッリン自身も予期しえなかったことであり、「とてもデリケートなテーマだから、もう私は信仰の問題には触れない」と述べた[50]。

　この映画の描写とそれが巻き起こした論争に戸惑いを示したのは、トゥフワトゥッリンだけではなかった。この映画の主題となっていたクリャシェンも、自らの存在意義を問い直され、戸惑いを感じることとなったのである。劇中では、ドゥナエフ扮するニコライが「同じ根を持った民族」と語っているように、タタールとクリャシェンが本質的には同じものであり、友好な関係を築くべきという意図が込められている。トゥフワトゥッリンも自身の出自はミシャリ（mishari）[51]であるが、ミシャリとタタール

---

[50]　トゥフワトゥッリンへのインタビュー（2009年1月17日、カザン市共和国政府庁舎）。もっとも、タタール語映画の制作そのものをあきらめたわけではなく、これ以降も、古代ブルガールと現在のカザンを行き来する少女を描いた歴史SFドラマ『ジレンマ（Dilemma）』（2007年）、民話に基づいてトゥカイが著した詩をアニメ化した『シラレ（Şürəle）』（2009年）を制作している。

[51]　カザン・タタールと比較して、特に言語的な特徴を持っているとされる集団。沿ヴォルガ・ウラル地域に比較的広範に分布している。その起源については、

はひとつの民族であると言い、クリャシェンについても同じ扱いをすべきだと述べている[52]。だが、この映画で暗示されているのは、タタールはムスリムであることが「本来の姿」であり、正教を受け入れたことは端的には「誤り」であったということである。それは敷衍すれば、受洗タタール＝クリャシェンという存在そのものが誤ったものであり、いわばスティグマを負った存在であることをまざまざと見せつけているということになるのである。

　帝政期において、こうしたジレンマを解消するためにとられたのは、ムスリムへと戻ることであった。現在でも、「正しいタタール」となるべく、イスラームへ帰依をしようとする人は一定数存在している。しかし、多くのクリャシェンにとって、イスラームとの関係は断絶されて久しく、正教徒であることは、もはや自然なことであり、それに基づく文化も自分たちのものとして受け入れている。その中で、もう1つの自己正当化の手段として持ちだされているのが、次章以降で論じる、タタールとは異なる民族としてのクリャシェンを正当化するための運動である。

　　　フィン・ウゴル系集団がテュルク語化したなど諸説あるが、定かなことは分かっていない。
52　トゥフワトゥッリンへのインタビュー（2009年1月17日、カザン市共和国政府庁舎）。

第 II 部

「クリャシェン」という運動

第 3 章

クリャシェン運動の勃興

3.1. タタール民族運動とタタルスタン共和国

3.1.1. ペレストロイカとタタール民族運動の開始

　ソ連末期、ペレストロイカの時代には、これまでのイデオロギー的な制約からの解放への期待により、様々な運動が顕在化するようになった。その中でも注目を集めたのが、ソ連内の諸民族の文化復興であり、宗教への関心の高まりであった。

　ウクライナやカザフスタン、グルジア（ジョージア）といったソ連構成共和国が民族自決を一つの根拠として独立した。一方、ソ連構成各共和国内の自治共和国の地位に甘んじていた諸民族の間でも、その文化や言語の復興を目指し、自分たちの地位の向上を訴える動きが目立つようになった。その中でも、ロシア領内において最も活発な運動を展開し、注目を集めた民族の一つがタタールであった。

　1980年代半ばより、カザン大学やソ連科学アカデミー・カザン支部タタール言語・文学・歴史研究所の研究者、作家などが中心になり、タタール民族復興が展開されていた。この流れの中心となったのが、複数の民族団体を糾合する形で、1988年に結成された「タタール社会センター（Tatarskii obshchestvennyi tsentr: 通称「トッツ」）」である。

　この設立当時の議論では、民族の権利の保護を訴えるに当たっても、「レーニンの原則に則って」ということが言及されるなど、必ずしもソ連のイデオロギーの枠組みから大きく逸脱するものではなかった。そこで目指されていたのは、まずタタール自治共和国の連邦構成共和国への昇格であり、その外部の地域においても、タタールの人口が50％を超えている地区については、民族地区としての自治の確立が求められた。さらに、タタール語の復興に向けた努力も求められ、タターリヤ（Tatariia）[1]において、

1　「タタールの住む土地」の意味で、この文脈では、具体的にはタタール自治共和国を指していると思われるが、本来の意味からすると、その範囲は必ず

ロシア語と並んで国家語とする必要性も訴えられた。その他、帝政期における東洋学の中心としてのカザンの地位を復活させる必要性についても言及された。その実現のために、中東イスラーム世界との関係も念頭に置きつつ、タタールの歴史の見直しの必要性が訴えられ、それを推進するための独自のアカデミーの創設についても言及された。そして、これらの課題を踏まえつつ、「トッツ」の内部に言語や歴史、経済、環境、青年、共和国関係、国際関係などの作業部会の創設が決定された[2]。

　こうした動きに対し、当時のタタールの世論では、「トッツ」の示す強気な姿勢に共感する声も多かった。こうした空気を察した共和国指導部は、「トッツ」とより近い関係を構築する必要性を認識した。そして、1989年には「トッツ」は公式な組織として登録され、より積極的な宣伝活動などに従事するようになった。とはいえ、「トッツ」と共和国政府が常に一体として活動したわけではなく、その主導権の所在を巡った対抗意識が存在していた。その勝敗の決着を見たのが、1989年の夏に行われたソ連人民代議員選挙である。この選挙には、「トッツ」の代表であったマラト・ムリュコフが立候補したが、その得票率は10.8％に止まり、逆に自治共和国執行部を代表した、当時の共和国閣僚会議議長ミンティメル・シャイミエフは、広範な層からの支持を獲得し、76.8％の票を獲得した。これ以降、シャイミエフを筆頭とする自治共和国指導部が巧みに民族復興運動を取り入れつつ、主導権を握るようになった[3]。

　こうした民族復興運動の展開の中で重視されていたのが、タタール語の地位の向上である。その背景には、ソ連期を通じて、タタール自身の間で

　　　　しも行政範囲と一致せず、より広い領域を含み得る概念である。
2　　TsGA IPD RT. f.8246, op.1, d.1, l.154-164.
3　　Sergey Kondrashov, *Nationalism and the Drive for Sovereignty in Tatarstan, 1988-1992: Origins and Development* (Basingstoke: Macmillan, 2000), pp.116-128.

もタタール語が使用されなくなっていた状況があった。ソ連期、特に第 2 次世界大戦以降は、ソ連全土で都市への人々の流入が進み、民族間交流語としてのロシア語が浸透し、民族言語を知らない非ロシア人が増加した。タタールもその例外ではなく、1989 年の国勢調査では、ソ連全体で 16.8％、タタール自治共和国でも 3.4％のタタールが自らの母語[4]をタタール語以外（ほぼロシア語）と回答している。また、自治共和国内の民族別の言語状況を見ると、タタールの間でロシア語を自由に使用できるのは、共和国全体で 77.2％、都市部では 85.3％ にも及んだのに対し、逆にロシア人の間でタタール語を自由に使用できる人の割合は 1.1％ にとどまっていた[5]。こうした状況は、一方ではタタールの間にロシア人に対する不公平な感情を抱かせつつ、現実的な問題としては、タタール語一元化などの急進的な主張を困難としていた。

1990 年になると、「トッツ」の内部でも路線の違いが目立つようになった。作家のファウジヤ・バイラモヴァを中心とする、より急進的な主張を展開するグループは、独立して「イッティファク (*Ittifak*: 同盟)」を設立した。この名前は、20 世紀初頭に活動していたロシア・ムスリム同盟の名前を引き継いでおり、過去の運動との継続性を示唆するものとなっている[6]。また、それに続いて青年組織「アザトルク (*Azatlık*: 自由)」が設立さ

---

[4] 渋谷謙次郎が指摘するように、ソ連において「母語」という観念は、「定義の不確定性をはらみつつ物神化されてきた」（渋谷謙次郎「「母語」と統計：旧ソ連・ロシアにおける「母語」調査の行方」『ことばと社会：多言語社会研究』2007 年、第 10 号、175 頁）。この概念は、「単に言語の保持や使用を示しているとはいえず、強い心理的な含みを持ち、民族の「自己確認」となっている」と指摘されている（渋谷「「母語」と統計」、183 頁）。

[5] Raufa K. Urazmanova and Sergei B. Cheshko (eds.) *Tatary*. (Moskva: Nauka, 2001), p.510.

[6] 塩川伸明『ロシアの連邦制と民族問題（多民族国家ソ連の興亡 III）』岩波書店、2007 年、101 頁。

れ、タタール民族運動の実働部隊として、その存在を強くアピールした。そして、これらの勢力はタタール共和国の完全な独立まで言及するようになった。しかしこうした急進化の流れは、「トッツ」内部の穏健派との懸隔を深めることとなった。もともと、「トッツ」はその内部にタタール以外の民族の代表も含んでおり、穏健派は多民族共存なども積極的に打ち出すようになる。この穏健な運動に目をつけたシャイミエフ指導下のタタール自治共和国当局は、これを取り込みつつ、自らの地位の上昇に努めるようになった。

3.1.2. タタール民族運動の展開とタタルスタン共和国の確立

　共和国内での地位を確固たるものとしたシャイミエフは、モスクワの中央政府と巧みな交渉を行い、共和国の基盤を確立していった。1990年には、タタール自治共和国の主権宣言を発表した。これは、慎重に「独立」という言葉を回避しつつ、共和国の権限の拡大を目指すものであった。その中では、タタールの民族としての権利・自治権を求め、タタルスタン共和国という表現も併記しつつ、その中の多民族性も意識されていた。

　これに対し、民族運動の急進派は独立も意識した、「ミッリ・メジリス (*Milli Mejlis*: 国民会議)」の設立も目指した。これはタタール民族全体を代表し、独立国家としてのタタルスタンを支えるものとして構想されていた。しかしこうした試みは、結果的に内部の確執を一層明確にする結果となり、穏健派はシャイミエフを始めとする共和国当局との関係を強化した。その結果1992年の6月に、共和国が支援する形で、第1回全世界タタールコングレス (Vsemirnyi kongress tatar / *Bɵtendɵnʼya tatar kongressı*) 大会がカザンで開催される運びとなった。

　この大会には、ロシア国内は当然のこと、旧ソ連各地、さらに米国やドイツ、日本など、文字通り世界中からタタール・コミュニティの代表が参加した。この大会では、タタルスタン共和国がロシア連邦の枠内で主権の強化を目指すという方向性を支持し、ロシア人を始めとする他民族との友

好を図ることも確認された。と同時に、民族復興の旗の下に世界中のタタールの統一を目指すべきことが明記され、カザンにコングレスの執行委員会を設置することとし、タタルスタン共和国と協力しながら、恒常的にタタールの民族問題に従事することが決定された[7]。

以後、タタルスタン共和国はコングレスと連携する形で、これまでの穏健な姿勢を維持しつつ、世界中のタタールの運動に関与し、その中心としての認知を確固たるものとした。同時に、コングレスの決議でも明記されているように、共和国としては過度にタタール中心主義的な印象を避け、むしろ諸民族の友好を強調する姿勢を示した。コングレス大会の開催に先立ち、1992年の5月にやはりカザンで、第1回タタルスタン共和国諸民族大会（1-i S"ezd narodov Tatarstana）が行われ、やはりタタルスタン共和国の主権を支持しつつ、領内諸民族の言語・文化の繁栄への支援が訴えられた[8]。

また、新たに成立したロシア連邦との関係でも、シャイミエフは改めて巧みな交渉力を発揮した。やはり1992年には、先の主権宣言を住民投票にかけ、過半数の賛同を得ることで、自分たちの立場がロシア人を含む共和国住民の支持を得ているとして、その正統性を示した。それも踏まえ、同年末にタタルスタン共和国憲法を制定し、共和国としての主権の存在をアピールした。その憲法の中では、タタルスタンが多民族から成る主権民主国家（suverennoe demokraticheskoe gosudarstvo）であることが規定され（第1条）、国家語として正式にタタール語とロシア語が併記されて（第4条）、共和国の首長たる大統領は両言語を習得することが必須とされた

---

[7]　*Vsemirnyi kongress tatar (pervyi sozyv) 19 iiunia 1992 goda: stenograficheskii otchet.* (Kazan': Izdatel'stvo Kabineta Ministrov Tatarstana, 1992), pp.217-218.

[8]　*Materialy S"ezda narodov Tatarstana.* (Kazan': Tatarskoe knizhnoe izdatel'stvo, 1993), pp.148-150.

（第 108 条）。またこの憲法に先立って、共和国としての言語法も成立し、タタール語とロシア語を国家語（gosudarstvennyi iazyk）としつつ、特にタタール語の再生・維持・発展のための国家プログラムの作成などが指示され、教育の促進や政府機関事務での両言語の使用が定められた。この結果、共和国内で要職等を占めるに当たっては、タタールに有利な環境も整備された。

こうした試みは着実に実行され、共和国内のロシア人を含めたすべての生徒は、タタール語を授業科目として受講することとなった。さらに、共和国内では 1992/93 学年度に 1114、1996/97 学年度には 1256 の学校がタタール語学校に数えられるまでになり、共和国内のタタール生徒の 48% がタタール語での教育を受けるようにもなった。このような取り組みは、人々の意識にも作用し、タタール語の学習に力が入れられることで、タタール文学にも関心が向けられるようになり、結果的にタタール文化全体への関心を高めることができるようになったと評価されている[9]。

その後も、1994 年に連邦中央と権限分割条約を締結し、領内の資源に関する権益の確保や国際機関への参加などの権利を獲得し、タタルスタンは、地方優位なロシアの連邦制の確立を牽引する存在となった。さらに、タタールの民族としての存在に関わる運動にも関与し、特にキリル文字で表記されるようになっていたタタール語の、ラテン文字への移行に関する運動も展開した。文字表記については、タタールと同じくテュルク系の基幹民族を有する中央アジア諸国やアゼルバイジャンで、ラテン文字化に関する議論があり[10]、タタルスタンもそれに追随したのである。そして、

---

[9] Urazmanova. *Tatary*. pp.510-513.

[10] これら諸共和国のうち、実際にラテン文字に移行したのはアゼルバイジャン、トルクメニスタン、ウズベキスタンにとどまった。さらにウズベキスタンでは漸進的移行を推進したために、現在に至るまでキリル文字も広く使われている（淺村卓生『国家建設と文字の選択：ウズベキスタンの言語政策（アジアを学ぼう 36）』風響社、2015 年）。一方、カザフスタンでは近年再びラテ

1999 年にシャイミエフはタタール語のラテン表記への移行に関する法律に署名した。

　石油等の資源にも支えられた、比較的良好な経済状況なども背景に、1990 年代を通じて、タタルスタンは卓越した連邦構成主体としての地位を確保するとともに、積極的なタタールの民族運動への関与を進めていた。しかし 2000 年代に入り、連邦大統領となったウラジーミル・プーチンが中央集権化の動きを強めると、タタルスタンの独自な地位も徐々に維持が困難になり、共和国憲法の改定を余儀なくされた。また、タタールの民族運動の一つの象徴であったタタール語のラテン文字化についても、その法律公布当初から、ロシア中央からは強い反発が起こっていた。そして、2002 年にロシア連邦内の民族言語のキリル文字以外の使用を禁止する連邦法が採択され、ラテン文字化の試みは頓挫した[11]。

　もっともこうした状況下でも、タタルスタンは一定の権限を維持するとともに、タタールの民族的独自性のための働きかけを行い続けた。他の連邦構成主体が、権限分割条約の廃棄を余儀なくされる中、タタルスタンは唯一、2007 年にその更新に成功した。また、第 4 章で取り上げる国勢調査の際には、タタールという民族の存在をかけた論争を展開し、その勢力を維持した。さらに、連邦の国家統合を目的としたロシア語の推進の中でも、タタール語教育を維持することに成功している。

　　　ン文字化に向けた動きが活性化しつつある（淺村卓生「カザフスタンにおける自国語振興政策及び文字改革の理念的側面」『外務省調査月報』2011 年度第 1 号、1-24 頁）。

11　このタタール語ラテン化については、その煩雑さからタタール語話者の間でも反対の声は少なくなかった（Hellen M. Faller. *Nation, Language, Islam: Tatarstan's Sovereignty Movement*. (Budapest, New York: Central European University, 2011), pp.130-132.）。なお、この連邦法が連邦憲法に違反しているとして、タタルスタン政府は憲法裁判所に提訴したが、2004 年に敗訴し、ラテン文字化の試みは完全に潰えた。

こうして、新たに成立したタタルスタン政府は、連邦の枠組みを逸脱しない範囲での権限を確保し、多民族性を強調しつつも、タタール語を軸にしたタタール民族運動を支援する姿勢を示している。もっとも、こうした取り組みにもかかわらず、タタール語の使用環境などは限定されており、タタールの民族運動関係者などからは、現状への危機感が表明されている。他方、ロシア人などからは、教育負担の大きさなどから、現在の言語教育などに対する批判的な意見が寄せられている。この言語をめぐる状況と並行して、複雑な様相を呈しているのが、宗教に関わる状況である。

3.2. 現代のタタールとイスラーム

3.2.1. タタールのイスラーム復興

　言語を中心とする民族復興が、共和国を挙げて進められ、一定の成功を収めるのと並行して、宗教に対する関心の高まりも顕在化するようになった。ペレストロイカによる思想的な拘束の緩みと、それまでの共産主義イデオロギーへの信頼の揺らぎは、全ソ的に人々の宗教への関心の上昇を喚起したのである。1988年にはそれを象徴するように、モスクワを中心に「ロシア正教受洗1000年祭」が開催された。一方、翌1989年には、タタールの祖先とされるヴォルガ・ブルガルによるイスラームの公式受容1100周年（イスラーム暦換算）を祝う催しが行われた。特に、ブルガル国家の都の跡地であるボルガル遺跡では、ソ連ヨーロッパ部及びシベリア・ムスリム宗務局のムフティー（宗教代表者）タルガト・タジュッディンの発案により、「聖ボルガルの集い（*Izge Bolgar cıenı*）」が行われた。この行事は、これ以降毎年開催され、ロシアにおけるイスラームの中心としてのタタルスタンの位置づけを示すと共に、ムスリムとしてのタタールの存在感を誇示するものとなっている[12]。

12　櫻間瑛「文明の交差点における歴史の現在：ボルガル遺跡とスヴィヤシス

また、ソ連期には教会やモスクの多くが閉鎖され、打ち壊されたり、学校などに転用されたりするものが多く見られた。しかし、1990年代になると各地で宗教施設の再建・新築が相次いだ。特にタタルスタン内では、都市部・村落部を問わず、ロシア正教の教会再建を遥かに上回るペースで、モスクの建築が進められていた。1988年には、タタルスタン内で18に過ぎなかったムスリム共同体（musul'manskaia obshchina）は、90年代を通じて増加し続け、2000年には1000を数えるまでになった[13]。

　この時期に行われたタタルスタン領内での社会調査などでも、人々の信仰に対する関心の増加ははっきりと表れている。1989〜90年の間に行われた社会調査によれば、都市部のタタールのうち34.1%が自らを信仰心をもっていると回答し、信仰をもっているか無信仰かで揺れていると回答したのは30.4%だった。村落部になると、さらに信仰に対する関心は増加し、43.4%のタタールが信仰心をもっていると回答し、揺れていると回答したのは19.1%となっていた。1990年代になると、さらにこうした傾向は強化され、1994年の同様の調査では、都市部で信仰心があると回答したのは66.6%にまで増加し、村落部では86%にまで至った[14]。

　もっとも、このようにイスラームへの関心が高まる一方で、70年の空白を置いた中、どのようにそれを受け入れ、実践すべきかについての意見の相違が生じていた。ソ連の崩壊により、国内外への移動が容易になると、国外から様々な宗教勢力の流入も顕著となった[15]。イスラームに関しては、

　　　ク島の「復興」プロジェクト」望月哲男・前田しほ編『文化空間としてのヴォルガ（スラブ・ユーラシア研究報告集4）』札幌、スラブ研究センター、2012年、162頁。

13　Rafik Mukhametshin. *Islam v obshchestvennoi i politicheskoi zhizni Tatar i Tatarstana v XX veke.* (Kazan': Tatarskoe knizhnoe izdatel'stvo, 2005), p.122.

14　Urazmanova, *Tatary*. p.514.

15　外国系の新興宗教は「セクト（sekt）」と呼ばれ、ロシア正教やイスラーム

中東各国政府やイスラーム系団体が進出を図り、モスクでの説論や学校の設立を通じて、「正しいイスラーム」を広めることを試みた。こうした影響を受けた一部の勢力は過激化し、特にコーカサスなどではテロ事件なども頻発した。それにより、当局は特に外来のイスラーム勢力及び、ムスリム宗務局を中心とする公認イスラーム以外の勢力に対する警戒を強めた。そして、そうした諸勢力に対して「ワッハーブ主義者（Vakhkhabity）」や「サラフィー主義者（Salafity）」というレッテルを張りつつ、圧力を加えるようになった[16]。

　そうした中で、血みどろの戦闘に陥ったチェチェンなどと比べ、タタルスタンは比較的穏健なムスリム地域とされ、政治的にも学術的にも注目される存在となった。もっとも、その内部でもやはりイスラーム・宗教のあり方についての議論は盛んであった。歴史学研究所の所長で、タタルスタン共和国大統領顧問も務めていたラファエル・ハキモフは、20世紀初頭のジャディードの伝統をくみ、ヨーロッパ的・近代的な価値観との両立を目指す「ユーロ・イスラーム（evroislam）」を理想として掲げた。それに対し、ヴァリウッラ・ヤクポフを初めとするタタルスタン共和国ムスリム宗務局のイマーム（イスラームの宗教指導者）たちは、日常の礼拝等を重視し、同時に他民族・他宗教との共存を達成してきた「伝統的イスラーム

といった「正統」な宗教とは異なるとみなされ、現在もロシアの社会問題の一つとなっている。筆者の調査中にもそれに関わる話はしばしば話題に上った。カザンではホームステイしていた家の家主から、同じアパートメントに「セクト」が住んでいるといい、係わり合いになるなと言われた。また、調査に出かけた村のある家庭では、子供が当時流行していた新興宗教団体に入信し、シベリアに去ってしまったという話も耳にした。さらに筆者自身、カザンの図書館で、キリスト教系の新興宗教団体の、日本語版のパンフレットを渡された経験もある。

16　Roland Dannreuther, "Russian Discourses and Approaches to Islam and Islamism," in Dannreuther R. and March L. (eds.), *Russia and Islam: State, Society and Radicalism* (London: Routledge, 2010), pp.17-19.

(traditsionnyi islam)」の堅守を訴えた[17]。この2つの見解は、イスラームをどう実践すべきか、という点において異なる解釈を持っている。しかし、イスラームをタタールという民族と歴史的・文化的に深く結びついたものとして認識している点においては共通している。一連のタタール民族運動の中でも、イスラームについての言及は見られる。1991年に採択されたトッツの第2綱領では、イスラームが民族文化、社会の道徳衛生の基盤のひとつとして記された[18]。

　同時に、やはりイスラームの位置付けに関する議論の中で、共通していた立場は、他宗教、特にロシア正教＝キリスト教との共存を果たしているという点である。それを象徴するものとして、第2章でも触れたカザン・クレムリン内のモスクとロシア正教の聖堂の並び立つ様子が強調されている。確かに、目に見える形での宗教的な対立は生じているとは言い難い。しかし、イスラームとロシア正教の関係は、歴史認識と結びつくことで、人々の間に微妙な距離感を生むものとなっている。

3.2.2. タタールと改宗の歴史

　タタールは、イスラームへの関心を高めると同時に、自らの歴史に対する意識も強めている。そこで行き当たるのが、帝政期におけるロシア正教会による改宗・宣教活動を、自分たちへの抑圧と見る視点である。

　特に、タタールの民族運動の中でも急進派は、イスラームをタタールの存在と同義とみなし、自らが率いる「イッティファク」は、タタール民族の未来・独立・幸福、タタールのイスラームへの回帰のために闘うと宣言した。そして、「国家の独立は民族（natsiia）のなすことであり、民族の独

17　Mukhametshin. *Islam v obshchestvennoi i politicheskoi zhizni*. pp.225-228.
18　Falit M. Sultanov. *Islam i tatarskoe natsional'noe dvizhenie v Rossiiskom i mirivom musul'manskom kontekste: istoriia i sovremennost'*. (Kazan': Shkola, 1999), p.144.

立は信仰、宗教のなすことだ」を自分たちの主要なスローガンとして、独立を目指すタタールの運動の中心的な位置に宗教＝イスラームを位置付けた[19]。

こうした急進派でなくとも、特にタタールの歴史家らの間では、帝政期の宣教活動に対する批判的な視線がある程度共有されており、それを広めようという傾向が看取される。タタルスタン共和国内では、「タタール語」と並んで、「タタール（タタルスタン）の歴史」も必須科目として位置付けられている。その中でも、ロシア正教への改宗活動は、現地諸民族を分断する試みとされるとともに、「ロシア化（obrusenie）」とも結びつけて考えられている。特に厳しい視線を浴びせられているのが、18世紀の新受洗者取扱局とそれを率いた当時の主教であるルカである。教科書の記述を見れば、この時期の改宗政策では、宣教師が兵士とともに非ロシア人村落に派遣され、住民を無理やり川に連れて行って洗礼した様子や、キリスト教の儀礼などを守らない改宗者を投獄・暴行したことが紹介された。さらに、宣教師があえてイスラームの祝日にムスリムの村に出かけて十字行[20]を行ったり、ムスリムの墓を破壊したことまでが記述されている[21]。

この新受洗者取扱局と並んで、強い批判的な目を向けられているのが、イリミンスキー及び彼が主導した宣教活動である。タタールの歴史や文化を記録する目的で創設された『タタール百科事典』において、「イリミン

---

[19] Sultanov. *Islam i tatarskoe natsional'noe dvizhenie.* p.148.
[20] 復活大祭などの祭やイコンを運ぶ際などに行われる行列。教会が天国に向かって行進していることを屋外で表現する。
[21] *Istoriia Tatarstana: Uchebnoe posobie dlia osnovnoi shkoly.* (Kazan': TaRIKh), 2001. p.152. また、宗教史家のファイズルハク・イスラエフらは、『タタール民族のジハード』という書物を著し、やはりこの取扱局の過酷な宣教政策を批判的に取り上げている（I.M. Lotfullin, F.G. Islaev. *Dzhikhad tatarskogo naroda: geroicheskaia bor'ba tatar-musul'man s pravoslavnoi inkvizitsiei na primere istorii novokreshchenskoi kontory.* (Kazan'), 1998.）。

スキー・システム」は「非ロシア人諸民族のロシア化と同化の洗練された手段の一つとなって、ロシア語能力の普及を促進した」[22]として、特に「ロシア化」の問題と関係付けられている。また、「タタルスタンの歴史」教科書の中でも、やはりこうしたイリミンスキーに対する批判的な表象を見ることができる。2003年の教科書の中では、イリミンスキーが「ツァーリ体制の民族政策の積極的な伝道者」として紹介され、その教育方法については、「『異族人』学校は、産業界が識字能力のある熟練労働者を必要としている時に、初等教育を行わず、宗教的な性格を有していた」[23]として、帝政当局とのつながりを強調するとともに、保守的な傾向のあったことを明示している。

　このような、ロシアの支配及び正教の宣教活動に対する批判的な記述は、一部の人々から、民族同士の対立を呼び起こすものとして反発を呼んでいる。第2章で取り上げた、映画『ジョレイハ』をめぐる論争は、こうした傾向を顕著に表したものの一つということができる。近年ではカザンの大学を卒業した学生が、そこで用いられている「タタルスタンの歴史」の教科書において、反ロシア的かつ民族対立を助長する記述となっているとして、裁判所に告訴するという事態も生じている[24]。このように、諸民族・宗教の共存を強調する一方で、タタールの民族としての歴史の見直しを進める中で、潜在的な対立・反目も意識されるようになったのである。

　また、特に1990年代にタタルスタン共和国内では、モスクの数が劇的

22　*Tatarskii entsiklopedicheskii slovar'*. (Kazan': Institut tataskoi entsiklopedii AN RT), 1999. p.222.
23　I.A. Giliazov, V.I. Piskarev, F.Sh. Khuzin. *Istroriia Tatarstana i tatarskogo naroda s drevneishikh vremen do kontsa XIX veka*. (Kazan': Tatarskoe respublikanskoe izdatel'stvo "Kheter", 2003), p.235-236.
24　"V Kazani vypusknik vuza prosit genprokurora RF iz"iat' iz obrashcheniia antirossiiskii uchebnik," Regnum. 2014.01.14. [https://regnum.ru/news/polit/1754276.html]（2016年9月22日閲覧）

に増加したのに対し、教会の復興は遅れをとっていたことも、タタルスタン内におけるムスリム優遇という印象を与えていた。キャサリン・グレイニーによれば、1992年から1990年代後半にかけて、タタルスタン共和国内のモスクの数は、100から700にまで増加したのに対し、ロシア正教会に対しては、カザンの当局が宗教施設の返還を渋ることもあった[25]。

3.3. クリャシェン運動の萌芽から国勢調査を巡る論争

3.3.1. クリャシェン運動の萌芽と組織化

第1章で示したように、ソ連最初期には、クリャシェンは独立した民族として、文化的な自治の権利などを認められていた。しかし、それはほんの一時に止まり、ソ連期の大半を通じてクリャシェンは、一部の民族誌における記載を除けば、言及されることすらなく、半ば忘れられた存在であった[26]。しかし、タタールが民族復興に従事するようになると、クリャシェンの知識人からもそれに追随しようという動きが起こってきた。

この運動は当初、トッツと協力して活動を進展させることを目指した。

25　Katherine E. Graney. *Of Khans and Kremlins: Tatarstan and the Future of Ethno-federalism in Russia.* (Lanham, MD. Plymouth: Lexington Books, a Division of Rowman & Littlefield, 2010), pp.107-108.

26　ソ連期にクリャシェンについて取り上げた代表的な民族誌としては、初期の総合的な研究として Nikolai I. Vorob'ev. *Kriasheny i tatary: nekotorye dannye po sravnitel'noi kharakteristike byta.* (Kazan', Tipografiia sovparkoma, 1929).、形質人類学的な研究として Tat'iana A. Trofimova. *Etnogenez tatar Povolzh'ia v svete dannykh antropologii.* (Moskva: Izdatel'stvo Akademii nauk SSSR, 1949).、言語についての研究として Flora S. Baiazitova. *Govory tatar-kriashen v sravnitel'nom osveshchenii.* (Moskva: Nauka, 1986).、物質文化についての研究として Iuldyz G. Mukhametshin. *Tatary-kriasheny: istoriko-etnograficheskoe issledovanie material'noi kul'tury, serediny XIX – nachalo XX v.* (Moskva: Nauka, 1977). が挙げられる。

しかし、その協力関係は必ずしも円滑に進んだわけではなかった。1989年に行われた第1回トッツ総会に出席したクリャシェン作家マクシム・グルホフ (Maksim Glukhov: 1937-2003) は、クリャシェンをタタールの中のグループとする一方で、そのクリャシェンをタタール民族から締め出そうという傾向があることを訴えている。そして、具体的な新聞紙上の記事を挙げながら、反駁が許されていないことへの苛立ちを表明し、最後には記事の筆者に「恥ずかしくないのか」と罵倒までしている[27]。

1990年には、トッツ内の独立した1部門として「クリャシェン民族文化・啓蒙連合 (Etnograficheskoe kul'turno-prosvetitel'noe ob"edinenie kriashen: EKPO)」が結成され、組織的に民族文化の復興が行われるようになった。ジャーナリストとして活動しつつクリャシェン運動の中心を担うリュドゥミラ・ベロウソヴァによれば、この時期には「タタルスタンの主権や、自文化の復権を目指す」という共通の「理念・目的」の下で、ムスリム・タタールとも協力して活動することが志向されていた。しかし、前節で確認したように、トッツ内部でイスラームに対する関心が高まり、特に急進派の間ではイスラームをタタールにとっての重要な属性として重視する姿勢が強まっていた。そうした流れの中でクリャシェンは、徐々に孤立感を抱くようになり、タタールとは異なる民族として、その地位を確立し、相応の権利を得ようと言う運動が展開されるようになったのである。

1991年にグルホフはシャイミエフに対し、「タタルスタンにおけるクリャシェン問題とその解決の方策」と題した意見文を付した陳情を提出した。そこでは、クリャシェンが「現在サブ・エトノスとして、タタール・ネイション (tatarskaia natsiia) の中に入っている」としつつ、「共和国における社会・政治生活、中でも宗教的な領域で否定的な傾向が強まって

---

[27] *Chetvertaia tatarskaia revoliutsiia v XX veke Ch.1. Nachalo: Stenogramma 1-go s"ezda Tatarskogo obshchestvennogo tsentra (1989 g.).* (Kazan': Institut istorii im. Sh.Mardzhanii AN RT, 2009). pp.123-124.

いるために、憂慮を抱いている」という。そして、19世紀末にかけてクリャシェンが独立した民族を形成し、1930年代までパスポートの民族欄にも記載されていたが、宗教的な差異の重要性が低下し、抑圧的な形で民族の一覧の中から、その名が消されたと訴えている。さらにソ連期を通じて、クリャシェンがタタール自治共和国内で冷遇されていたことを指摘し、主権宣言後も反ロシア人、反クリャシェンの雰囲気はむしろ強まり、共和国指導部もそれを後押ししていると批判している。その上で、自分たちの権利を確保するために、クリャシェンが集住している地域には、クリャシェン民族村ソヴィエトを設置すると共に、そこから共和国政府の中での代表を選出する必要性が示された。加えて、実践的・具体的な要求として、クリャシェン民族文化博物館の設置や、クリャシェンのための新聞等を発行する出版所の創設、イリミンスキーの教育システムに倣った学校の設立、次の国勢調査でのクリャシェンの「自立したテュルク系民族（samostoiatel'nyi tiurkskii narodnost'）」としての認定、クリャシェン劇場・アンサンブルの設置、組織に対する施設の提供を始めとする物質的な支援が示された[28]。

　1992年には、タタルスタン共和国諸民族会議に当時カザン大学の教員であったアルカーディー・フォーキン（Arkadii Fokin: 1937-）が出席した。そこで彼がまず強調したのが、クリャシェンは他の集団と違って、自己名称（samonazvanie）さえ奪われているということであり、「タタールから離れ、ロシア人には至っていない」半端ものとして位置づけられることへの反発の表明であった。そして「クリャシェン問題」として、クリャシェンが民族的集団（etnos）であるかどうかが問われるべきであるとし、彼の立場として、クリャシェンはただ「異なる信仰を持ったタタール」なのではなく、異なる習俗・習慣、伝統、そして異なる心理的気質（psikhicheskii

---

28　Predsedateliu Verkhovnogo soveta TSSR tov. SHAIMIEVU M.Sh. 1991.02.18. Kazan'（2006年2月21日、カザンにてベロウソヴァ提供）。

sklad）を有しているとする。そして、民族の同権などを保証することを訴えている[29]。

さらにフォーキンは、同年の全世界タタールコングレス第1回大会に自らの意見書を提出した。それは、「親愛なる同族、血を分けた姉妹、兄弟（Dorogie sorodichi, sestry i brat'ia po krovi !）」という呼びかけで始まり、「世界規模でのすべてのタタールの統合」に賛成するとしている。その上で、クリャシェンが目指しているのは、民族文化的自治であるとし、「マスメディアの復興」「クリャシェン民族劇場の再建」「正教教会とクリャシェンの母語での祈祷の復興」「中央受洗タタール学校の建物の返還」を具体的な要求として挙げている。そして、タタルスタン諸民族大会の開催などにより、これらの要求に対する見通しが立ったことについて、楽観的な見通しを示している。しかし同時に、タタールの民族復興運動の指導者の中に、「大国主義的、過激主義的な振る舞い」が見られることへの危惧も表明している。さらに、「クリャシェンとタタールの間にはどんな違いもない」といった言説があることに反発を示し「クリャシェンはタタール民族（tatarskii narod）の様々な分岐のひとつで、特に独自なものでありながら、十分には研究されていない」と位置付けるのが妥当としている。そして、その独自性を尊重するような働きかけが必要であると訴えている。また、それらを研究するための研究部門をタタルスタン科学アカデミー内に創設することを提案し、その研究を通じて、よりタタールないしタタルスタン内の諸民族文化の発展に寄与することができるとしている[30]。これらの発言には、一方でタタールの一部ないし極めて密接な関係を持った集団として、タタールの運動と連携することへの期待が示されている。しかし他方で、タタールの間で自分たちが冷遇されており、自らの存在と正当性を示すために、その独自性を強調せざるを得ないジレンマも読み取るこ

---

29   *Materialy S"ezda narodov*. pp.85-88.
30   *Vsemirnyi kongress tatar*. pp.231-234.

とができる。

　タタールの民族復興の中では、既に初期からその内部にクリャシェンを始めとする様々な小集団が存在することが意識されており、それらの統一の必要性が強調されていた。例えば、グルホフも発言した第1回トッツ総会では、タタール民族運動の中心人物の一人であったハキモフもこの点に触れている。ここで彼は、「タタールは地域ごとに分割してはならない。我々には統一した文化、統一した言語があって、我々はまとまったネイション（tselostnaia natsiia）として存在すべきだ」と語っている[31]。モスクワの組織代表として参加していたA.ブルガノフも「タタールがネイション（natsiia）として形成されて多くの年月が過ぎ、我々には部族的な違い（plemennye razlichii）はなく、タタール民族（tatarskii narod）は統一したネイション（edinaiia natsiia）として活動すべきだ」と明言している[32]。さらにバイラモヴァも自身の論文の中で、クリミア・タタール、シベリア・タタール、ノガイ、ミシャリ、カラチャイ、クムィク、クリャシェンといった具体的な名前を挙げつつ、タタールはこうした小集団に分割されることのないネイション（natsiia）としている[33]。こうした言説の中で、タタールが「ネイション（natsiia）」として説明されているのは、ソ連的な集団ヒエラルキーの中で、自治領域を持つに相応しい、上位に位置づけられる存在とする意識が反映し、かつ、内部に多様な集団が存在しつつ、それを統合し、包み込むような存在として自己定義する意識が現れていると考えられる。

　しかしながらそのタタールの間で、ムスリムとしての自覚が高まり、歴史の見直しも進む中で、クリャシェンという存在に対して、否定的な言説も目立つようになっていった。有力タタール文芸誌で、一連の民族運動関

31　*Chetvertaia tatarskaia revoliutsiia*. p.25.
32　*Chetvertaia tatarskaia revoliutsiia*. p.74.
33　TsGA IPD RT, f.8246, op.1, d.37, l.47.

係者も寄稿していた『イデル (Idel')』の1994年第6号では、クリャシェンについての特集が組まれ、いくつかの記事・論文が掲載された。その中には、カザンの教会におけるクリャシェン教区の活動についての簡単なルポルタージュや、フォーキンの手になるソ連初期のクリャシェン組織の展開についての概説、クリャシェン出自の著名人へのインタビューなどがあった。しかし、これらの中で最も反響を呼ぶことになったのが、「クリャシェンは誇るべきか？ 恥ずべきか？」と題された記事であった。

ここでは、グルホフやフォーキンらクリャシェンによる自己像について、ムスリム・タタールの立場から解釈を示しつつ、批判をしている。その基調となっているのは、クリャシェンがよりロシア化された人々であり、タタールではなく、ロシア帝国に寄与してきたという点である。まず、イヴァン雷帝のカザン征服軍の中に、ロシア化したクリャシェンが混じっていたという。さらに、しばしばクリャシェンの知識人は、ロシア史におけるクリャシェンの貢献を強調するが、それはタタールの抑圧に加担することになっていたという。また、クリャシェンを「タタール・ネイションの一部」ではなく、「自立した民族 (samostoiatel'nyi narod)」とみなすことに対して、他を見渡しても、宗教が違うだけで異なる民族を主張する例はほとんどなく、こうした動きは「タタールの分裂」を引き起こすものであると批判している。加えて、クリャシェンは自らの文化や伝統を誇示すべきという意見に対し、そもそも帝政期以来、様々な形で展開されてきたタタールの民族運動に、クリャシェンが貢献してこず、現在のクリャシェンの活動家も、もっぱら自分たちの権利獲得のための主張しか行っておらず、タタール全体のための運動に参加していないと難詰する[34]。こうした議論を踏まえ、クリャシェンが「独立した民族」として認められるのを求める運動が、モスクワ＝ロシアの中央政府に資することになるとして厳しく批

---

[34] Fanis. Baltach. "Gordit'sia ili stydit'sia dolzhny kriasheny?," *Idel'*. no.6 (1994), pp.61-64.

判された。そして、クリャシェンが「本来の」文化などを取り戻し、タタールの一体性を強化するためにも、イスラームへと回帰すべきであると強調している[35]。この記事は、ムスリム・タタールに潜在的に共有されたクリャシェンを「誤った者」とする見方を如実に表したものとして、後の議論の中でしばしば引用された。

　このような位置づけに反発する形で、クリャシェンの民族運動はさらに展開していった。その中心を担ったのが、グルホフやフォーキンといった、クリャシェン出自の学者やジャーナリストを中心とする知識人である。彼らは、クリャシェンが集住する村落などで生まれ、その失われつつある文化を目の当たりにしながら育った。その後、カザン大学などで高等教育を受けて、知識人としての素養を身に付けた上で、そこで学んだ知識も援用しながら、今日の活動を推進している。

　クリャシェンが、徐々に独自の集団としての姿勢を鮮明にする中で、新たな組織化の動きも進められていった。トッツの一部門として、当初クリャシェンの活動の中心を担っていたEKPOに代わり、ANKOに加入する組織として、カザン市クリャシェン民族社会組織（Obshchestvennaia organizatsiia narodnosti kriashen g.Kazani: OONK）が結成された。以後、この組織はクリャシェンの地位の保証についての陳情や、クリャシェンの歴史に関するシンポジウムなどを開催して、その存在をアピールすべく活動した。また1993年には、タタルスタン第2の都市であるナーベレジヌィエ・チェルヌィ市で、クリャシェンの手による新聞『クリャシェンの声（Kerəşen süze）』紙が発刊され、クリャシェンの歴史や、現在の活動について積極的な広報を行い、OONKと並ぶクリャシェンの活動の拠点となった。

　こうした一連の活動の転機となり、またクリャシェンの存在・運動に対して、ロシア全土で注目されるきっかけとなったのが、ロシア連邦として

35　Baltach. "Gordit'sia ili ctydit'sia," pp.64-65.

最初の国勢調査であった。

3.3.2. 第 1 回国勢調査とタタール・クリャシェン問題

　既に指摘したように、タタールの民族運動において、その初期からタタールの統一を維持することが、重要な目標として掲げられていた。1926 年の国勢調査においては、クリャシェンを始め、ミシャリ、ナガイバキ、テプチャリ (teptiari)[36] といったしばしばタタールの下位グループとみなされる集団が個別の民族として記載されていた。その後の国勢調査では、これらは独立した集団として認定されず、パスポート上での記載も含め、一括してタタールとして扱われていた[37]。1989 年の国勢調査では、それまで一貫してタタールに含まれるとされていたクリミア・タタール (krymskie tatary) が独立した民族とされたことで、上記の集団が再びタタールとは異なる集団としての主張を始めることへの危惧が示されたのである。

　実際、1980 年代末の民族復興の潮流の中で、様々な集団が歴史の見直しなどに基づき、独自性を主張する傾向が露わとなった。中でもまず注目を浴びたのが、自らを「ブルガル」と名乗る集団であった。この運動の担い手たちは、自分たちを沿ヴォルガ中流域において、古代に隆盛を誇った

---

[36] 現在のペルミ州及びバシコルトスタン共和国西部に居住する集団で、帝政期に軍勤務身分として連隊を形成していたことに由来する。民族的に多様な出自を持つ人々が混じっているとされ、1926 年の国勢調査では、それ自体独自の民族集団とされた。言語的にはタタール語ないしバシキール語が母語とされており、現在に至るまで、独立した集団とみなすのか、タタールあるいはバシキールいずれかの一部とみなすべきかについて、タタールとバシキールの研究者などの間で論争が続いている。

[37] もちろん、都市部で言語的にロシア化した場合などに、タタールではなくロシア人と名乗ることも可能であり、特にクリャシェンの場合は、名前もロシア人と区別できず、そうした選択をすることは容易である。

ブルガルの直系の子孫とみなし、パスポートにおける民族所属も「ブルガル」に変更することを求めて積極的な運動を展開した。パスポートにおける民族籍の記述がなくなった後も、国勢調査において自分たちの主張が認められるよう運動を続け、現在も細々とその主張を継続している[38]。この運動はごく一部の人々の主張にとどまり、タタルスタン全体に大きな影響を与えるには至らなかったものの、これまでの歴史の見直しや権利の回復が声高に叫ばれる中で、自分たちの存在を改めて見直す動きが高まっていることを象徴的に示すものであった。

第1回全露国勢調査に至るまでの過程では、こうした風潮がいよいよはっきりと全面に現れるようになり、タタール・タタルスタンの正当性をめぐる白熱した議論が展開することとなった。その議論の中でも、最も大きな注目を浴びたのが、クリャシェンの地位をめぐる一連の運動である。

1996年にOONKから、連邦大統領ボリス・エリツィン、連邦民族問題担当大臣、およびクリャシェンが居住する連邦構成主体の首長に対し、クリャシェン問題に関する陳情が提出された[39]。そして、当初の予定では国勢調査実施の前年に当たる1998年になると、本格的にクリャシェンによる民族としての認定を求める運動が展開するようになる。5月に、『ク

---

[38] この「ネオ・ブルガル主義」については、以下のヴィクトル・シュニレルマンと宇山智彦の論考が詳しい（Victor A. Shnirelman. *Who Gets the Past?: Competition for Ancestors among non-Russian Intellectuals in Russia*. (Washington D.C.: Woodrow Wilson Center Press, 1996); Uyama Tomohiko, "From 'Bulgharism' through 'Marrism' to Nationalist Myths: Discourses on the Tatar, the Chuvash and the Bashkir Ethnogenesis," *Acta Slavica Iaponica*. 19 (2002), pp.163-190.）。

[39] Arkadii V. Fokin. "Kriashenskii vopros v Tatarstane," *Sovremennoe kriashenovedenie sostoianie, perspektivy: Materialy nauchnoi konferentsii, sostoiavsheisia 23 aprelia 2005 goda v g.Kazan'*. (Kazan': Kriashenskii prikhod g. Kazani, Obshchestvennaia organizatsiia narodnosti kriashen g. Kazani, 2005), p.98.

リャシェンの声』紙関係者が中心になって、タタルスタンで2番目に大きな町であるナーベレジヌィエ・チェルヌィ市にタタルスタン共和国クリャシェン民族文化センター（Respublikanskii natsional'no-kul'turnyi tsentr kriashen Respuliki Tatarstan）が設立された。これは、それまで共和国内の各地でばらばらに活動していた各組織を統括するものとして位置づけられた。代表のアレクセイ・シャバリンはこの組織の目的について「民族的自称の復権」、「政府、社会組織において成員の法的利害を代弁し、擁護すること」を挙げている[40]。これとほぼ同時期に、隣のバシコルトスタン共和国、ウドムルト共和国にも同様の組織が設立され、国勢調査を一つの目標に活動を展開した。

　翌1999年には、この3つの組織が合同して、クリャシェン民族文化連合地域間連盟（Mezhregional'nyi soiuz natsional'no-kul'turnykh ob"edinenii kriashen）が結成された。その当初の具体的な目標としては、文化・啓蒙活動の実施、学術活動への従事、民族文化組織・団体の創設、報道手段の組織化などが挙げられている[41]。やはりこの組織でも代表となったシャバリンは、2001年のインタビューで、活動の成果として共和国の枠を超えての連帯を実現できたことを強調している。そして、具体的な活動内容としては、関係各所への「クリャシェン」という自称の復権に関する陳情の提出などが挙げられている[42]。

　2000年の12月には、タタルスタン共和国クリャシェン民族文化センターが中心となり、カザンで学術・実践会議「クリャシェンの民族的・宗教的伝統：歴史と現在」が行われた。この会議では「クリャシェンのエスニックな地位の問題：歴史的・現代的側面」「クリャシェンのエスニック

40　Aleksei Shabalin. "Vidno, sud'ba takaia: Odnazhdy osoznav sebia kriashenom, ostat'sia im do kontsa... ," *Kerəşen süze*. 1999.06.19.

41　"Kugenchenner gorleshe, kerəşennər berləshe," *Kerəşen süze*. 1999.06.19.

42　"Po veleniiu vremeni," *Kerəşen süze*. 1999.06.19.

なアイデンティティ」などが具体的なテーマとして掲げられ、ムスリム・タタールやサンクト・ペテルブルク出身の研究者も参加した。この会議の決議では、直接国勢調査についての言及はないものの、第１項でシャイミエフに対し、「共和国で形成されているクリャシェンおよびその民族的、社会的、文化的、宗教的な問題への不当な態度に関するアピールを出すこと」とあり、民族的な存在としての「正当な」位置づけを要求することが暗に示されている[43]。

これに先立つ 2000 年の 2 月には、国勢調査を管理する国家統計委員会により、調査結果を整理するための資料として、クリャシェンを含めた 176 の民族名が記載された、民族・言語リストの原案が示され、関係各所に意見が求められた。これを受けたロシア科学アカデミー民族学・人類学研究所の研究員たちは、いくつかの問題点を指摘して、代案を提示した。その結果再提出されたリストは、ソ連期の状況を「民族抑圧」的であったとし、より多様な集団を民族として認めることを志向した結果、さらに多い 198 の民族名称が記載されることとなった[44]。そして、この結果に対してタタールをはじめとする既存の国家内のカテゴリーとしての「民族」の枠組みを守ろうとする人々から強い反発が起こった。これ以降、モスクワ、各民族共和国の政治家や民族学者などが積極的にこの問題について発言するようになり、激しい論争が繰り広げられることとなった。中でもタタールとクリャシェンの間の論争は、最も白熱し、注目を集めるものとなった。

モスクワの民族学・人類学研究所での議論では、当初クリャシェンが独

43　"Rezoliutsiia," *Materialy nauchno-prakticheskoi konferentsii na temu «Etnicheskie i konfessional'nye traditsii kriashen: istoriia i sovremennost'»*. (Kazan': Kriashenskii prikhod, 2001), p.185.

44　Valerii V. Stepanov. "Rossiiskaia perepis' 2002 goda: puti izmeneniia identichnosti bol'shikh i malykh grupp," *Institut etnologii i antropologii RAN* [http://www.iea.ras.ru/topic/census/publ/stepanov2001.htm]（2008 年 8 月 24 日閲覧）.

自のエスニックな要素を有する集団であることを認めつつも、タタールとは異なる民族と認めることについては、慎重な意見が強かった。しかし、民族統計学の専門家で、国勢調査のためのリスト作成にも深く関わったパヴェル・プチコフがクリャシェンをタタールとは異なる民族と認めるべきと主張したほか、研究所所長のティシュコフや、後にクリャシェン問題についてのモノグラフを著すセルゲイ・ソコロフスキーなどは、自己意識 (samosoznanie) を尊重すべきという立場から、クリャシェンの独自性を支持する姿勢を示し、積極的に発言を行なった[45]。

また、2000年にはウドムルト共和国の言語文学研究所の研究員によって、ウドムルト共和国内に居住するクリャシェンの社会状況についての調査が行われ、「クリャシェンはよく統合された民族である」という結論が出された。翌2001年にはモスクワ大学の民族学者オリガ・カジミナによってクリャシェンの集住地域における調査が行われた。その結果、カザンに移った若者があえて自らの出自を名乗らないといったことはあるものの、調査対象者の大部分は、クリャシェンを独自の民族集団 (osobyi narod) とみなしており、タタールとの差異を強調して「ケレシェン (kereshen)」と名乗っていると報告した[46]。

こうした意見が出されるのと同時に、2001年に沿ヴォルガ連邦管区で行われた社会文化事業見本市「サラトフ2001」において、OONKによるインターネット事業についての提案が受け入れられ、連邦管区からの財政的な支援を受けることとなった。その結果開設されたインターネット・サイト「KRIASHEN.RU」では、クリャシェンの民族誌的な情報やそれに

---

45 Stepanov. "Rossiiskaia perepis' 2002 goda"; *Valery A. Tishkov. Tatary Rossii i Vserossiiskaia perepis' naseleniia 2002 goda.* (Moskva: Institut etnografii i atropologii RAN, 2004).

46 Sergey V. Sokolovskii. *Kriasheny vo Vserossiiskoi perepisi naseleniia 2002 goda.* (Moskva: Institut etnografii i antropologii RAN, 2004), pp.120-121.

まつわる文献の紹介が行われたほか、2002年の国勢調査についてのページが設けられている。そこでは、国勢調査を迎えるクリャシェンに向けた檄文が掲載され、「調査員があなたのことをクリャシェンと書いているのを必ず確認しなくてはならない。あなたの市民としての態度に、クリャシェン民族（kriashenskii narod）の将来がかかっていることをよく覚えておくのだ」と訴えられている[47]。

このように、国勢調査を目前に控えた時期になると、クリャシェンが一層積極的に自らの存在をアピールするようになるのと同時に、それを支持するような声も目立つようになった。これに対し、タタルスタン共和国関係者や、タタールの研究者もタタールの一体性を強調する運動を全面的に展開するようになった。

2002年1月、タタルスタン共和国議会は、連邦大統領プーチンら連邦中央とタタール全体に対するアピールを相次いで採択し、タタールとしての一体性を保持するよう訴えた。翌2月には、当時のクリャシェン民族文化連合地域間連盟の代表であった、ナーベレジヌィエ・チェルヌィの実業家ヴィターリー・アブラーモフが逮捕されるという事件が起こった。結局翌日には釈放されたものの、この事件はタタルスタン共和国において、国勢調査、中でもクリャシェン問題が先鋭化していることを印象づけた[48]。

その後、4月にクリャシェンの代表とシャイミエフの会談が実現し、国勢調査の問題に直接触れることは慎重に避けつつ、クリャシェンに対する侮辱的な報道などをやめることや博物館、出版物を通じてのクリャシェン文化の提示、教育・研究体制の整備、宗教環境の改善などを約束すること

---

[47] "Vnimanie vsem kriashenam: prakticheskie sovety k griadushchei perepisi!" KRISASHEN.RU [http://kryashen.ru/index5.php?link=9]（2012年8月3日閲覧）.

[48] "Respublika Tatarstan. Nachalis' presledovaniia liderov kriashenskogo dvizheniia" REGION.RU: novosti Federatsii. 2002.02.10 [http://regions.ru/news/705975/]（2012年8月3日閲覧）.

で、妥協の道が示された[49]。しかし、論争が止むことはなく、特にタタルスタン政府やタタールの学者らからの、民族の統一を強調する動きはいよいよ強まっていった。

　国勢調査の実施が直前に迫るのに合わせ、タタールの一体性を広くアピールする2つの大会も行われた。7月にタタルスタン科学アカデミーは「タタール民族統一の文明的・民族文化的・政治的側面」を開催した。この会議には、クリャシェンやシベリア・タタールといった、議論の争点となっている集団の代表も参加し、直接タタールとの関係の深さを強調させる形をとった。その決議でも、明確に「2002年の国勢調査の際には、タタールのあらゆる民族文化的グループ（etnokul'turnye gruppy）は、統一した民族の数に含まれるべき」とはっきりと言明されている[50]。

　8月末には、全世界タタールコングレスの第3回大会が開かれ、「タタール民族の統一」を共通テーマとした。その開会宣言では、シャイミエフが国勢調査において、シベリア・タタールとクリャシェンの分離の動きがあることについて、「我々タタールは、統一した文化と文章語をもった統一した民族」であると謳って、各集団の動きを牽制している[51]。この大会の2日目には、当時の民族問題担当大臣ウラジーミル・ゾリンを伴ったプーチンと、コングレス出席者の会談の席が設けられた。そこでは当然、国勢調査の問題も話題に上った。そして、ゾリンが「市民が書いたとおりに記載されることになる」と、原則論を唱えたのに対し、シャイミエフは、

49　Protokol po rezul'tatam vstrechi Prezidenta Respubliki Tatarstan s liderami i predsedatel'ami kriashenskogo dvizheniia respubliki. Kazan'. 2002.04.11.（2006年1月23日ベロウソヴァ提供）.

50　*Edinstvo tatarskoi natsii.* (Kazan': Fen, 2002), p.314.

51　"Krepit' edinstvo naroda, dvigat'sia vpered, ne otgorazhivaias' ot ostal'nogo mira: privetstvie Prezidenta Respubliki Tatarstan Mintimera Shaimieva uchastnikam III Vsemirnogo kongressa tatar 29 avgusta 2002 goda," *Respublika Tatarstan*. 2002.08.30.

ティシュコフらがクリャシェンなど新しい民族が成立しているかのように喧伝していることに不満を示しつつ、政府としてどうした態度をとるのかと迫った。プーチンはこれに答え、「仮にロシア人が自らをムスリムとみなしても、彼はタタールと書かれることはない」として、具体的な言及は避けつつ、暗に宗教的な指標は民族の基準とはならないという考えを示唆した[52]。

そのほか、ハキモフやイスハコフといった、かつてのトッツの中心人物であり、現在は共和国の利益と一致する形でタタールの立場を代弁する政治家、研究者も、マスコミなどを通じて積極的にこの問題について発言した。彼らは、連邦によるタタールの分割の試みが行われているという危惧を示し、中でもクリャシェンの活動について、典型的な分離主義的動きとして、強く非難する姿勢を示した[53]。共和国政府と近い新聞紙上でも、調査直前の9月に、クリャシェン自身による、「私たちは洗礼を受けること、母語で話すことが禁止されないかぎり、タタールに残る」という声を紹介する記事も現れ、この問題が最後まで論争を呼んでいたことが窺われる[54]。

3.3.3. 国勢調査の結果

2002年10月の第2週に国勢調査は実施された。方式は、調査員による訪問調査が採用され、各人の回答を受けて、持参した質問票に調査員が回答を書き込むこととなった。その基本原則の一つに、「人々の自己決定」が挙げられ、「追加の文書を示すことなく、被質問者自身の回答によって

---

[52] *Vsemirnyi kongress tatar (tretii sozyv) 28-29 avgusta 2002 goda.* (Kazan': Izdanie Vsemirnogo Kongressa tatar, 2003), pp.576-577.

[53] Rafael Khakim. *Kto ty, tatarin?* (Kazan': PANORAMA-FORUM, 2002); Damir M. Iskhakov. "Kreshchenye, no tatary," *Respubliki Tatarstan.* 2002.04.18.

[54] Rafael Mirgazizov. "My ostanemsia tatarami, poka nam ne zapreshchaiut krestit'sia i govorit' na rodnom iazyke," *Respublika Tatarstan.* 2002.09.26.

のみ行われる」こととされた[55]。

　この調査に当たって用意された質問票は、P、D、K、Vの4種類であった。質問票Pは各世帯を対象としたものであり、家屋や家具の状態などについての質問が並んでいる。質問票K、D、Vが個人についての質問であり、K、Dはロシア常駐者に対するもので、Dが特に世帯主を対象としたものになっている。これに対し、Vはロシアに一時滞在している人を対象としたものとなっている。

　民族に関係する設問は、質問票K、Dの7番目、質問票Vの6番目に当たっており、それぞれ「あなたの民族的所属（Vasha natsional'naia prinadlezhnost'）」となっており、「被質問者の自己決定によって（po samoopredeleniiu oprashivaemogo）」と注記がなされている。調査員に対しても、聞き取った内容をそのまま転記することが繰り返し強調されている[56]。

　また、これと関連しうる設問として、質問票K、Dには設問9として言語についての問いがなされている。そこでは、まず9.1として、「あなたはロシア語を使えますか？（Vladeete li Vy russkim iazykom ?）」と質問され、「はい」か「いいえ」という回答が用意された。さらに続く9.2で「あなたは他にどのような言語を使えますか？（Kakimi inymi iazykami Vy vladeete ?）」と問われ、3つの回答欄が用意されている。ソ連期の国勢調査においては、毎回各人の「母語（rodnoi iazyk）」についても質問されていたが、当初この国勢調査では、「母語」という観念自体の恣意性から、実際に使用している言語のみを回答させるべきとされた。しかし、ロシア全体でロシア語化が進行し、都市部を中心に実際に民族言語を使う場面が

55　"Metodologicheskie voprosy Vserossiiskoi perepisi naseleniia 2002 goda ," *Vserossiiskaia perepis' naseleniia 2002 goda* [http://www.perepis2002.ru/content.html?id=29&docid=10715289081520]（2012年10月17日閲覧）．

56　"Metodologicheskie voprosy Vserossiiskoi perepisi".

減少し、多くの民族言語においては、満足な教育インフラの整備もなされていない中で、非ロシア語の存在を否定することになりかねないという非難が起こり、ゾリンおよび国家統計委員会の判断により、口頭で確認をした上で、この項目の一番上に記載することとされた[57]。

　2002年の10月に国勢調査が実施されたが、その2日目にはすでに新聞紙上で、タタルスタン各地から調査に対する不満が寄せられ、中でも特にクリャシェンに関連するものが多かったと伝えられた。そのため、ナーベレジヌィエ・チェルヌィとエラブガで、連邦国家統計委員会の代表による、この問題についての特別委員会が開かれるに至った[58]。また、調査実施前後には、クリャシェンに対する直接的な嫌がらせも横行し、クリャシェン村落で、コルホーズの解散や、人家へのガスの供給停止、年金支給の停止などが行われ、クリャシェン運動に積極的に関与していたある村の校長は解雇されるまでに至ったと報じられている[59]。

　このような紆余曲折を経つつ終了したこの調査については、翌2003年にまず中間結果が公表された。そこでは、設問7への回答に該当するものとして、「民族（natsional'nost'）」と「準エスニック・グループ（subetnicheskaia gruppa）」の一覧が発表された。タタールと関連するところでは、タタールと共に、ナガイバキが前者として記載されたのに対し、クリャシェンはシベリア・タタール、アストラハン・タタールと共に、後者に分類された[60]。この結果について、ティシュコフは、最終的な結果に

57　Stepanov. "Etnokul'turnyi oblik Rossii," p.52.

58　E. Mel'nik. "Goriachaia liniia: grazhdane zhaluetsia na perepischikov, a perepischiki – na chinovniki," Vecherniaia Kazan'. 2002.10.12. ; M. Iudkevich. "Ispravlennomu verit'? perepischik prikhodit dvazhdy," *Vecherniaia Kazan'*. 2002.10.15.

59　M. Glikin. "Luchshe byt' skifom, chem kriashenom," *Nezavisimaia gazeta*. 2002.10.17.

60　ナガイバキについては、この調査に先立つ1999年に制定された連邦法

おいて、クリャシェンやシベリア・タタールによる自立の要求が再考される可能性はある、と発言している[61]。また、クリャシェンから支援を求める手紙を受け取った、当時のモスクワ及び全ロシア総主教のアレクシー2世は、新聞のインタビューの中で、タタルスタンにおけるクリャシェンの立場に理解を示す発言を行った[62]。

翌年に最終的な結果として公表されたところでは、結局この希望がかなうことはなく、クリャシェンは、タタール内部のグループであるところの「エスニック・グループ（etnicheskaia gruppa）」として記載されることとなった。さらに、その数はタタルスタン共和国内で1万8760人、連邦全体でも2万4668人にとどまった[63]。クリャシェンの活動家らは、従来20～30万人のクリャシェンが存在するとしていたが、それに大きく反する結果になったことから不正の可能性もあったとして、強い反発の声を上げた。

確かに、その前後の状況から勘案すれば、不正のあった可能性を否定はできない。しかし、こうした反発が必ずしも大規模に展開しなかったことを勘案すれば、多くの「クリャシェン」が「タタール」と自ら回答したと考えるのが妥当であろう。また、ここには単に集計した結果のみで

「先住少数民族の権利の保護について」が定めるところの「先住少数民族（korennye malochislennye narody）」としての認定を受けていた。

61　Valery A. Tishkov. "O perepisi, o russkikh i nerusskikh: obnaruzheny vazhnye peremeny v etnicheskom sostave naseleniia strany," *Nezavisimaia gazeta*. 2003.11.11. [http://www.ng.ru/politics/2003-11-11/2_perepis.html]（2007年1月5日閲覧）．

62　"Aleksii II: real'nykh polozhitel'nykh sdvigov v otnosheniiakh Russkoi pravoslavnoi Tserkov'iu i Vatikanom poka net," *Interfaks*. 2003.10.28 [http://www.interfax.ru/r/B/0/0.html?id_issue=5666596]（2007年1月5日閲覧）．

63　*Itogi Vserossiiskoi perepisi naseleniia 2002 goda*. t.4. Moscow., 2004. pp.15-16, p.75.

はなく、それぞれのカテゴリーにどのような回答をした人が含まれているかも記載されている。クリャシェンについての回答の種類を見てみると、「クリャシェン」という回答だけではなく、「受洗した人 (kreshchenye / kreshchentsy)」「受洗タタール (kreshchenye tatary)」といった回答も含まれていた[64]。こうした回答からは、最終的に「クリャシェン」に含まれた2万5000人の中でも、その意識の在り方に相当な温度差があり、「タタール」との近縁性を自覚している人がいることも示唆されている。

この2002年の国勢調査に至る過程と結果は、クリャシェンの存在を示すという意味においてはある程度の成功を収めることができたということができる。しかし同時に、ここではタタールとの間の確執も一層激しさを増すとともに、最終的に示された結果も、クリャシェンの活動家を十分に満足させるものとはならなかった。そのために、クリャシェンの地位と権利を求める運動は、これ以降も続けられることとなったが、その形態とそれを取り巻く環境は、さらに変化していった。

3.4. クリャシェンの焦点化

ソ連崩壊前後から進行した民族・宗教復興の流れはタタールにも波及していた。それはタタルスタン共和国の主権運動に結びつき、かなりの成功を収めることになった。しかし、この運動はイスラームへの関心強化と重なり、さらにそれが第2章でも見たように、ロシアの支配の記憶と結びつくことで、クリャシェンの間に疎外状況が生じることとなった。

クリャシェンの知識人たちは、ソ連崩壊以降の民族復興の強まる中で、タタールの運動と足並みをそろえて、自らの文化の復興も目指していた。しかし、上記の疎外状況によって、トッツの中での居場所を失ったク

---

[64] "Natsional'nyi sostav naseleniia," *Itogi Vserossiiskoi perepisi naseleniia 2002 goda.* t.4. M., 2004.

リャシェンは、その枠組みから外れて自律的な運動を展開せざるを得なくなった。こうした背景の中で、独立した民族という主張も強いられることとなったのである。

　こうした運動は、特に 2002 年の国勢調査の過程で大きな関心を集めるようになり、モスクワの研究者らも、この議論に積極的に参加してくるようになった。こうした問題の拡大の背景には、ロシアで最大の少数民族としてのタタールの存在感、またロシア正教とイスラームという 2 大宗教の緊張関係が指摘できるであろう。と同時に、クリャシェンという民族を目指す運動が一定の持続性を持ったことは、一般の人々の間にも、ある程度そういった感情が共有されていたことも指摘できる。

　筆者の調査中も、特にその初期には、自分たちの境遇に対する不満の声が聞こえていた。特にクリャシェンが多数居住している郡でも、郡長はムスリム・タタールばかりが占めている、ということはしばしば指摘されていた[65]。その他、土地の払い下げの際に、クリャシェンには不利な条件が提示された、という意見や、クリャシェンの村では道路の舗装が遅れている、といった声もしばしば聞かれる。

　とはいえ、村の開発状況に関しても、筆者が目視している限りでは、クリャシェンの居住地に限って特に開発が遅れているとは言い難い印象がある。しかし、こうした意見表明は、社会・経済的な停滞が、ムスリム・タタールとの差異によって説明できるという言説環境が形成されていることを示唆している。そして、こうした認識を通じて、ムスリム・タタールと差異を持った集団としてのクリャシェンという意識が実態を持ったものとして認識されるようになっているのである。こうした人々にとって、クリャシェンの一連の運動と国勢調査は、自分たちの存在を示す機会に他ならなかった。

65　次章で見るように、現在ではクリャシェン出自の郡長もおり、状況は改善されつつある。

国勢調査の結果では、クリャシェンはその名前を記載されたものの、その位置付けはタタールのサブグループという折衷的な結果であった。さらに、その人数は約2万5000人に止まり、かつその中には「受洗タタール」という記載も含まれており、運動の成果としては不満の残るものであった。ここには、人々に一定の差異の感覚が共有されつつも、その表現の次元において大きな温度差が存在しており、クリャシェンという名乗りが困難を伴っていることが反映しているとみることができる。国勢調査という一つのポイントを超えたことで、クリャシェンの運動は一旦衰退することとなる。しかし、その後この運動はさらに新たな展開を迎えることとなる。

第 4 章

クリャシェン運動の公認と分裂

4.1. 民族運動の沈静化から公認

4.1.1. 運動の沈静化

　第1回の国勢調査が終了すると、クリャシェンの運動も一旦沈静化することとなった。すでに国勢調査の直前から、組織内での分裂の予兆はみられていた。実業家のヴィターリー・アブラーモフが活動に参加し、中心的な地位を得るようになると、強硬な姿勢を取ることを主張し、従来の中心メンバーとの間に温度差が生じることで、運動にかげりが見えていた。さらに、共和国センターの代表であったアレクセイ・シャバリンが故郷のウドムルトに去ったことで、センターの活動はさらに鈍化した。ナーベレジヌィエ・チェルヌィで発行され、クリャシェンの広報活動の中心でもあった『クリャシェンの声』紙も、資金難から国勢調査後には廃刊することとなった。

　しかし、これによってクリャシェンによる民族運動が完全に終わったわけではない。OONK を中心に、引き続きクリャシェンの民族としての地位と権利を求める様々な運動は続けられていた。その活動は、モスクワに向けても積極的に発信され、モスクワの研究者や連邦政府も比較的好意的な姿勢を示していた。

　2005年には、カザンでシンポジウム「クリャシェン学：現状と展望」が開催され、2000年の会議と同じく、モスクワの代表なども招待して、クリャシェンの歴史や現在の地位のあり方についての議論が行われた。その中でも、当時の運動の中心人物の一人であったアルカーディー・フォーキンはクリャシェンの民族としての運動について、ソ連初期からの流れを概観している。そして、1990年代以降のクリャシェンの復興運動においては、当初タタルスタン共和国による支援もあったものの、徐々に情勢が変わり、クリャシェンに対してモスクワと結んでタタールの分割を図っているという非難が起こるようになり、支援なども実現しないままになった

ことを指摘している[1]。この会議全体の決議では、クリャシェンの歴史・現在の状況についての学術的な研究に対する支援を要請することや、既存の研究機関の中に、クリャシェンの研究を行う特別の部門を創設することなどが挙げられた[2]。これと並んで提示された、共和国大統領ミンティメル・シャイミエフへの陳情でも、すでに1992年のタタルスタン諸民族大会および2002年のクリャシェン代表との会談の際に約束された事項として、やはりクリャシェンの学術研究に対する支援と、そのための独立した部門の創設、及び研究員のクリャシェン自身からの選出を求めた[3]。

2006年には、モスクワでクリャシェン問題についての記者会見が行われた。この会見には、フォーキンのほか、モスクワのアフリカ研究所の研究員アナトーリー・イヴァノフ、前『クリャシェンの声』紙編集長のリュドゥミラ・ベロウソヴァが参加して、自分たちの主張を展開した。フォーキンは、クリャシェン問題を劇場化することは、かえって展望を失うことになるとして避けるべきであるという。このように、若干譲歩するような姿勢も見せつつ、クリャシェンが強制的に改宗させられたタタールである、という見方は明確に否定し、両者の差異を強調している。

また、イヴァノフもフォーキンの意見に従いつつ、クリャシェンの独自性を強調している。さらにベロウソヴァは、クリャシェンのこれまでの活

---

1 Arkadii V. Fokin, "Kriashenskii vopros v Tatarstane," *Sovremennoe kriashenovedenie sostoianie perspektivy: materialy nauchnoi konferentsii, sostoiavsheisia 23 aprelia 2005 goda v g. Kazani.* (Kazan': Kriashenskii prikhod g. Kazani), pp.97-100.

2 "REZOLIUTSIIA nauchnoi konferentsii «Sovremennoe kriashenovedenie: sostoianie, perspektivy», sostoiavsheesia 23 aprelia 2005 goda v g.Kazani," *Sovremennoe kriashenovedenie.* p.140.

3 "OBRASHCHENIE uchastnikov nauchnoi konferentsii «Sovremennoe kriashenovedenie: sostoianie, perspektivy», k Prezidentu Respubliki Tatarstan M.Sh. Shaimievu ," *Sovremennoe kriashenovedenie.* p.141.

動の経過を振り返って紹介し、国勢調査前に組織で行なった独自の調査によれば、クリャシェンの数は40万人と見積もられたと明らかにしている。これらを踏まえつつ、2002年の国勢調査前には共和国のマスコミで一斉にクリャシェンをタタールとするネガティヴ・キャンペーンが行われたと指摘し、調査の結果においても、クリャシェンの数が全く反映されていないとしている。同時に、ウドムルト共和国やバシコルトスタン共和国では、こうした圧力がなかったともして、タタルスタンの姿勢を批判するスタンスを明確にしている。

　この記者会見には、ロシア正教の保護を掲げる保守系社会団体である「正教市民連盟」の広報部長キリル・フロロフも同席しており、クリャシェンの意見を支持しつつ、「タタルスタンにおける人権と自由、特にクリャシェンの権利と自由についての問題」を提起するとしている[4]。先に挙げた、総主教アレクシー2世によるクリャシェンの権利保護の訴えと合わせても、ロシア正教会及び正教徒が、宗教を同じくする同胞としてクリャシェンに対して関心を抱いていることが窺われる。

　こうしたクリャシェンの動きに対応するように、同じく2006年の9月に、人類学民族学研究所の所長でもあるヴァレーリー・ティシュコフを委員長とするロシア連邦社会委員会の寛容と良心の自由の問題に関する委員会で、タタルスタン共和国におけるクリャシェンの状態についての問題が提起された。フォーキンやイヴァノフも意見を述べたこの委員会の結論では、現在のクリャシェンには社会・政治的、民族・文化的な性格の問題が存在しているとして、その状態を改善するための勧告が提示された。そこでは、改めて2002年のシャイミエフとクリャシェン代表との合意事項を実行することが指示されると同時に、タタルスタン科学アカデミー内での

4　"Problemy kriashen Tatarstana obsudili na press-konferentsii v Moskve," *BLAGOVEST info.* 2006.06.23. [http://www.blagovest-info.ru/index.php?ss=2&s=3&id=7122]（2012年7月24日閲覧）。

クリャシェンについての部局の設置の準備、マスコミでの扱いの改善、クリャシェン民族運動の活動のための施設の提供や運動家への就職支援などが求められた。また、2002年の国勢調査の結果については、クリャシェンが過小に見積もられている根拠があるとし、2010年の第2回国勢調査の実施の際には、公平性が確保されるよう要請している[5]。

これは、ちょうど筆者がクリャシェンについての調査を開始し、運動の関係者とコンタクトを取った最初期に当たる。当時面会したベロウソヴァらは、総じて悲観的な様子で、シャバリンなどこれまでの運動の中心人物と離れ、経済的にも苦境にあることを嘆く姿が印象的であった。筆者と面談するのも、教会など公共の場所で、明確な拠点もない状態であった。しかしこうした状況はこの後、劇的に変化することとなる。

4.1.2. 運動の公認と発展

2002年の国勢調査以降、クリャシェンが民族復興のための運動を続ける中で、転機となったのが2007年であった。この年、タタルスタン共和国は連邦中央との権限分割条約の更新に成功した。そして、それに合わせて新たな「民族文化政策についてのコンセプト」が策定された。さらにそこで謳われている多民族共存を象徴するように、1992年以来15年ぶりとなる第2回タタルスタン諸民族大会が開かれた。

共和国内の様々な民族の代表が参加したこの大会に際して、シャイミエフは自身の挨拶の中で、これまでの15年間の多民族共生が基本的に成功であったことを強調し、特にANKOの果たした役割が大きかったとしている[6]。また賓客として出席していた、当時沿ヴォルガ連邦管区大統領全権

---

5 Rekomendatsii Komissii Obshchestvennoi palaty Rossiiskoi Federatsii po voprosam tolerantnosti i svobody sovesti po voprosu o polozhenii kriashen v Respubliki Tatarstan（2006年10月17日ベロウソヴァ提供）.

6 *Materialy S''ezda narodov Tatarstana: gorod Kazan', 3 noiabria 2007 goda.*

代表のウラジーミル・ゾリンも、タタルスタンが様々な民族・宗教の調和のとれた相互関係の可能性を示していると評価している[7]。大会の議長も務めた、タタルスタン共和国議会議長のファリド・ムハメトシンも自身の発言の中で、多民族の共存がタタルスタンの特質であり伝統であると繰り返し語っている。また、彼も ANKO の働きを評価しつつも、さらなる機能の強化を図るために、この組織の改変が提起されている。さらに連邦に対しては、ヨーロッパの基準に則った民族政策の遂行を求め、ロシア人とその他の民族が平等に扱われるべきであると主張している[8]。

　この大会の結果、ムハメトシンの提起も反映して、タタルスタン諸民族会議（Assambleia narodov Tatarstana）が結成された。この会議の目的は、タタルスタン領内に居住する各民族の民族文化の発展に協力し、各文化の独自性の保護、民族間・宗教間の平和と調和の強化を目指すこととしている。この会議には、各民族の代表が参加し、そのそれぞれの所属する団体は集団構成員とされた。この議長には、ムハメトシンが満場一致で選出され、共和国政府との緊密な関係が全面に押し出されることとなった[9]。

　クリャシェンの活動においても、これらの変化は大きな影響を及ぼした。第2回タタルスタン諸民族大会には、クリャシェンの代表も参加し、発言した。そこでは、クリャシェンの母語教育の問題が提起され、若者へのクリャシェン文化の継承の必要性が訴えられた。また、クリャシェン文化を展示する場としてのフェスティバルについても触れられ、特に夏場に行われるピトラウという祭りが活況を呈しているとしつつ、これを共和国公

(Kazan': Idel'-Press, 2008), pp.23-26.

7　*Materialy S''ezda narodov.* p.26.
8　*Materialy S''ezda narodov.* pp.35-48.
9　T.A. Titova, S.K. Dzhaksyvaev, V.E.Kozlov, R.R. Kushaev. *Etnicheskie men'shinstva v Tatarstane: teorii, strategii i praktiki mezhetnicheskogo vzaimodeistviia.* (Kazan': Izdatel'stvo Kazanskogo gosudarstvennogo universiteta, 2011), pp.150-153.

認の行事として支援することを求めている[10]。

　この大会について、クリャシェンの代表は肯定的な評価を行なっている。後に筆者が大会に参加したベロウソヴァらに話を聞いた際にも、この会議の場では議長を務めたムハメトシンも含め、一貫して「クリャシェン」という呼び名が用いられ、「受洗タタール」として扱われなかったと回想している。またこの大会に前後して、共和国によるクリャシェンの活動への直接的な支援も行われるようになっていた。

　最も大きな変化が、クリャシェンの組織の再編成である。2007年の5月に共和国全体を統括する組織として、これまでの共和国センターに代わり、タタルスタン共和国クリャシェン社会組織（Obshchestvennaia organizatsiia kriashen Respubliki Tatarstan）が創設された。この組織の代表には、共和国内でも屈指の大企業であるアク＝バルス・ホールディングの会長であるイヴァン・エゴーロフ（Ivan Egorov: 1961-）が就任した。

　エゴーロフは、クリャシェンが多く居住するタタルスタンのほぼ中心に位置するママディシュ郡のジュリ村出身で、カザン国立師範学校を卒業した後、モスクワで経営学を学び、共和国内に戻ってからは実業家としての地位を固めてきた。タタルスタン現大統領ルスタム・ミンニハノフ（Rustam Minnikhanov: 1957-）と懇意ともいわれ、与党統一ロシア・タタルスタン共和国支部に所属する共和国議会議員としても活動している。彼自身は、それまでクリャシェンの活動に積極的に参加していたわけではなく、議会HPにおけるプロフィールでは、自らの民族所属を「タタール」としている[11]。そのため、基本的にはクリャシェンの地位をめぐる政治的な問題には距離を置いているように見え、2008年に筆者がインタビューを行

10　*Materialy S"ezda narodov*. pp.91-93.

11　"Deputatskii korpus EGOROV Ivan Mikhailovich," *Gosudarstvennyi sovet Respubliki Tatarstan: Ofitsial'nyi sait* [http://www.gossov.tatarstan.ru/deputaty/show/129]（2012年11月27日閲覧）.

なった際には、まず「自分は思想家やイデオローグではない」と切り出してきた。その上で、自分は各人の希望が叶えられるような社会になればいいという原則に則り、提案される事業への支援を行うだけだと語り、もっぱら文化活動などへの資金援助を主としている[12]。とはいえ、この組織の設立以降、クリャシェンの一連の活動は、共和国の支援を受けると同時に、アク＝バルス・ホールディングの潤沢な資金を背景に、大規模な催しなどを開催することが可能になった。

　また、『クリャシェンの声』紙の廃刊以降、彼らの活動を代弁する手段が制限されていたが、この年にナーベレジヌィエ・チェルヌィで発刊されていた『トゥガナイラル（*Tuganailar*: 同胞）』紙がクリャシェンの活動を広く伝えるものとして使用されるようになった。この新聞自体は以前からクリャシェンに関連する新聞として存在していたものの、共和国政府寄りの報道姿勢を取っているとしてクリャシェン民族活動の関係者からは批判されていた。しかし、クリャシェン民族文化センターの廃止とともに、その最後の代表で、以前には『クリャシェンの声』紙の編集長でもあったベロウソヴァが、『トゥガナイラル』紙の編集長に就任し、民族運動と一体となった編集方針を取るようになった。そして、月2回のペースで発行を行い、組織が主催するクリャシェン関連の行事の案内や、クリャシェンの習俗・歴史についての紹介、ロシア正教の教義や祭りに関する聖職者による解説、現在の村の生活のレポートなどがタタール語で掲載されている[13]。

　その他、タタルスタン共和国公認民族アンサンブルとして「ベルメンシェク（Bermenchek: ねこやなぎ）」が結成され、ロシア国内外でのコンサー

12　エゴーロフへのインタビュー（2008年1月23日カザン市、アク・バルス・ホールディング本社）。

13　次章でも述べるように、クリャシェンの独自性を主張する際に、タタール語とは異なる言語としてのクリャシェン語の存在を強調する。しかし、この新聞に関しては、あえてクリャシェン語を名乗ることはなく、現在のタタルスタンの国家語としての、標準タタール語を用いていることを明記している。

ト活動を通じて、クリャシェン文化を伝達することに努めると共に、クリャシェンの若手の民族芸能の継承者の受け入れ先となっている。また、先の諸民族大会で提起されていた「ピトラウ」の共和国公認行事化も達成された。

　このように、2007年を契機にクリャシェンの民族運動をめぐる環境は大きく好転した。共和国による一応の認定も獲得し、財政面でも非常に恵まれた状態になっている。しかし、全面的に彼らの主張が受け入れられているわけではない。以前から要請していたタタルスタン科学アカデミー歴史学研究所内の、クリャシェン研究の専門部門創設については、2008年からの不況により予算の不足が生じたことと、研究所所長のハキモフが難色を示したことで、実現に時間を要した。

　またその名称をどうするのか、部門の位置づけをどうするのかについても議論がなされた。筆者も、この部門の名称についてクリャシェン組織関係者が話している場面に一度立ち会った。そこでは、当初提示されていた案の中に「タタール」という言葉が含まれていたことに対して難色が示された。それに対し、部門の責任者になる予定だった民俗学者・音楽学者のゲンナージー・マカーロフ（Gennadii Makarov: 1952-）が「タタール」という言葉ではなく、より学術的かつ中立的な「テュルク系グループ（tiurkskaia gruppa）」という言葉で代用することを提案してその場を収めていた。

　この部門は、2010年の1月から活動を開始することとなったが、正式な名称は「受洗タタール（クリャシェン）及びナガイバキ歴史・文化研究センター（Tsentr issledovanii istorii, kul'tury kreshchenykh tatar (kriashen) i nagaibakov）」となり、やはり「受洗タタール」という言葉は残されることとなった。ベロウソヴァによると、発足当初は「受洗タタール」ではなく、「クリャシェン」という語を用いることで合意していたが、歴史学研究所所長であるハキモフが難色を示し、この名称に変更されたという。その後、改めてクリャシェンの組織として抗議をし、「タタール・クリャ

シェン及びナガイバキ歴史・文化研究センター (Tsentr izucheniia istorii i kul'tury tatar-kriashen i nagaibakov)」に改称された。ここにも、「タタール」という名称は残されているが、クリャシェン側は「受洗タタール」とされているわけではない、という点で妥協している[14]。

このように、クリャシェンの民族運動は、公認化とともにその環境が一変し、その主催する行事の規模なども大規模化していった。また、不満の種であったクリャシェンが多く居住する郡の郡長に関し、いくつかの郡で、クリャシェン出自の郡長が誕生している[15]。とはいえ、筆者の調査中

---

14 このセンターは、当初こそマカーロフがセンター長を務めたものの、世代交代のために彼が自らその座を去ってからは、後に続くクリャシェン研究者がおらず、所属している全員がムスリム・タタール出自の研究者となっている。また、所属している研究者はみな歴史研究者であり、特に帝政末期のクリャシェンの民俗や宗教状況についての研究成果は、近年活発に刊行されている（Radik Iskhakov. *Ocherki istorii traditsionnoi kul'tury i religioznosti tatar-kriashen (XIX-naehalo XX vv.)*. (Kazan': Isnstitut istorii im. Sh. Mardzhani Akademii nauk Respubliki Tatarstan, 2014); *Tatary-kriasheny v zerkale fol'klora i etnograficheskikh sochinenii slushatelei kazanskikh kriashenskikh pedagogicheskikh kursov (pedagogicheskogo tekhnikuma) (1921-1922 gg.) : Sbornik materialov i dokumentov.* (Kazan' – Cheboksary: Institut istorii im. Sh. Mardzhani Akademii nauk Respubliki Tatarstan – Chuvashskii gosudarstvennyi institute gumanitarnykh nauk, 2014).)。他方で、クリャシェンの現状についての研究を行う人材がいないことが課題として挙げられている。

15 2014年時点で、ママディシュ、ライシェヴォ、エラブガ各郡の郡長がクリャシェンと公表しており、さらにカザンの隣にあるゼレノドリスクの郡長もクリャシェンと言われているが、本人は否定している（Il'dar Nigmatullin, Vladimir Kazantsev, Dmitrii Katargin, Aleksandr Gavrilenko, Anastasiia Karabanova, Vlas Mys'ko, "V Kukmor – kriashens, v Chistopol' – "okhotnika", v Zainsk – predstavitel'ia "molochnoi imperii" *Bizness Online*. 2014.09.23[http://www.business-gazeta.ru/article/115041/]（2016年9月9日閲覧））。

でも、クリャシェンであるために、村の道路整備が遅れているといった不平等感に関する意見も聞くことがあった。さらに、共和国から一定の支援などを受けるようになったことで、かつてと比較して「独立した民族」としての主張に軟化の兆しも見られるようになった。こうした環境の変化の中で、クリャシェンの位置づけ、及びタタールとの関係を改めて確認する場となったのが、2010年に行われた第2回の全露国勢調査であった。

4.2. 第2回国勢調査とクリャシェン

4.2.1. 第2回国勢調査の準備過程

2002年の国勢調査が終わった直後より、次の国勢調査に向かった準備は進められていた。その過程では、そもそも民族に関する項目を含めるべきか否かでも、論争が起こっていたが、結局従来通り項目として含めることで準備が進められた。この調査における民族の扱いが再び注目されるきっかけになったのが、2010年の1月に公表された、「2010年全露国勢調査調査票様式L第7設問への回答のコード化のための、住民によるありうる回答のアルファベット順リスト」である。これは、調査結果を機械的に処理する際に参照するものとして、調査の中で想定されうる回答を列挙したもので、民族学人類学研究所の研究員も助言しつつ作成された。その中には、ロシア語と民族言語双方の呼び方を別物としてカウントしたり[16]、「なし (net)」といった回答も含めたりするなどした結果、実に1840もの選択肢が示されることとなった[17]。また、言語についても同様の「リ

---

[16] 例えば「日本人」であれば、ロシア語の「ヤポネツ (iaponets)」と「ニホンジン」をそのままキリル文字表記にしたものがそれぞれ挙げられている。

[17] "Prilozhenie No.1 k prikazu No.74 «Alfavitnyi perechen' vozmozhnykh variantov otvetov naseleniia dlia kodilovaniia otveta na vopros 7 Perepisnogo lista formy L Vserossiiskoi perepisi naseleniia 2010 goda," Potal Vserossiiskaia perepis' naseleniia 2010 goda. [http://www.perepis-2010.

スト」が公表され、やはり855に及ぶ多様な回答例が示唆される結果となった[18]。

　このリストは、あくまで後に整理することを前提としたものではあるが、ここに記載されたことを基に、新たに民族としての主張が現れることが危惧されることとなった。そこで再び注目を集めたのがタタールの反応である。筆者は、2010年の4月に著名な民族学者でタタールの一体性を積極的に訴えているダミル・イスハコフにインタビューを行い、この問題について問い合わせた。2002年の国勢調査に関しては、モスクワの働きかけにより、クリャシェンによる運動が活性化したが、今回はそういった動きは見られないという。さらに、クリャシェン側の要求にタタルスタン政府も応えたことで、2010年の国勢調査に関しては、大きな問題には発展していない、という回答であった。その上で、主要な問題となっているのはタタルスタン外、特にバシコルトスタン共和国におけるタタールの扱いであるということを指摘している。

　実際、ディリャラ・スレイマノヴァが指摘するように、タタルスタン共和国内の特にタタール語メディアは積極的にこの問題を取り上げた[19]。この時期、カザンに滞在していた筆者の見た限りでも、タタール語放送局のTNVは、毎日のニュースの中でタタルスタン共和国外のタタール居住地域についてのレポートを放送した。特にバシコルトスタンにおけるタタールについては特別番組を制作し、タタール村落におけるバシキール化の圧

18　ru/documents/acts/nacionalnosti.doc］（2012年7月29日閲覧）。
"Prilozhenie No.2 k prikazu No.74 «Alfavitnyi perechen' vozmozhnykh variantov otvetov naseleniia dlia kodilovaniia otveta na vopros 7 Perepisnogo lista formy L Vserossiiskoi perepisi naseleniia 2010 goda»," *Portal Vserossiiskaia perepis' naseleniia 2010 goda* [http://www.perepis-2010.ru/documents/acts/yazyki.doc］（2012年7月29日閲覧）。

19　Diliara, Suleimanova. "Tema perepisi v tataroiazychnoi presse," *Ab Imperio* no.2 (2010), pp.370-382.

力の存在を指摘し、タタール語教育などが困難になっている状況を訴えた。その他、TNV が主催する形で、各地のタタール居住地を周るタタール語歌謡ショーが開催され、タタールとしての自意識の喚起が図られた。さらに国勢調査の直前になると、タタルスタン内のクリャシェンやミシャリといった少数グループ出自の著名人が順に登場し、やはりタタールとしての自意識が語られるコーナーも放送された[20]。

その他、タタールの若者向け雑誌『イデル』も、2010 年 7 月号で国勢調査の問題についての記事を掲載した。そこではまず、先に発表された民族名の選択肢のリストの中に、タタールとみなしうる集団が 45 も含まれていることを指摘し、再びタタールが分割されようとしていることへの懸念が示されている[21]。その上で、特にバシコルトスタンの問題に頁が割かれた。中でもタタールとバシキールのどちらに含むべきかでしばしば論争となるテプチャリの扱いについて、ほかならぬシャイミエフ自身がテプチャリ出自だということを示唆しつつ、タタールと扱うべきと主張している[22]。

またイスハコフも、タタール語新聞にタタール及びその諸グループの成立の歴史についての概説的な文章を寄稿し、タタールの「民族」としての妥当性を説いた。そして、国勢調査の実施が近づいた 8 月に、ロシア語／タタール語を併記した小冊子の形でこれを出版し、タタールとしての一体性を誇示するべくプロパガンダを行った[23]。

---

[20] クリャシェンからは、著名な作家として活躍しているゲレイ・レヒム（Gərəi Rəxim: 1941-）が登場して、タタールとの一体性を訴えていた。彼は、初期のクリャシェンの運動に参加していたと言われるが、一般にはタタール作家とみなされている。筆者自身は、クリャシェンの文化行事などで彼の姿を見ることはなかった。

[21] Kh. Mukhametzianov. "Tatary, est'!" *Idel'* 7 (2010), p.40.

[22] Mukhametzianov. "Tatary, est'!" pp.42-43.

[23] Damir, Iskhakov. *Tatary: perepis' i politika*. (Kazan': Tatarskoe knizhnoe

4.2.2. 第2回国勢調査とクリャシェン

　実際、クリャシェンの活動を見ていると、2002年の国勢調査以前に見られたような盛り上がりは感じられず、むしろ各人の立ち位置の相違が見られる。クリャシェン社会組織の代表であるエゴーロフは、マスコミへのインタビューの中で、クリャシェンが独自の文化や伝統を有した集団であるとし、また前回の国勢調査における数字は過小であるとみなしている。しかし、国勢調査において問題を政治化することについては否定的であり、以前提出したクリャシェンの権利要求も概ね達成されており、状況は改善したとするなど、やはり慎重に政治的な問題として過激化することを避けようという姿勢を見せている[24]。

　エゴーロフの郷里であるママディシュ郡の郡長で、自身もクリャシェンであるアナトーリー・イヴァノフも、この問題についてはタタールの公式な言説に近い立場を示していた。国勢調査前の2010年7月に筆者がインタビューした際、この国勢調査の問題に関する立場について尋ねた。その際筆者と同行した、郡の教育部長で郡クリャシェン組織の代表でもあるAは、クリャシェンと書く必要性について熱弁した。これに対し、イヴァノフは曖昧な態度でそれを受け流しつつ、「モスクワがタタールを分割させようとしているのだ」、と非難するような調子でタタールの知識人らと同様の意見を述べている。その上で、国勢調査の問題は政治に属する問題であり、それに関わるべきではないとする。そして、具体的な施設の整備や行事の実施などの実際的な問題に注力すべきという立場を示した[25]。

　この面談後、Aは筆者に対し、「彼は前回の国勢調査の際も、タタール

---

izdatel'stvo, 2010).

24　"Kriasheny Tatarstana: «My – ochen' skromnyi narod»," *REGNUM: informatsionnoe agenstvo*. 2009.10.16 [http://www.regnum.ru/news/1215960html]（2012年7月29日閲覧）.

25　イヴァノフへのインタビュー（2010年7月20日、ママディシュ郡庁舎）.

と書くように訴えながら村々を回っていた」と不満げな様子をあらわにした。その後、筆者は彼と共に郡内のクリャシェン居住村落を回ったが、Aは各村の学校の校長などに話を聞く際に、国勢調査ではクリャシェンと記載するよう呼び掛けることを確認した。さらに、改ざんなどを防ぐために、予め村内のクリャシェンとみなしうる人の数を確認しておき、後の結果と照合する試みも提案し、多くの賛同を得ていた。

また、ロシア国内で最も多くの利用者を抱えるSNSであるVkontakte内にクリャシェンのグループが創設され、その中でも若者を中心に、国勢調査の問題が議論された。議論の参加者の多くは、国勢調査に際してクリャシェンと書くと発言していた。そして、前回の調査の際に調査員によって書き直しがあったという訴えを踏まえ、鉛筆ではなくペンで「クリャシェン」と書くのを見届けなければいけないという意見も見られた。筆者が国勢調査直前の時期、ペーストレチ郡のクリャシュ・セルダ村に滞在していた際、滞在先の教会の司祭の弟であるGは、来訪者と国勢調査の話になった際に、やはり「ペンで書かないといけない」と宣伝していた。

前回の国勢調査の際に、クリャシェンの民族としての認定要求で、強硬な姿勢を示していたアブラーモフは、タタルスタンの組織とは独立して、モスクワを主な活動地とし、ロシア・クリャシェン連盟大会の開催を画策したほか、新聞『クリャシェン報知 (Kriashenskaia izvestiia)』を刊行した。この新聞は、多くのクリャシェンがロシア語しか使えなくなっている現状を反映し、より広範な読者を確保するために、ロシア語が用いられた。そして、より積極的にクリャシェンの民族としての自己決定、それに基づく民族文化的な自治を要求した。同時に、クリャシェン社会組織や『トゥガナイラル』紙がクリャシェンの独自性の主張に反するような行動を取っているとして、現在共和国の公認を受けながら、クリャシェンを代表するものとして活動している人々への批判的な姿勢も明確にしている[26]。しかし、

26　"Soiuz kriashen Rossii: Tatarskii narod – isskustvenno skonstruirovannyi

彼の活動は大きな支持を得るには至らず、大会の開催は結局叶わず、『クリャシェン報知』紙も数号を発行した後、事実上の休刊状態となっている。

4.2.3. 国勢調査の現場で

このように、2010年の国勢調査の過程は、これまでのクリャシェン民族運動の進展から生ずる運動内部の分裂も露わにすることとなった。こうした経過もたどりつつ、当初の予定通りの10月に2回目の国勢調査が実施され、各種マスコミでは住民に対して、調査に積極的に参加することを求める報道が相次いだ。特にTNVでは先述の通り、連日「タタール」と書くことを呼びかけるプロパガンダが展開されていた。

筆者は、この国勢調査の実施中に滞在したカイビツク郡のホゼサノヴォ村で、国勢調査の調査員に1日同行した。ここは、いわゆるモリケエヴォ・クリャシェンが主な住民をなす村ながら、地理的にはチュヴァシに隣接しており、チュヴァシの村から婚入りした住民などが若干混じっている。

滞在先がちょうど村の役場の関係者だったこともあり、調査に同行したい旨を伝えたところ快諾され、調査の二日目にあたる10月15日に観察を行った。この日は10時に調査員と待ち合わせ、村の中央通り沿いの家を回った。

昼休憩を挟み、17時までの調査で12軒、約30名分の情報が収集された。調査員自身が村の住民で、ほぼ顔見知りであることもあり、調査の中では、ほとんど質問もしないままに回答を記入していく場面も見られた。また、一部で調査に戸惑いを見せる高齢者や、前日には居留守を使った場合もあったというが、多くは歓迎する様子で質問に回答していた。

民族項目に関しては、1名チュヴァシであったのを除き、他は全員がタ

---

etnos," *REGNUM: informatsionnoe agenstvo* [http:www.regnum.ru/news/1248213.html]（2012年7月29日閲覧）．

タールとして記載された。とはいえ、その個々の回答には様々な形式があった。数名は確信を持って「タタール」と回答しており、中には「パスポートにそう書いていたはず」と言って確認する者もあった。他方で、2、3軒の訪問先では、やや冗談めかした風を含

写真 4-1　国勢調査での問答の様子（2010 年 10 月、筆者撮影）

みつつ、「受洗タタール」や「クリャシェン」と回答したケースもあった。しかし、調査者は「それはタタールだね」といって、相手の目の前で回答票に「タタール」と記入して調査を済ませた。原則的には、回答者の回答をそのまま記述すべきであるが、ここでは調査者の事前の想定が最終的な回答に反映している様子が確認される。もっとも回答者自身も、それに反発する様子は見られなかった。また、民族を「タタール」と回答し、言語について聞かれた際に、「『クレシェヌィ（受洗した者の）』ってのはないからな」、と言って「タタール語」と回答した男性もいた。こうした例からは、自分たちが「クリャシェン」という枠組みの中に該当するということは自覚しつつも、調査の中で問われているところの民族としては、タタールであることを積極的に、ないし抵抗なく受け入れていることがうかがわれる。

滞在先の役場関係者に確認したところ、前日の国勢調査初日も、全員が「タタール」と記入されたということであった。この関係者はこの地方のクリャシェン組織支部の代表でもあり、家族共々、自分は「クリャシェン」と書くとしている。もっとも、この調査に際して、地方上層部からはタタールと書くよう指導があったとも述べている。これに対し、ベロウソヴァら、クリャシェンの組織から何の指示もないといって、どう対応すべ

きか決めあぐねている様子であった。

　ただし、この地域はクリャシェンの民族活動にあまり積極的には参加しておらず、そうした地域的な傾向の反映と見ることもできる。実際、この様子を後に、クリャシェンの数も多く、クリャシェン文化運動も活発なメンデレエフスク郡の知人の男性に話したところ、「それは法に反することであるから、裁判所に訴えないといけない」と憤っていた。とはいえ、その後の各地の様子を見ても大きな混乱などはなく、以前のようなクリャシェンの団体による抗議の声がマスコミ紙上をにぎわすようなこともないままに調査は終了した。

　後に発表されたこの国勢調査の結果では、タタールは連邦全体で531万649人を数え、前回に引き続き連邦内でロシア人に次ぐ人数を誇った。その内部に含まれる下位集団として、クリャシェンはアストラハン・タタール、ミシャリ、シベリア・タタールと共に記載され、連邦全体で3万4822人、タタルスタン共和国内部で2万9962人が数えられた[27]。この結果について、ベロウソヴァは、まだ十分とはいえないものの、前回よりも人数が増加したことをそれなりに評価しており、未だにタタールの下位区分となっている点についても、ゆっくりと改善していけばよいと、以前と比べると妥協的とみえる姿勢を示している[28]。

---

[27] "Natsional'nyi sostav naseleniia Rossiiskoi Federatsii," *Rossiiskaia federatsiia: federal'naia sluzhba gosudarstvennoi statistiki* [http://www.gks.ru/free_doc/new_site/perepis2010/croc/Documents/Materials/tab5.xls]（2012年7月30日閲覧）; "Natsional'nyi sostav naseleniia po sub"ektam Rossiiskoi Federatsii," *Rossiiskaia federatsiia: federal'naia sluzhba gosudarstvennoi statistiki* [http://www.gks.ru/free_doc/new_site/perepis2010/croc/Documents/Materials/tab7.xls]（2012年7月30日閲覧）。なお、この調査においても、ナガイバキは引き続きクリャシェンからも、またタタールからも独立した民族として記録され、チェリャビンスク州を中心に8148人がそう記載している。

[28] ベロウソヴァとの会話（2012年7月18日、カザン市内）。

4.3. クリャシェン運動の分裂

　このように、2007年のクリャシェン運動の公認以降、その運動は顕著に発展した。筆者も毎年の調査で会うたびに、新聞オフィスなどの活動拠点の整備、自前の交通手段（運転手付き）の確保など、目に見えてその状況は改善している。と同時に、先に取り上げた2002年の国勢調査と2010年の国勢調査を比較したときに、その独立した民族としての主張の軟化も顕著に確認される。こうした傾向は、彼らの活動の目的が、明確にタタールと異なる、ということを主張すること以上に、その枠内でも一定の独自性を認知させ、相応の文化活動等の権利を得ることにあったことを示しているといえるだろう。

　しかし運動の関係者がみな、こうした妥協的な方向にいったわけではなく、アブラーモフのように、より明確にクリャシェンの独自性を目指す方向性を唱える人々もいた。そして現在では、初期よりクリャシェンの運動の中心であったフォーキンも、主流派である共和国クリャシェン社会組織から離反してしまった。そのきっかけとなったのが、2013年のクリャシェンの村落での教会連続放火事件である。

　この年の11月17日、クリャシェンが多数居住することで知られるチーストポリの街の教会で小火があり、同日隣の郡のレニノ村で教会が火事で焼けおちた。さらに同月29日には、やはりタタルスタン中部ママディシュ郡のアルバイ村とルィブノ・スロボツキー郡のクレシェヌィエ・カズィリ村で、教会での火事が起こり、この4件が連続放火事件として捜査が行われた[29]。当初より、これはイスラーム過激派による犯行が疑われ、実際に12月半ばにはチーストポリ在住の過激なイスラーム思想に影響さ

29　"Prokuratura Tatarstana priznala seriiu podzhogov tserkvei teraktami" REGNUM. 2013.11.29. [https://regnum.ru/news/polit/1739210.html]（2016年9月7日閲覧）.

れたとされる若者グループが逮捕された[30]。

　この放火事件の現場となった地域を見ると、チーストポリはクリャシェンが多くいる地域の一つとして知られており、その他の3つの村も、クリャシェン居住村として知られている。そのため、クリャシェンをあえて狙った犯行という説も流れた[31]。こうした事態に対し、フォーキンは、クリャシェンへの攻撃が起きているとして、当局に対し訴えるべきと主張した。しかし、ベロウソヴァら組織の主流派は、あえて民族・宗教対立を顕在化させていると見られることを嫌い、この件について特別な対処は行わなかった[32]。それを不満に感じたフォーキンは、独断で共和国クリャシェン社会組織名の書簡をモスクワ総主教のキリルに送った。これにベロウソヴァらは強い反発を示し、結果的にフォーキンは組織を離脱することとなったのである。その後、彼はOONKなどと連携しつつ、独自の活動をするようになっている。さらにこのフォーキンらの活動に対して、モ

30　"Politseiskie i sotrudniki FSB zaderzhali podozrevaemykh v podzhogakh tserkvei" Ministerstvo vnutrennikh del po Respubliki Tatarstan. 2013.12.12. [http://mvd.tatarstan.ru/rus/index.htm/news/250472.htm]（2016年9月7日）.

31　その後、この事件については、イスラーム過激派との関係という点は強調されたものの、クリャシェンを特に狙ったのかどうかについては明確ではない。しかし、ディミートリー（シゾフ）司祭は、『インテルファクス』通信のインタビューに対し、近年過激派などの間では、クリャシェンの間で再キリスト教化が進んでいることを不快に思っているものも多いとし、聖職者を回って、イスラームへの改宗を求める者がいることを指摘している（"Kak samostoiatel'nyi narod kriasheny sokhraniatsia tol'ko v lone pravoslaviia" Kriashenskaia dukhovnaia missiia. [http://www.missiakryashen.ru/today/smi/Kak-narod-kryasheny/]（2016年9月17日閲覧））.

32　後に筆者がベロウソヴァに確認したところ、このような民族・宗教対立の助長というレッテルへの忌避感と同時に、タタルスタン共和国大統領ミンニハノフが直前の飛行機事故で息子を亡くしていたことにも配慮したと述べている。

スクワに拠点があり、連邦政府に地方情勢についての情報提供を行なっているシンクタンクのロシア戦略研究所（Rosiiskii institute strategicheskikh issledovanii）に所属するライス・スレイマノフ[33]が接近し、共同で会議などを開いている。

　この一連の流れからは、現在でもクリャシェンに対する一定の反発のようなものを持つ者がおり、特にイスラーム過激派の流入が噂される中で、それが表面化してきていることが窺える。こうした状況に対し、共和国の公認組織としては、あえてそうした事態を問題として受け取ることを拒否することで、対立の表面化を未然に防ごうとしている。また、これは共和国・タタールと妥協しつつ、その中での立場を確保しようという戦略とも理解できる。他方で、そうした妥協的な姿勢に対する不満も生じており、そうした人々からは連邦中央への志向性が垣間見られ、ローカルな対立が中央／地方の対立関係に転嫁する可能性も存在している。このように、クリャシェンは未だにそのあいまいな位置づけに留まっており、それがタタールとの関係を複雑なものとしている。そしてクリャシェン内部でも分裂が生じると同時に、その分裂にタタルスタンと連邦中央の対立が反映するような様相を呈している。これがさらにクリャシェンの狭間性を示すこととなっている。

33　スレイマノフは、たびたびマスコミなどに登場し、特にタタルスタンがナショナリスティックな共和国であり、イスラーム過激派が伸張しつつある旨の論説を発表している。また、現在所属している戦略研究所での役割については、タタルスタンを始めとする沿ヴォルガ地域のイスラーム過激派の動向を分析し、定期的にクレムリンに提出することと語っている。本人はムスリムの家系のタタールであるが、タタルスタンにおいて不利な立場に置かれているクリャシェンに同情して、現在クリャシェンの問題に関与していると筆者に説明している。2015年末には、執筆した記事の中で、ロシアでは禁止されているヒズブッ＝タフリールの旗を掲載した罪で逮捕されたが、数日後には釈放された。

また、タタールの中に含まれうると見るにしろ、それとは全く独立しているると主張するにせよ、クリャシェンという存在が、一定の独自性を有し、かつそれは「受洗タタール」という語によっては定義できない、と主張している点では共通している。では、彼らの中で、クリャシェンとは一体いかに定義し、語られているのだろうか。次章では、この問題について、国勢調査における論争の争点に注目する形で明らかにする。

第 5 章

国勢調査とその論点

5.1. 国勢調査とロシアの諸民族

5.1.1. ソ連における民族の制定と統合

　ベネディクト・アンダーソンは、ナショナリズムについての古典の中で、のちのアジア、アフリカ植民地帝国の「公定ナショナリズム」に連なる、植民地国家のイデオロギーと政策を支えた制度の一つとして、人口調査＝国勢調査を挙げている。人口調査は、その社会における民族・人種的分類を構築するとともに、それをシステマチックに数量化するという機能を有していた[1]。また、デヴィッド・ケルツァーとドミニク・アレルも、「国勢調査におけるアイデンティティ範疇の使用は……社会的現実の特定のヴィジョンを創造する」とし、やはり国勢調査が人々のアイデンティティ形成に寄与していると述べている[2]。

　各国で行われている国勢調査では、その国の政策における人間の基本的な分類範疇を反映したものとなっている。青柳まちこは、各国の国勢調査の比較研究を行い、特に英米圏における「レイス（race）」や「エスニック集団（ethnic group）」といったカテゴリーが、いかなる背景で使用され、人々に反映されているのかについて論じている[3]。こうした議論を踏まえれば、各国の国勢調査において示唆されているのは、その国における（特に

1　ベネディクト・アンダーソン（白石隆、白石さや訳）『定本　想像の共同体：ナショナリズムの起源と流行』書籍工房早山、2007 年、275-284 頁。

2　David I. Kertzer and Dominique Arel. "Census, Identity Formation, and the Struggle for Political Power," Kertzer D.I. and Arel D. (eds.), *Census and Identity: The Politics of Race, Ethnicity, and Language in National Censuses*. (Cambridge: Cambridge University Press, 2000), p.5.

3　青柳まちこ『国勢調査から考える人種・民族・国籍：オバマはなぜ「黒人」大統領と呼ばれるのか』明石書店、2010 年。また、青柳が編集する形で、ロシアを含む世界各地における国勢調査と住民の分類に関する議論を集めた論集も刊行されている（青柳真智子編『国勢調査の文化人類学：人種・民族分類の比較研究』古今書院、2004 年）。

政治的に) 重要視されているカテゴリーが一体何であり、どう変遷してきたのか、という問題である。ロシアにおける国勢調査も、こうした変遷を如実に反映する形で実施されてきている。

ロシアの歴史において、全領土規模で行われた最初の国勢調査は、帝政期の 1897 年であった。この調査で問われたのは言語と宗教であり、明確に民族について問われたわけではなかった。そもそも、帝政期において人々を区分する基準として重視されていたのは、第 1 には身分であり、それと並んで宗教も重要なカテゴリーとされていた。近年のロシア史研究においても、帝国の辺境地域において宗教に基づいて住民が分類され、それに基づいた統治が行われていたことが指摘されている[4]。

しかし、19 世紀末から 20 世紀初めにかけての帝政末期においては、まさに国家の枠組みと様々な集団間の関係から、人々の間に何がしかの民族的な集団としての意識=エスニシティが徐々に芽吹き始めてもいた。第 1 章で触れたように、タタールとクリャシェンも、それぞれこの時代に一定の集団としての意識をもつようになった。それが明確な形を取り、定式化されるのは革命以降であり、ソ連によって行われた国勢調査は、それを議論し定着させる役割を担っていた。

そもそもロシア革命においては、その大義の一つとして民族自決が謳われていた。革命成功後にはそれを実現する必要に迫られ、そのための方策

---

[4] Paul Werth. "Changing Conception of Difference, Assimilation, and Faith in the Volga-Kama Region, 1740-1870," Burbank J., von Hagen M. and Remnev A. (eds.), *Russian Empire: Space, People, Power, 1700-1930.* (Bloomington and Indianapolis: Indianapolis University Press, 2007), pp.169-195; 高田和夫『ロシア帝国論：19 世紀ロシアの国家・民族・歴史』平凡社、2012 年。また長縄は、ムスリムらがこの中で帝国当局と積極的に関わり、「ムスリム公共圏」を創出していた、と論じている（長縄宣博『イスラームのロシア：帝国・宗教・公共圏 1905-1917』名古屋、名古屋大学出版会、2017 年）。

が実行された。テリー・マーチンが「アファーマティヴ・アクションの帝国」と呼んだ1920年代のソ連は、小集団にも配慮しつつ、民族領土、民族語、民族エリート、民族文化を支援したのである[5]。レーニンがカザン大学時代に、ニコライ・イリミンスキーと交流のあったことから、彼の教育システムも影響したと言われるこの「現地化 (korenizatsiia)」政策は、ソ連において民族が重要な属性であることを示すと共に、以降民族の認定が重要な政治的な争点となることを意味した。

国勢調査は、その認定が最も顕在化する舞台となった。1926年に行われたソ連として最初の全連邦規模の国勢調査の準備段階では、ソ連当局は帝政期の民族学者らの知見も活かしつつ、民族の定義の仕方、その問い方、認定の基準などについて論争した[6]。ここでは、民族自決の考えを敷衍して、「自己決定 (samoopredelenie)」を尊重することがくり返し強調された。また異論もあったものの、ソ連という国家が形成途上であり、その領内の詳細な民族誌的・部族的な構成 (etnograficheskii i plemennoi sostav) を把握することが重要とされ、ごく少数の集団も含んだ200近くに及ぶ「民族集団 (narodnost')」が調査結果に記載された。また民族集団と並んで、各人の母語 (rodnoi iazyk) についても質問されることとなったが、これは国内の言語状況の実態を知ることを目的とし、各人が最も知悉している言語を母語として記載することが求められた[7]。

5 　テリー・マーチン（半谷史郎他訳）『アファーマティヴ・アクションの帝国：ソ連の民族とナショナリズム、1923年〜1939年』明石書店、2011年、29頁。

6 　この過程については、フランシャイン・ハーシュが特にロシア部族構成検討委員会（Komissiia po izucheniiu plemennogo sostava naseleniia Rossii）の活動に注目しつつ詳細に論じている（Francine Hirsch. *Empire of Nations: Ethnographic Knowledge and the Making of the Soviet Union*. (Ithaca and London: Cornell University Press, 2005), pp.101-144.）。

7 　Nikolai Ia. Vorob'ev. *Vsesoiuznaia perepis' naseleniia 1926 g.* (Moskva:

しかし、こうした多様な民族集団の認定は、1920年代の一時的な傾向にとどまった。1930年代になると、ソ連のもう一つの重要な方針であった「諸民族の接近と融合」が、実現すべきものとして強調されるようになった。1936年には、スターリンが新憲法制定に関する演説の中で、「ソ連には60の民族（natsiia）が住んでいる」と言及し、この言葉の実現が目指されることとなった。結果、1939年に行われた国勢調査においては、57の「民族（ナツィオナーリノスチ：natsional'nost'）」が認定された。しかし、同時にコーカサスの山岳地帯に位置するダゲスタンや極東・シベリア、極北の少数民族を、発展の遅れた「民族集団（ナロードノスチ：narodnost'）」として区分し、先の民族とは別個のものとして記載した[8]。

　また、1934年に導入された国内パスポートには、各人の民族的な所属が記載され、人々の間に確固とした民族としての所属が日常的に意識されることになると同時に、この段階での民族的な区分が、基本的なものとして固定されていった[9]。しかしながら、ソ連期を通じて、ここで定められた民族の枠組みが完全に固定化されたわけではなく、これ以降の調査でも、微妙な変化を見せていた。

　表1を見ると、1926年に認められた多くの民族集団は、1930年代になるとソ連の政策、特に「ソ連には60の民族（natsiia, natsional'naia gruppa i narodnost'）がいる」とするスターリンの発言の影響を受け、大集団に統合されていたことがわかる。その後、戦後最初の1959年の国勢調査で若

　　　Gosstatizdat, 1957), pp.27-28. この「母語」という概念の特殊ソ連的な意味とそこで生じている問題については、渋谷兼次郎がまとめている（渋谷兼次郎「「母語」と統計：旧ソ連・ロシアにおける「母語」調査の行方」『ことばと社会：多言語社会研究』2007年、第10号、175-207頁）。

8　Hirsch, *Empire of Nations*, pp.290-292.
9　Dominique Arel, "Fixing Ethnicity in Identity Documents: The Rise and Fall of Passport Nationality in Russia," *Canadian Review of Studies in Nationalism* 30, no.1-2 (2003), p.127.

表1 ソ連期国勢調査における「民族」の表記と数の変遷 *

調査年	「民族」を示す言葉	認定された民族数
1926	Narodnost'	194
1937**	Natsional'nost'	109
1939	Natsional'nost' + Narodnost'	93（57＋36）
1959	Natsional'nost' + Narodnost'	109（77＋32）
1970	Natsional'nost' + Narodnost'	104（72＋32）
1979	Natsional'nost' + Narodnost'	109（74＋35）
1989	Natsional'nost' + Narodnost'	128（102＋26）

**Itogi Vserossiiskoi perepisi naseleniia 1959 goda SSSR (svodnyi tom)*. (Nendeln: Kraus Reprint, 1962), pp.184-189; *Natsional'nyi sostav naseleniia SSSR, Soiuznykh i avtonomnykh respublik, kraev, oblastei i natsional'nykh okrugov: Itogi Vsesoiuznoi perepisi naseleniia 1970 goda. Tom IV.* (Moscow: Statistika, 1973), pp.9-10; *Raspredelenie naseleniia SSSR, soiuznykh i avtonomnykh respublik, kraev, oblastei i avtonomnykh okrugov po natsional'nosti i iazyki: Itogi Vsesoiuznoi perepisi naseleniia 1979 goda. Tom IV. Kn.1. Statisticheskii sbornik.* (Moscow: Goskomstat SSSR, 1989), pp.5-9; Vsesoiuznaia perepis' naseleniia 1939 goda. Osnovnye itogi. M., 1992. pp.57-58; Hirsch, *The Empire of Nations*, pp.321-323.
** この1937年の国勢調査は、一度実施されたものの、その結果が公表されないままに終わった。

干の増加を見せた後、安定を見せている。また、1939年以降の国勢調査では一貫して「ナツィオナーリノスチ」と「ナロードノスチ」の区分が残るなど、基本的な民族についての理解は大きく変化することはなかった。もっとも、ソ連期を通じて一貫して「自己意識」を重要な基準の一つとしてきたこともあって、各民族の実数についても増減が見られ、流動的な側面があった。例えばバシキール自治共和国において、その民族政策に応じて、言語的によりタタールに近い西部の住民がバシキールとタタールの間を往還し、自治共和国内における民族バランスが変化していた[10]。

1960年代になると、当時の共産党書記長ニキータ・フルシチョフに

---

[10] Dmitriy Gorenburg "Identity Change in Bashkortostan: Tatars into Bashkirs and Back," *Ethnic and Racial Studies* 22, no.3 (1999), pp.554-580. 前章でも軽く触れたように、この地域の住民の民族所属をめぐっては、現在でもタタールとバシキールの間でしばしば論争の的となっている。

より、様々な民族が統合したものとしての「ソヴィエト国民（sovetskii narod)」の達成が宣言された。この背景には、民族間交流言語とされていたロシア語の浸透などが含まれ、実質的なロシア化という側面を有していた。しかし、少なくとも名目上は、諸民族の存在が否定されたわけではなく、「ソヴィエト国民」という考えも、あくまで各民族の存在を前提としつつ、それを包括するものとして考えられていた。

　社会言語学者の田中克彦が詳細に論じたように、戦後のソ連においては、民族の解釈についての議論が盛んとなった。しかし、それもあくまでスターリンによる公式（「民族とは、言語、地域、経済生活、および文化の共通性のうちにあらわれる心理状態、の共通性を基礎として生じたところの、歴史的に構成された、人びとの堅固な共同体である」）の修正であり、ナーツィア、ナロードノスチの序列などについて大きな変更が迫られたわけではない[11]。そして、この民族の定義は、公式な図式として広く一般にまで浸透していた。

5.1.2. 現代ロシアにおける国勢調査と民族概念の見直し

　ペレストロイカの時代を迎えると、ソ連全体で社会が不安定化し、それに伴って人々が自己のあり方を見直すようになって、様々なエスニシティが意識されるようになった。その結果、ソ連期を通じてその存在を否定さ

11　田中克彦『言語からみた民族と国家（岩波現代文庫63）』岩波書店、2001年、153-201頁。また、近年では渡邊日日も、特にセルゲイ・シロコゴロフ、ユーリィ・ブロムレイという、ソ連を代表する民族学者によるエトノス理解についての、詳細な分析を試みている。そこでは、ソ連期においても民族概念に変動があったことが示されているが、同時に「固い核」として、イデオロギーの中心部分は変更されることなく維持されていたことも同時に指摘されている（渡邊日日「ロシア民族学に於けるエトノス理論の攻防：ソビエト科学誌のために」高倉浩樹、佐々木史郎編『ポスト社会主義人類学の射程』吹田、国立民族学博物館、2008年、65-109頁。）。

れてきた集団の復権や、新たな名乗りの動きも顕在化するようになった。1989年の国勢調査でも、すでにこうした動きを反映するように、認定される民族の数は増加していた。そして、この傾向はソ連が崩壊し、新生ロシア連邦が誕生してからさらに拍車がかかることとなった。特に、ソ連におけるイデオロギー的な締め付けが消え、欧米の学問も本格に流入するようになったことで、民族をどう理解し、把握すべきかについて、より本質的な変化を求める声が上がり、一層議論を複雑なものとしているのである。

　ソ連の崩壊に伴い、各地で民族を巡る議論が一層激しさを増した。それは同時に、新生ロシア連邦が多民族国家であり、引き続き民族が重要な単位としてあることを示すことにもなった。タタルスタンを始めとする旧民族自治共和国は、新たにロシア連邦を構成する共和国として自らの地位を再確認した。そして民族運動も巧みに利用しつつ、連邦との交渉により権限の拡張に成功したタタルスタンにならい、各共和国レベルでの言語法の制定や、それによる首長の2言語習得要件などにより、民族領域としての実態を整備していった。1996年にはこうした動きを追認するように、連邦法「民族文化的自治について」が制定され、民族を基準とした、領域的・文化的自治が連邦レベルで制度として認められることとなった。

　これと並んで大きな改革となったのが、国内パスポートにおける民族欄の廃止であった。先述の通り、1930年代の導入以来、国内パスポートに記載された民族所属は、各人がことあるごとに自分がいかなる民族であるかを確認する道具となり、人々に固定的な民族的自己意識を植え付けることとなった。このパスポート中の民族欄の廃止により、人々は日常的に自らの民族を明示的に確認する機会を失った。そこで、改めて公的に自らの民族についての決定を求められる機会として、国勢調査はより重要なものとなった[12]。そもそも、個人の所属に関わるものであるパスポートに対し、

---

[12]　Sener Akturk, "Passport Identification and Nation-Building in Post-Soviet Russia," *Post-Soviet Affairs* 26, no.4 (2010), pp.324-334.

国勢調査は各民族の分布・人数を確定するものであり、民族としての活動や存在を示す上ではより重要な制度ともなっている。

ロシア連邦として最初の国勢調査は、当初はソ連時代の慣行に則り、前回1989年の調査の10年後にあたる1999年に予定された。そして1995年頃から、民族としての認定を求める陳情などが、連邦大統領や、民族学・人類学研究所に届くようになった。結局、国勢調査そのものは、1998年のロシア金融危機による経済状況の悪化が顕著になり、それによる国力の低下などが明らかになるのを恐れた当時の連邦大統領ボリス・エリツィンによって2000年に延期されることとなり、さらに最終的には2002年に行われることなった。新生ロシアとして最初の国勢調査であり、延期を繰り返したために長期にわたり人々の注目を集めたこともあって、その実施までの過程において、民族の認定をめぐり各地で激しい論争が展開されることとなった。この論争は、現在のロシアにおける民族というカテゴリーの有する意味と、その定義について再考する重要な機会となった。

まず積極的にこの問題について発言したのは、ロシア科学アカデミー民族学人類学研究所の所長であり、民族問題担当大臣を務めたこともある、ヴァレーリー・ティシュコフであった。彼がしきりに強調したのは、一つには人々の「自己意識（samosoznanie）」を尊重すべき、ということであり、同時に「多重のアイデンティティ（mnozhestvennaia identichnost'）」を認めるべき、という問題であった[13]。

こうした志向性の中では、ソ連期の民族政策およびそれと結びついたものとしての国勢調査のあり方に対して批判的な目が向けられた。とはいえ、ソ連時代の国勢調査を全面的に批判しているわけではなく、特に最も多くの民族が記載された1926年の国勢調査については、最もイデオロギーの

---

13 "Voprosy o natsional'nosti i iazyke vserossiiskoi perepisi naseleniia 2010 goda" *Valerii Tishkov* [http://www.valerytishkov.ru/cntnt/novye_publikacii/voprosy_o_1.html]（2016年9月24日閲覧）.

影響から自由であったとして、肯定的に評価する言説も見られた[14]。

また、一部では国勢調査において、民族についての項目を削除すべきという意見もあった。しかしこれに対しては、ティシュコフを始めとする民族学・人類学研究所の研究員からは、民族政策の策定のためにも国勢調査による民族の算定や分布の確定が必要という意見が出されていた。もっとも、ティシュコフはこうした少数民族の権利を一方では示しつつも、それを前提とした「ロシア国民（Rossiiskii narod）」意識の涵養も強調していた[15]。

これと合わせて論争の的となったのが、「母語」の扱いをどうすべきかということであった。ソ連期においては、一貫してこれを問う項目が置かれていたが、これはしばしば実際に話しているものではなく、すでにロシア語しか話せない人々でも、自らが属する民族の言語を母語と回答する例が相次いでいたと言われている[16]。これに関してティシュコフは、結果的に適切な言語政策策定の妨げになるとして、母語ではなく、実際に用いられている言語を問うことが必要であると主張した[17]。

---

[14] Sergei V. Sokolovskii. *Kriasheny vo Vserossiiskoi perepisi naseleniia 2002 goda*. (Moskva: Institut etnologii i antropologii RAN, 2004). p.45.

[15] Valerii Tishkov. *Rossiiskii narod: kniga dlia uchitelia*. (Moskva: Prosveshchenie, 2010). pp.121-122.

[16] 渋谷「「母語」と統計」、180-183 頁。

[17] "Voprosy o natsional'nosti". 結局、2002 年の国勢調査の質問票では、ロシア語の使用能力の有無とその他の言語使用の有無についてのみ問われることとなった。しかし、少数民族側からの反発に配慮し、国家統計委員会と当時の民族問題担当大臣のウラジーミル・ゾリンは、調査の際に口頭で母語について質問し、言語欄の一番上に記載するように指示したとされている（Stepanov, *Etnokul'turnyi oblik Rossii: perepis' 2002 goda*. (Moskva: Nauka, 2007), p.52）。しかし、調査結果の中には母語に関する記載は見られなかった。逆に、2010 年の国勢調査では、当初より質問票の中に、母語に関する項目が含まれていた。

こうしたモスクワの研究者の議論からは、「自己意識の尊重」や「多重のアイデンティティ」の強調のように、西欧的・リベラルな考え方を導入しようという方向性を窺うことができる[18]。しかし、一方ではソ連的な民族概念に対する強い批判がありつつも、一定の連続性も見て取ることができる。実際、現在の研究者が強調する「自己意識」は、ソ連時代の国勢調査においても、一貫して主張されていた原則であった。また、ティシュコフが主張する「ロシア国民」の強調は、特にフルシチョフ時代の「ソヴィエト国民（sovetskii narod）」という考え方を想起させるものとなっている。

　こうしたモスクワの研究者たちの見解に対し、少数民族の代表者からは、強い反発があった。特に既存の枠組みの中で、民族共和国などの恩恵を被っていた民族の代表者たちは、こうした方向性は各民族を小規模に分割しつつ、それぞれの影響力を弱め、ロシア国民の中に回収しようという動きに映ったのである。「母語」の扱いについても、現状ロシア語化が進行している中で、特に都市部では民族語の使用の余地がなくなり、教育インフラの整備も進んでいないことで、非ロシア語の存在を否定することになりかねないという反対意見が表明されていた[19]。もっとも、こうした議論もその背景には、ソ連時代に確立され、現在に続いている、民族連邦制を前提としている点では、やはりかつての理解との連続性を認めることもできる。

　その中でも最も注目を集めたのが、ロシアの中で最大の少数民族であるタタールへの対応であり、クリャシェンの運動であった。これは、宗教もかかわる問題であり、民族の復興と同時に宗教の復興も進んでいるという、ポスト＝ソ連社会の独自の状況が顕著に現れる問題として注目されること

18　米国では 1960 年に初めて「レイス」の認定に自己認定の原則が導入されるようになった。また、2000 年の国勢調査で複数レイスの選択が可能となった（青柳『国勢調査のから考える』53-56 頁）。

19　Stepanov, "Etnokul'turnyi oblik Rossii," p.52.

となった[20]。

　この問題が顕在化していること自体、クリャシェンの独自な位置付けを象徴している。と同時に、この論争の中の主張からは、クリャシェンがいかにして自らの「民族」としての正当性を得ようとしているのか、ということも如実に知ることができる。次節においては、この論争の中の争点を明らかにしつつ、この「民族」をめぐる論争の中で、何がそれを正当化するに足るものと考えられているのかについて明らかにする。

5.2. クリャシェンの語り方

5.2.1. クリャシェンの起源は何か

　クリャシェンの位置付けに関する議論の中で、一つの重要な論点となっているのが、クリャシェンの起源に関わる問題である。この問題がクリャシェンの一連の活動において重要な争点となっていることは、クリャシェン団体による陳情などの中に、この問題に取り組むことを求める項目が含まれていることから明らかである。例えば、2000年の会議の決議においても、2番目の項目に「クリャシェンの民族起源の総合的な研究の特別研究プログラムを作成し、タタルスタン共和国に提出すること」が挙げられている[21]。

　クリャシェンの起源について、最も一般に膾炙しているのは、16世紀のイヴァン雷帝によるカザン征圧以降の改宗政策であり、この影響下でロ

---

[20] なお、この国勢調査に当たっては、民族と並んで宗教についての項目を入れるべきかどうかについても議論がなされた。しかし、ロシア正教会などが消極的な姿勢を示したことで、結局宗教に関する項目は設けないことで落ち着くこととなった。

[21] "Rezoliutsiia," *Materialy nauchno-prakticheskoi konferentsii na temu "Eticheskie i konfessional'nye traditsii kriashen: istoriia i sovremennost'."* (Kazan': Kriashenskii prikhod g.Kazani, 2001), p.185.

シア正教を受け入れたことで、ムスリム・タタールとの分岐がなされたという意見である。タタールの代表的な歴史学者で、民族学者のダミル・イスハコフは、タタールの民族形成について著した小冊子の中でクリャシェンの歴史についても若干のページを割いている。そこでは、クリャシェンが16世紀以降にキリスト教を受容したカザン・タタールの中の1グループであるとする。それが、ムスリム・タタールと分離して生活するようになったことで文化的な孤立も生じ、特に18-20世紀にかけてタタールの間でイスラームを自分たちの中心的な文化要素とみなす傾向が出てくることで、より差異が明確になり、独自性を有した集団としての自意識も育っていったという。ただし、あくまでタタールと共通の祖先を有しているということは所与のこととし、特に現在はタタール文化と接近しているということが強調されている[22]。

　こうした見解に対し、クリャシェンの知識人は、異なる歴史を提示している。1993年の『クリャシェンの声』紙上に掲載された、イスハコフによる上記の説に則ったクリャシェンの定義に対し、編集者による注記という形で反論が試みられている。特に、クリャシェンの祖先がロシアによる改宗政策の結果誕生した集団という点について、すでにカザン占領以前の10世紀ごろにはキリスト教を受け入れたテュルク系集団がいたことを指摘し、それがクリャシェンの祖先に当たるということを示唆している。

　この点を独自の視点からより明確に語っているのがマクシム・グルホフである。彼は、その著書において「クリャシェン」という名称の起源が、しばしばロシア語の「洗礼を受けた (kreshchenye)」という言葉に求められている点を批判する。そして、「クリャシェン」という名称の起源は「山の住民」を意味する「ケルチン (kerchin)」からきており、それを直接的な語源とする「ケライト (keraity)」がクリャシェンの祖先に当たると

22　Damir M. Iskhakov. *Tatary: kratkaia etnicheskaia istoriia.* (Kazan': Magarif, 2002), pp.39-42.

いう説を唱えている。また、このケレイトが10世紀の段階でネストリウス派のキリスト教を受け入れていたといい、先に示した説ともつながっている[23]。

　また、2002年の国勢調査以前にクリャシェン運動の中心を占めたアレクセイ・シャバリンは、全国紙『独立新聞』へのインタビューの中で、クリャシェンの文化の中にイスラーム的な要素の見られないことを根拠に、「クリャシェンはイスラームを信仰していたことはない」と語る。具体的には、冬至の時期に行われるナルドゥガンのようなキリスト教やイスラームの到来以前の信仰に由来すると言われる祭りなどを挙げて、自分たちの祖先は古代の信仰から直接キリスト教に移行したと述べるのである。そして、「我々の祖先は、（タタールと：筆者注）共通の文化を持っていたかもしれないが、ヴォルガ・ブルガルへイスラームが到来し、テュルク語系住民の大半にそれが受容された後に、状況は変化した」と指摘している[24]。

　こうした主張からは、クリャシェンの祖先とムスリム・タタールの祖先がそもそも違う、ないし両者の分岐が非常に遠い時代に遡れる、ということを示そうという意図を窺うことができる。さらに、より直接的には、自分たちの集団としての成立の過程と、ロシアによる改宗政策との関係を否定しようとしているとも考えられる。

5.2.2. クリャシェンは宗教的か？

　もう一つの争点となっているのが、そもそもクリャシェンとはいかにして定義すべき存在なのかということであった。タタールの一体性を主張す

23　Maksim Glukhov. *Tatarica: entsiklopediia.* (Kazan': Vatan, 1997), pp.328-330.

24　V. Postnova. "Kriasheny otmezhevalis' ot tatar: v «rastaskivanii tatarskoi natsii» kazanskie shovinisty viniat moskovskikh demokratov," *Nezavisimaia gazeta.* 2002.03.11 [http://www.ng.ru/regions/2002-03-11/4_kazan.html]（2012年7月31日閲覧）。

る学者などは、クリャシェンをあくまでタタールの一部としての「受洗タタール」として定義する。イスハコフは、2002年の4月に国勢調査におけるクリャシェン問題を議論するために行われたモスクワの民族学人類学研究所での会議に出席し、クリャシェンをタタールの「準宗教集団(subkonfessional'naia gruppa)」とみなすとしている[25]。そして、「受洗タタール」を独立した民族と認めるのは、宗教を基に民族を分断することを意味すると主張する。彼によれば、タタールとはもともと宗教的な意味合いを含まないものであり、それをムスリムと同義として、宗教の違いを民族の指標とすることは適切ではないと批判するのである[26]。

またソ連崩壊前後のタタール民族運動の中心人物で、現在歴史学研究所の所長でもあるラファエル・ハキモフは、端的に「クリャシェンはタタールであり、単に正教徒なだけだ」という。そして、「クリャシェン語ではなくタタール語で話し、クリャシェンの歌ではなくタタールのものを歌い、タタール風に踊っている」とした上で、クリャシェンを「根っからのタタールである」と位置づけている[27]。さらに、国勢調査直後のインタビューでは、やはりクリャシェンが宗教によって定義される存在であることを強調しつつ、宗教を基準にした分離を主張することが、旧ユーゴスラビアのボスニアの状況を思い起こさせるといい、その混乱した状況の二の舞になる恐れがあるという批判も行っている[28]。

このような位置づけに対し、クリャシェンの運動家たちは、自分たちが単に宗教的な所属によってのみ定義される存在ではないと反論する。やはり2002年の民族学・人類学研究所での会議に出席した、カザン文化大学

---

25 Sokolovskii, *Kriasheny vo Vserossiiskoi perepisi*. p.180.
26 Sokolovskii, *Kriasheny vo Vserossiiskoi perepisi*. p.173.
27 Rafael Khakim. *Kto ty, tatarin?* (Kazan': Panoramaforum, 2002), p.5.
28 Rafael Khakimov. "Tatary ne nuzhdaiutsia v razervatsiiakh," *Tatarstan*. 2003.11.

教授で自らクリャシェンであるタチヤーナ・ドゥナエヴァは、「タタールと同様に、クリャシェンの間にも、今日信仰を有していない無神論の人たちがいます。彼らは自分たちのことをどう呼べばいいのでしょうか。『非受洗・受洗タタール（nekreshchenye kreshchenye tatary)』とでもいうのでしょうか」と言って反論している[29]。

　グルホフも、その著作の中で「いわゆる『非受洗タタール』や『モリケエヴォ・クリャシェン』のような非常に多くの集団が、自らをクリャシェンとみなしていたし、今もそうみなしている」とし、また「キリスト教を受け入れたタタールの多くは、決して自分のことをクリャシェンとは名乗っていない」としている。ここで挙げられている「モリケエヴォ・クリャシェン」とは、現在のカイビツク郡のモリケエヴォ村を中心に居住する集団で、チュヴァシ共和国と境を接する位置にあり、民俗的な面ではむしろチュヴァシとの近縁性が強いとも言われている。さらに自身を伝統宗教を信仰する者として「非受洗クリャシェン」を自称する人々がいたことが、タタールの専門家からも指摘されている[30]。

　また、近年わずかながら、タタールの間でロシア正教に改宗する人々もみられるが、これもクリャシェンとはみなされていない。クリャシェン新聞の編集長で、筆者が最初にコンタクトを取ったリュドゥミラ・ベロウソヴァも筆者とのメールのやりとりの中で、こうした「受洗タタール」と「クリャシェン」を全く別のものとして以下のように説明している。すなわち、「受洗タタール」とは、「そのメンタリティや自己意識においてはタタールであり、タタールの文化や生活様式を継承して、自らをタタールとみなしている」というのである。そして、「クリャシェンとは、独立した民族的集団であって、彼らとは何の関係もない」としている。筆者が教会

29　Sokolovskii, *Kriasheny vo Vserossiiskoi perepisi.* p.190.
30　*Etnoterritorial'nye gruppy tatar Povolzh'ia i Urala i voprosy ikh formirovaniia.* (Kazan': Dom pechati, 2002), pp.143-147.

での調査中に出会った、出自はムスリム・タタールながら、ロシア正教に改宗した男性も、自分はあくまでタタールであり、クリャシェンとみなしているわけではないと述べている。

他方で、モスクワで活動している、ロシア正教に改宗したタタールのグループは、自ら「クリャシェン」と名乗り、タタルスタンのクリャシェン組織に接近を図っている。しかし、ベロウソヴァらは、先に述べた通りあくまで彼らはタタールであり、その言語も文化もタタールに他ならないとしている。またこのグループは、あくまで民族としてはタタールということを自認している。そのため、このグループの様々な行事への参加は認めているものの、クリャシェンと同一視することには反対している。

そもそも、フォーキンやベロウソヴァを始めとするクリャシェンの民族運動を積極的に推進している人々は、ソ連時代の教育を受けた知識人層であり、無神論のメンタリティを身に付けている。そして、現在でも洗礼を受けていないという人も決して珍しくはない。

このように、クリャシェンの運動においては、自身をロシア正教という宗教への所属によってのみ定義することは慎重に避けられている。その一つの理由として、近年のロシアという文脈の中で、宗教を争点化することへの危惧があったものと思われる。同時に、担い手である運動家たち自身がすでに宗教的なメンタリティを失っていることもかなり影響していると考えられる。そこで彼らが全面に押し出そうとするのが、民族としての自らの存在の正当化である。

5.2.3. クリャシェン文化は存在するのか？

クリャシェンを定義するにあたり、宗教的な所属＝ロシア正教徒であること以上に強調されるのが独自の「クリャシェン民族文化」の存在である。シャバリンは1998年の『クリャシェンの声』紙上の記事において「我々は別個の民族であって、自らの慣習、儀礼、旋律、民族衣装、アラビア語の影響を全く受けていない言語、自らの文字、タタールやチュヴァシ、ロ

シア人その他諸民族と密接に絡み合った自らの歴史を持っている」ことを自覚すべきだとしている[31]。

　ここで挙げられている諸要素の中でも、特に議論を呼んだ問題は、タタール語から独立したものとしての、「クリャシェン語」が存在するのかどうかであった。タタールの研究者の間でも、クリャシェンの居住する村落などで用いられている言語には一定の独自性があることが認められており、様々な研究がなされている。しかし、そこではあくまでそれがタタール語の「方言（govor）」であることが強調されてきた[32]。

　これに対し、ドゥナエヴァは現在のクリャシェンがタタール語学校で学び、標準タタール語を話していることを認めつつも、クリャシェンの言語は教会で、典礼の言語として保存されているという。また、学生と現地調査を行なった際には、遠方の村落で（標準）タタール語が通じなかったと語り、タタール語とは別物としてのクリャシェン語が現在も日常的に使われていることを示唆している[33]。

　こうした言語の違いの他にも、様々な形でクリャシェン独自の民族文化は提示されている。それは、特に伝統的な民族音楽や伝統衣装であり、ムスリム・タタールに対し、クリャシェンの間ではイスラームやキリスト教の影響以前の、よりこの地域に固有なテュルク・ブルガル文明の文化要素を保っていると主張している[34]。

31　Aleksei Shabalin. "My," *Kerəşen sıze*. 1998.02.06.
32　Flera S. Baiazitova. *Govory tatar-kriashen v sravnitel'nom osveshchenii*. (Moskva: Nauka, 1986); Flera S. Bayazitova. *Kerəşnnər: tel üzençəlekləre həm yola icatı*.(Kazan: Matbugat yortı, 1997) ; *Kerəşen tatarlarnıŋ tel üzençəlekləre həm yolaları* (Kazan: Kazan dəılət universitetı, 2005).
33　Sokolovskii, *Kriasheny vo Vserossiiskoi perepisi*. p.191.
34　G.M. Makarov. "Perspektivy razvitiia traditsionnoi kul'tury kriashen v sovremennykh usloviiakh," *Materialy nauchno-prakticheskoi konferentsii*. p.21.

このような民族文化へのこだわりは、彼らの運動の過程で提示された様々な要求の中にも反映している。2000年に行われた会議の決議の中では、クリャシェンの居住地における、民族的伝統を取り上げた教育プログラムの準備や、クリャシェンの伝統的な音楽を取り上げたプロ・アンサンブルの設立、クリャシェンの民俗を取り上げた博物館展示などが求められている[35]。

　タタールの民族学者たちも、クリャシェンの文化に一定の独自性があることは認めている。しかし、それはあくまで宗教に由来するものに過ぎず、かつ過去のものであるとしている。ハキモフは、先にも引用したように、クリャシェンの文化をタタールの文化にほかならないとし、まさにクリャシェンの文化こそ、イスラーム化していない「古代のタタール文化の層」を保存したものであるとしている[36]。2002年の国勢調査前に行われたタタールの統一を訴えるシンポジウムの中で、当時のタタルスタン科学アカデミー総裁で、タタール文学研究者のマンスール・ハサノフは、クリャシェンについて触れる中で、「クリャシェンの伝統文化の基本的な要素は、他のタタールのグループと同じだ」という。また、ソ連期を通じてクリャシェンは、「全民族に共通な文化の層」も身に付けたとし、そのような「全民族に共通な文化の土台を失ってしまっては、それらによって構築されたクリャシェン『ナーツィア』(kriashenskaia «natsiia»)の文化は、ただ民俗学的な (fol'klornyi) 要素によって定義されることになる。しかし、そうした要素はどれほど望もうとも、発展した、現在的な『高い』民族文化の指標とはなりえない」としている[37]。イスハコフも、やはりその議論の中では、クリャシェンの民族文化は宗教によって定義されるものであり、

35　"Rezoliutsiia," *Materialy nauchno-prakticheskoi konferentsii.* pp.185-186.
36　Khakim, *Kto ty tatarin?* p.5.
37　Mansur Kh. Khasanov. "Edinstvo tatarskoi natsii: nauchno-metodologicheskie i etnoistoricheskie problem," *Edinstvo tatarskoi natsii.* p.19.

ソ連期にタタールの共通「高文化」への統合がなされたとしている[38]。

　この一連の議論では、特にハサノフの言葉に典型的に表れているように、ソ連時代に形成され定着した、人々の分類の進化論的・階層的な理解が反映している。クリャシェンの民族文化は、基本的にタタールの一部であり、その独自性は「民俗学的」なものであり、過去の遺物にすぎないという位置づけが行われているのである。そして、統合や発展を経過したものとしての「ナーツィア＝ネイション」の基準を満たすのはタタールであり、クリャシェンはあくまで、その中の一部として含まれるものであるという考えを読み取ることができる。

　クリャシェンによる復興運動の試みは、タタールの中で孤立をする状況の中での、自らの位置づけに対する異議申し立てであり、自分たちの文化が、決してタタールという「ネイション」に回収されつくしたのではなく、「生きたもの」として、今でもその価値を失っていないことを示す試みであったと言えよう。2006年、まだクリャシェンの活動が公認される前に、筆者はベロウソヴァらに連れられてクリャシェンの村々を回り、各地の高齢者に話を聞いたり、村の博物館を見学したりした。このとき、ベロウソヴァはそこで見た博物館の展示物やアンサンブルの演奏などを指差しながら、くり返し「このようにクリャシェン文化は生きている」と述べていた。この言葉に、彼らの運動の一つのモチベーションが顕著に反映していると言えるであろう。

---

[38] こうしたイスハコフの議論は、アーネスト・ゲルナーのナショナリズム論を意識しており、自らそれを明言している。しかし、確かにこの意見は一見構築主義的な装いをしているが、クリャシェンのタタールへの統合、その文化をタタールの一部として自明視している点において、原初主義的・本質主義的な性質を帯びていることは否定できない。

5.3. 民族を規定するもの

　国勢調査とは、人々を単に数え上げるだけではなく、その分類の仕方を決定し可視化する機会となっている。そしてその過程に注目すれば、いかなる範疇を、どのような基準で判定すべきかという決定が行われている。
　ソ連崩壊後のロシアでは、国民の分類範疇としての民族という単位をソ連から引き継ぎつつ、その概念の見直しが進められており、国勢調査はいわばその試金石としての意味合いを有している。モスクワの研究者などは、西欧的な観念を積極的に導入し、硬直的なものとしてのソ連的な民族概念の見直しを求めている。しかし、その議論を吟味してみると、ロシア国民の強調とソ連国民との類似など、かつての概念との相同性・連続性も確認できる。同時に、それに反発している諸民族の議論においても、ソ連期の抑圧への反対を唱えつつ、その依って立つところは、やはりソ連が定式化した民族連邦制である。これが示唆しているのは、現在のロシアにおける民族概念は、依然としてソ連的な概念・認識との連続性を有しており、それに伴って高度に政治的な資源となっているということである[39]。
　クリャシェンの運動も、こうした資源としての民族という考えに則り、自らの権利を得るために民族としての主張を行っていたことは、3、4章における運動の過程、その結末を見ても明らかであろう。同時にここで主張している内容は、彼らが積極的に提示しようとしている、「民族としてのクリャシェン」の自己像と解釈することができるであろう。
　そこでまず強調されているのは、その起源の古さである。無論、民族に

---

[39] この点に関し、ウズベキスタンのエスニシティの問題について考察したセルゲイ・アバーシンが、現在のロシアにおける民族学者の議論を概観しつつ、これらが上辺だけ西洋の構築主義的議論を借用しつつ、新たなナショナリズム・イデオロギーを構築しようとしている、と批判していることは、まさにこの面に当てはめられる（Sergei Abashin. *Natsionalizm v Srednei Azii: v poiskakh identichnosti.* (Saint Petersburg: Aleteiia, 2007).）。

限定せず、ある集団範疇を正当化する上で、起源をできるだけ古くに遡らせようとすることは、普遍的に見られる傾向であろう。しかし、クリャシェンの事例に関しては、その存在意義についてより重要な含意が見られる。特に彼らがこだわっているのは、自分たちの起源とする祖先のキリスト教の受容を、16世紀のロシアによる征服以前に遡らせようとしているのである。この議論に関しては、第1、2章で確認した、クリャシェンにまつわる歴史過程、及びそれに対するタタールの視線を考慮すれば、容易に理解することができるであろう。すなわち、ロシア帝国の改宗政策により生まれた集団というレッテルを取り去り、積極的な自己像を結ぼうという意図を見ることができるのである。

　一方、これと並行して主張されているクリャシェンの特徴に関しては、いささか逆説的な議論が含まれている。まず、先の起源についての議論では、ロシア正教の受容が問題となったのに対し、現在の議論となると、クリャシェンがあえてロシア正教によって規定されるものではない、という面が強調され、特に非ロシア正教徒のクリャシェンという存在が指摘されるのである。さらに、それに依存しないものとして、クリャシェン独自の文化の存在というものも強調されている。こうした議論のあり方については、実際のクリャシェンによる宗教生活、文化活動とそれを巡る環境についての理解を深めることが必要であろう。以下、本書ではこの2つの問題について、筆者のフィールドワークを踏まえつつその実態と運動の方向性について論じてゆく。

第 III 部

クリャシェンと宗教

第 6 章

クリャシェンの宗教復興と日常

6.1. クリャシェンと宗教意識

6.1.1. 無神論国家から宗教復興へ

　ソ連においては、国家のイデオロギーとして無神論が標榜され、ロシア正教会やイスラームは、警戒や弾圧の対象となっていた。もっともソ連期全体を通じて、当局の態度が一様であったわけではない。革命直後から1930年代にかけては、階級敵としてロシア正教会組織やイスラームの権威に対する直接的な攻撃が行われ、多くの聖職者が粛清の犠牲となり、教会やモスクは没収や打ちこわしの対象となった。

　しかし第2次世界大戦が始まり、独ソ戦が激しさを増していくと、人びとの戦意の高揚のために宗教が利用されるようになり、ソ連全体で一時的な宗教復興の様相を呈した。ロシア正教会を始めとする諸宗教勢力も、その権威を守るために積極的に戦争に協力し、競って愛国心を示した。

　戦後もしばらくはこの状態が維持され、各宗教勢力は一時の平穏を得ていた。しかしスターリンの死後、跡を継いだフルシチョフは教会権力が影響力を強め、また共産主義に基づいた無神論のイデオロギーがないがしろにされる状況に危機感を抱き、再び各宗教に対する弾圧を強めた。そして、改めて聖職者に対する弾圧や教会等の施設への圧力が強化された。その結果、活動している教会の数は1960年には2万あったのに対し、1972年には6850まで減らし、聖職者の数は3万人から6180人にまで減少したとも伝えられている[1]。他の宗教においてもこうした傾向は確認される。イスラームのモスクに関しても、1959年に1500あったのが、1964年までには村落部を中心に、そのほとんどがなくなったといわれている[2]。タター

---

[1] Dimitryi V. Pospielovskii, *Soviet Antireligious Campaigns and Persecutions: Volume 2 of a History of Soviet Atheism in Theory and Practice, and the Believer.* (Houndmills: Macmillan Press, 1988), p.135.

[2] Alexandre Bennigsen, S. Enders Wimbush, *Muslims of the Soviet Empire:*

ル自治共和国としてみてみると、1944年から1988年にかけて活動していた宗教組織は20に過ぎなかった[3]。

　学校などでも積極的に反宗教教育が行われ、宗教的な祝日を祝うことを禁止したり、十字架をつけることをやめさせたりといったことが行われた。ソ連期を振り返って、「かつては宗教はなかった」という声も聞かれる。もっとも、当局による様々な活動にもかかわらず、人びとの間での宗教に対する関心や、それに則った実践を完全に根絶するには至らなかった。ソ連当局としても、個人レベルでの信仰の抑圧にまで深く踏み込むことはできず、特に村落部では帝政期からの信仰生活がある程度保存されていた。各地の教会が閉鎖されても、わざわざ遠くの村に通って洗礼をしてもらったり、祝日の祈祷には参加したりして、宗教生活を継続しようと努力していた。あるいはそれが困難な場合でも、宗教についての知識を持った人の家に密かに集まり、祈祷や洗礼に従事していた。そうした事例は、本来こうした宗教活動を取り締まるべき共産党関係者や学校関係者の家庭においても見られたと言われている。

　筆者のフィールドでの聞き取りにおいても、こうした実例を多く耳にした。メンデレエフスク郡のスタロ・グリーシュキノ村は、元々教会はなかったが、1871年にイリミンスキー・システムに則った学校が置かれていた。イリミンスキーを補佐した受洗タタール聖職者のヴァシーリー・ティモフェエフは、エラブガ郡を視察した際に、この村も訪問している。その際、生徒たちは典礼の歌などをきちんと歌って勉強に励み、ティモフェエフが礼拝をしてもよいかたずねた際には、他の村人も喜んでそれを受け入れ、多くの人がそれに参加したと記録している[4]。

　　A Guide. (London: C. Hurst & Company, 1985), P.17.

3　R.R. Ibragimov. *Vlast' i religiia v Tatarstane v 1940-1989-e gg.* (Kazan': Kazanskii gosudarstvennyr universitet, 2005), pp.172-175.

4　"Kreshchenno-tatarskie shkoly Viatskogo Missionerskogo Komiteta v

写真 6-1　村の家庭に残されている祈祷書（2009 年 3 月筆者撮影）

　この村の 1920―30 年代あたりに生まれた高齢の女性に話を聞くと、この村には教会がなかったものの、子供が生まれるとすぐに遠方の教会で洗礼を受けていたと述べている。現在この村に通っており、自身この地域出身である聖職者は、ここではクリャシェンはほとんどがソ連時代も洗礼を受けており、逆にロシア人はそれほど洗礼を受けていなかったと述べている[5]。また、家の中には、イコン（ロシア正教で家や教会に飾り、礼拝の対

　　Elabuzhskom uezde," *Viatskie eparkhial'nye vedomosti*. No.16 (1874), pp.427-429.
[5]　もちろん、こうした意見は方便としての側面が強く、またクリャシェンがあまねく宗教的とみなされているとも言えない。例えば、クリャシュ・セルダ村のディミートリー司祭は、しきりに村人の宗教心のなさを嘆いていた。そして、筆者がスタロ・グリーシュキノ村の写真を見せつつ歓談していた時には、目ざとく家の中でイコンが目に見えるように置かれているのを見つけ、この村では皆イコンを奥にしまってしまうか、飾っていても覆いをしてしまっていると不満を述べていた。

象となる聖画像）が置かれていたといい、今でもこれらの家々には、比較的古いイコンが各家庭に保存されている。

またある家庭では、自分の父親が学校に通っていたといって、革命以前に用いられていたクリャシェン語の教材などが今も大事に保管されている。とはいえ、やはり教会がなかったために、祈祷などのために教会に通うことはあまりなく、教会に行くのは大きな祭りや洗礼の時に限られていたようである。また、大きな祭りなどの

写真 6-2　スタロ・グリーシュキノ村のチャソーヴニク（2009 年 3 月、筆者撮影）

際には、司祭が祈祷のために村を周りに来たり、あるいは祈祷を読むことが出来る人を中心にして、自発的に祈祷を読む機会を持つという話もある。特に、村内にはチャソーヴニク（chasovnik: 小礼拝堂）と呼ばれる、イコンを載せた石造の柱が 7 本あり、そこに人々が集まって祈祷を行うことがあったという[6]。当局はこれを取り除こうとしたが、村人の強い反対で、現在に至るまで残されている。このチャソーヴニクの現在の配置は、空き地にある場合もあれば、個人宅の敷地内に埋没しているものもある。年配者によるとかつてはこれらは村の境界に当たっていたという。もっとも、現在はその配置自体には大きな意味が付されている様子はない。あるチャ

---

[6] 同じようなイコンを置いた柱や十字架型の柱は、他の村でもしばしば見かけた。しかし、それに対する礼拝などの位置付けについては、ロシア正教会の権威が復興しつつある現在変化している。この問題については、第 8 章で詳しく論じることになる。

ソーヴニクは、村の墓地が整備された際に、墓地で祈祷ができるように、と墓地の敷地内に移設された。

特に、パスハ（Paskha: 復活大祭）[7]やトロイツァ（Troitsa: 聖神降臨祭）[8]のような、ロシア正教にまつわる祝日は村内で祝われていたと、一致して述べられている。こうした祝日は、習慣と関連する形で、人々の間で祝われ継続していた。トロイツァであれば、この日に先祖の墓にお参りに行くのが習慣となっている。またパスハの際には、深夜に子供達が村中を回り、各家庭からお菓子を集めるという習慣があり、子供達の楽しみとなっていた[9]。そしてこうした習慣は、本来それを取り締まるべき共産党員の家族の間でも、しばしば実践されていた。父が共産党員であったある女性（60代）は、自身の幼年時のパスハの記憶について次のように語っている。

> 父は共産党員で、パスハでもお菓子をもらいになど行ってはいけない、と言っていた。でも、学校では先生からパスハにどれくらいお菓子をもらえたか聞かれた。その時、兄は意地を張って100個も

---

[7] キリストの復活を祝う、東方教会最大の祝日。クリャシェン語では地方によって様々な呼び名があるが、現在クリャシェンによる新聞などでは「偉大な日」を表す「オル・キョン（Olı kөn）」と呼ばれている。春分の後の満月の直後の日曜日と定められた移動祭日で、4月初めから5月初めの間に祝われる。

[8] 復活したキリストと信徒の下に聖神が降臨したことを祝う祝日で、東方正教会における12大祭の一つに数えられている。10章でも触れるように、クリャシェンの間では、「トロイスン（Troisın）」などとも呼ばれている。復活大祭から49日後に行われる移動祭日となっている。

[9] こういった習慣は、村によってその実施方法が微妙に異なってもいる。墓参りをする祝日も、この村ではトロイツァであるが、別の村では異なる祝日に行う場合もある。また、パスハで子供達がお菓子を集めるのも、このスタロ・グリーシュキノ村は深夜であるのに対し、隣の村は翌日の朝となっている。

らったと嘘をついていた。父はダメと言っていたが、母に許してもらって、こっそりと近所の家を回った。でも、これまでにそうした経験がなかったので、妹は家を回った際に、言うべき言葉を間違えて、出迎える側が言うべき言葉を言ってしまった。

　このように日常の習慣と一体化する形で、宗教的な実践などは細々と継続していたことが語られている。ソ連も末期になり、共産主義に対する信頼が失われていくなかで、宗教の復興がいよいよ目に見えて現れるようになった。まず復興の動きが明確になったのはロシア正教で、1988年にはロシアによるキリスト教受容1000年が祝われた。これが盛大に行われたことは、キリスト教国家としてのロシアを国の内外にアピールすることとなった。
　もっとも、多民族・多宗教国家であるソ連、ロシアにおいては、宗教の復興はロシア正教に限ったものではなかった。特に中央アジアやコーカサスにおいて、多数を占めているイスラームの復興も顕著となった。その流れはタタールの間でも顕著になり、1989年には古都ボルガルで、ブルガルによるイスラーム受容1100年（イスラーム暦換算）を祝った催し「聖ボルガルの集い（*Izge Bolgar jieni*）」が行われ、ソ連崩壊以降はタタルスタン共和国公認の宗教行事として、大々的に参加者を募集している[10]。しかし、改めて宗教に向き合うことになった人々の態度は決して一様ではなく、様々な戸惑いや葛藤を抱えるものとなっている。
　こうした宗教意識の変化は、徐々に人々の日常レベルでの生活のあり方や、集団間の相互関係に影響を及ぼしつつある。こうした変化が如実に

10　櫻間瑛「文明の交差点における歴史の現在：ボルガル遺跡とスヴィヤシスク島の「復興」プロジェクト」望月哲男、前田しほ編『文化空間としてのヴォルガ（スラヴ・ユーラシア研究報告集4）』札幌、スラブ研究センター、2012年、162頁。

現れるのが、宗教と日常生活が密接にかかわる場面の一つでもあり、第3章で取り上げた映画『ジョレイハ』の中でも取り上げられている結婚と埋葬の問題である。

6.2. 宗教と人々の結びつき

6.2.1. 結婚と宗教

映画『ジョレイハ』の一つのモチーフは、国家と結びついた宗教のこじれから、愛する2人が引き裂かれ、望まない結婚生活を強いられることになり、結果的にすべての人が不幸になるという悲劇であった。実際、帝政期にはロシア正教徒とムスリムの結婚は不可能であった。

しかし、宗教を否定し旧弊を打破しようとしたソ連体制下では、徐々に異宗教間の結婚も珍しいものではなくなっていた。ソ連期には、そもそも民族間結婚全体が増加していた。1925年には、民族間の結婚は40分の1に過ぎなかったのに対し、1970年代には10分の1にまで増加し、都市部では4分の1にまで達したと言われている[11]。この増加の背景には、もちろんロシア語の浸透による異民族間のコミュニケーションの円滑化があるであろう。と同時に、宗教的な差異が意識されなくなったことも重要な要

---

11 E.P. Bsygin, N.V. Zorin, and G.R. Stoliarova. *Etnodemograficheskie protsessy v Kazanskom Povolzh'e*. (Kazan': Izdatel'stvo Kazanskogo Universiteta, 1991), p.61. もっとも1990年代初頭には、ムスリムのタタールとクリャシェンを比べた場合、後者の方がロシア人などと結婚する割合が1.5倍多かったとも指摘されており、すでにソ連期からクリャシェンの方がロシア人などを選好する傾向があった事も示唆されている（R.M. Mukhametshin, R.N. Musina "Konfessional'naia situatsiia v Respublike Tatarstan," *Osobennosti sovremennoi mezhnatsional'noi i etnokul'turnoi situatsii v Respublike Tatarstan*. (Kazan': Institut istorii im, Sh. Mardzhani AN RT, 2008) pp.178-179）。

因として指摘できる。

　クリャシェンに関しても、ソ連期、特にその末期には無神論が浸透すると、人々の間に宗教への意識が低下し、むしろ言語的な近縁性などから、ムスリムのタタールやバシキールとの婚姻が多く見られたという。しかしソ連が崩壊し、人々の間に宗教への関心が高まると状況は変わり、クリャシェン以外と結婚するにしても、ムスリムであるタタールとよりも、同じロシア正教徒であるロシア人やウドムルトなどを選ぶ傾向が出てきていると指摘されている[12]。確かに、クリャシェンに関する現在の議論や、筆者自身のフィールドでの経験に照らしても、そういった指摘に該当する事例は見出せる。

　筆者のフィールド調査でも、都市部に限らず、クリャシェン村落においても、ソ連時代にムスリム・タタールと結婚している家庭は決して珍しくない。クリャシュ・セルダ村では、該当する4家庭に聞き取りを行った。いずれも1980年代に結婚しており、夫側が村出身者、妻側が外部から来たムスリム・タタールであった。

　内1組については、夫方の母親がムスリムとの結婚に対して反対したというが、残りはどの家庭も周囲から反対はなく、筆者が聞き取りを行っている際も、そばに座っていた親類は「お互いに好きなら誰と結婚しても構わない」と語っている。この嫁いできた女性の中の一人は、結婚して村へ移った後、ロシア正教に改宗した。もっとも、彼女は幼少期からキリスト教に関心を持っていたといい、結婚が決定的な洗礼のモチベーションではなかったと思われる[13]。両親も、結婚には反対しなかったが、洗礼を受け

---

[12]　A.N. Ivanov "Tatary-musul'mane i pravoslavnye kriasheny: nekotorye aspekty roli islama v konsolidatsii tatarskogo etnosa," *Musul'mane izmeniaiushcheisia Rossii*. (Moskva: Rosspen, 2002), p.227.

[13]　そもそも、夫が洗礼したのはこの妻が洗礼を受けた後であり、今でも司祭と雑談をしに教会に来ることはあっても、奉神礼にはほとんど通っていない。

ることには反対したという。しかし、それを押し切って彼女はキリスト教を受け入れ、今では村でも最も熱心に教会に通っている信徒となっている。

　残りの3名は、あえてロシア正教には改宗していない。夫は3名ともソ連崩壊後、即ち結婚した後に洗礼を受けている。現在でも教会に頻繁に通ってはいないが、家では宗教的な祭りは祝っているという。そして、それはキリスト教にちなんだ祭りだけではなく、妻の慣習に合わせて、イスラームにまつわる祭りも祝っているという。こうした実践に関し、嫁いできた女性の一人は、「神（Bog）は一人であり、祈り方が違うだけだ」といって、正当化している。

　一方、ソ連以降に結婚した人については、宗教が理由で結婚に至らなかったという話もある。スタロ・グリーシュキノ村で、筆者を受け入れてくれたB（1970年代生まれ）が、その例に当たる。彼は、学生時代からムスリム・タタールの女性と数年間付き合い、結婚も考えていた。しかし、最後は宗教の違いを理由に先方が結婚を断り、同じムスリムの男性と結婚してしまった。そのため、彼は近隣の村出身で、同じロシア正教徒のウドムルトの女性と結婚し、現在に至っている。Bはこの件もあってか、ムスリムに対して不信感を抱いており、「ムスリムの女性は、若い頃はクリャシェンやロシア人とも平気で付き合う。でも結局最後に結婚するのは同じムスリムだ」と述べている。それも踏まえ、彼は今では「結婚するのは同じ宗教の人でなければいけない」と主張している。こうした姿勢は、時には意固地なまでに表現されている。筆者が彼とBの親戚と談笑している際、その親戚が筆者に対し、冗談交じりに「今独身なら、お前はここで結婚相手とか見つけないのか？」と話しかけてきた。その際、彼は急いで「こいつはちゃんと日本で自分の妻を見つけるからいいんだ」と横から口を挟んできた。

　これらの事例は僅少であり、これをもって全体の傾向を語ることはもちろんできない。しかし、近年特にタタールとの結婚についての問題意識を持つ傾向は確実に存在している。ロシア語版のSNSであるVkontakte内

のクリャシェン・グループの中でも、この問題が議論のテーマとなった。

　この中では、ムスリム・タタールのユーザーも参加しており、「ロシア人と結婚すれば、子供たちはタタール語を知らなくなってしまう……そうやってロシア・ネイションに同化していいのか」といって、文化＝タタール語を守るために、ロシア人よりはタタールとの結婚の方が望ましいという意見を述べているものもいる。そして、クリャシェンのユーザーの中にも、「自分は言語（の保存）に賛成する」といって、この意見に賛同している者もいる。

　しかし、これに対し「クリャシェンと結婚するのが最も望まし」く、それが叶わなくとも、「同じロシア正教徒から結婚相手を選ぶべき」、という意見もみられる。そうした人々の中には、イスラームを「テロの宗教」と呼ぶ、イスラーム嫌悪と呼べるような言説もある。また、「ムスリムと結婚するのであれば、相手が洗礼を受けることを前提とすべきだ」、という強硬な意見もみられる。

　こうした意見に対し、「結婚は個人の問題であり、愛し合っているのであれば、タタールであろうがロシア人であろうが、結婚すればよい」、という意見も当然見られる。こうした意見では、「もし問題が生じるのであれば、それに応じてお互いに話し合い、コンセンサスを得ればよい」としているのである。もっとも、ここでは異教徒間の結婚では問題が生じうるものである、ということは当然意識されている。先に紹介したＢのように、あるクリャシェン男性は、ムスリム・タタールの女性と３年間付き合い、最初はうまくいっていたものの、宗教的な意見の相違から別れることになったとしている。また、親の反対によって結婚できなかった、という声も聞かれる。

　ここで最も大きな問題として認識されているのが、子供をどうすべきか、という問題である。あるクリャシェン女性は、「タタールには嫁ぎたくない！　私の子供がタタールの名前を付けられ、モスクに通う姿は見たくない」と語っている。また、別の女性はムスリム女性と結婚した自分の叔父

第６章　クリャシェンの宗教復興と日常　205

の話として、「(子供が) モスクに通うようになった。残念ながら、末の子供が亡くなった後、ムスリム風に葬られた。これは多くの確執を生み、侮辱とされ、スキャンダルとなった。自分はこうしたことは繰り返したくない」としている。

こうした意見を見てみると、結婚する当人同士の関係に限定すれば、必ずしも宗教の違いが問題になるとは認識されていない。それは、相互のコンセンサスを得ることで解決可能とは思われているようであり、先に指摘した通り筆者が直接聞き取りを行った家庭でも、宗教的な祭りは両方の宗教に基づくものが実践されており、教会への参加などについては干渉しない様子がみられる[14]。そうした中で、この結婚において重視されている問題は、子供をいかに扱うべきかということである。

6.2.2. タタールとクリャシェンの間の子供たち

民族間結婚に伴う問題は、映画『ジョレイハ』の中でも描かれていた。この映画の中で、ジョレイハとピョートルの不本意な結婚生活の結果、生まれた子供がザハルであった。そしてこのザハルは、異なる信仰を持つ親の間の息子としてジレンマを抱えることとなる。

その典型的な場面として、教会から戻ったジョレイハが、まだ乳飲み子

---

[14] なお、聖職者であるパヴェル長司祭は、マスコミによるインタビューに対し、こうした宗教間の結婚について、反対はしておらず、愛し合っている者同士が結ばれればよいとしている。そして、お互いがお互いの宗教に忠実であればよいとも語っている。ただし、クリャシェンとムスリムが結婚した場合に、しばしばイスラームの礼儀に則った結婚式（ニカフ）を行う傾向があることには批判的で、正教徒として、こうした儀礼には参加すべきではないとしている（"Blagochinnyi kriashenskikh prikhodov Kazanskoi eparkhii protoierei Pavel Pavlov dal interv'iu informatsionnomu agenstvu "Interfaks-Religiia"," Pravoslavie v Tatarstane: Informatsionno-prosvetitel'skii sait Tatarstanskoi mitropolii. [http://www.tatarstan-mitropolia.ru/newses/eparh_newses/kaznews/archive/?id=56558]（2016年7月14日閲覧））。

のザハルにタタール語の子守歌を歌う場面がある。ここでピョートルは、ジョレイハが一向に自分に心を開かずロシア語も覚えないことを嘆く。そして、泣きながらせめてザハルにはと、ロシア語の子守歌を聞かそうとする（67:00-69:20）。ザハルはこうして、相反する２つの言語、宗教の世界に挟まれて成長することが暗示される。実際にその後成長したザハルは、ジョレイハの臨終の場で司祭に対し、「神学校では同級生たちが（私を）笑うのです。そしてあなたも」(12:00) として、ロシア人の中で自分が馴染めず、孤立していることを訴えている。現在のクリャシェンとタタールの間で生まれた子供の場合、このような言語的な問題は想定しえない。一方、宗教に関しては、ロシア正教かイスラームかを選ぶべきかという問題を抱えることになる。

　現在のクリャシェンは父の姓を受け継ぎ[15]、居住も夫方であることが一般的な為、両親の信仰が異なる場合には姓との整合性[16]、周囲の環境に合わせる点などから、父親の信仰する宗教を選択するケースが多い。先ほどのクリャシュ・セルダ村のケースであれば、どの家庭も子供はキリスト教の洗礼を受けさせている[17]。

　一方現在は、こうしたクリャシェンとタタールの結婚の場合、クリャシェンに該当する親自身が洗礼を受けていないことも多い。そのため、子

---

[15] ロシアの法令では夫婦別姓も認められており、別姓を選択する人もいる。ただし、実際には夫方の姓に合わせて同姓とする家庭が多い。

[16] ロシア正教徒はキリスト教に関連するかロシア語に基づいた姓が一般的であり、一方ムスリムの場合はイスラーム史上の著名人などにちなんだ姓が一般的で、外見上両者を区分する基準となっている。また、ロシアの家族法によれば夫婦別姓や複合姓も認められているものの、夫側の姓に合わせるのが多数例となっている。

[17] ただし、このうち1家庭は、単純にクリャシェンの村に住んでいるから、というだけではなく、大きな病気をした時に色々な方法を試し、そのうち効果があったのが教会での祈祷であったから、として実利的なモチベーションを強調している。

供の宗教に対しても、その選択に委ねる、という態度のケースも珍しくない。筆者が出会った中では、タタルスタン中部のママディシュ郡で、クリャシェン組織の代表を務めているＡは、ムスリムの女性と結婚している。彼自身はソ連的なメンタリティを内面化しており、洗礼も受けていない。一方、その妻は比較的熱心なムスリムで、宗教的な書物などに日頃から親しみ、モスクの礼拝だけでなく、そこで行われている文化講座などにも参加している。この夫婦には、2人の娘がおり、筆者が会った段階では2人とも10代後半であったが、洗礼を受けさせてはおらず、ムスリムとしても育ててはいない。Ａは、この2人に関して、成人してから自分で考えさせるとしている[18]。

　この選択をどうすべきかは、クリャシェンの間でも、特に若い人々の間でしばしば話題になる。2009年に行われたクリャシェン青年フォーラムに参加した際、そこで出会った20代の女性は、父がタタールで母がクリャシェンだといい、父側の宗教としてイスラームを選び、自分はタタールだと見なしているという。しかし、その後その場に居合わせた参加者らと、タタールとクリャシェンの間の結婚で生まれた子供はどうすればいいのか、ということで延々と議論をしていた。そこでは、やはり最初に指摘した通り「苗字を受け継ぐ父親の信仰に帰依するのが自然だ」という意見もあれば、「それ以上に周囲の環境が大事だ。周りがムスリム・タタールであればムスリムになるし、クリャシェンであればロシア正教徒になるだろう」とも語っている。こうした議論には、正答は存在しえない。しかし問題なのは、これが問題として認識され、議論となっていることである。

6.2.3. 埋葬をめぐって

　こうした宗教に対するこだわりは、これが生死の場面と関わっている

18　その後、少なくとも長女は洗礼を受けた。現在は、「トゥガナイラル」紙で記者として働いている。

ためでもあろう。その典型的な例の一つが埋葬に関する問題である。これもやはり映画『ジョレイハ』の中で、重要な問題として立ち現れている。ジョレイハの父ギマディは、正教徒として登録されているにもかかわらず、自分の先祖に倣って、イスラーム風に埋葬されることを望み、それが裁判でジョレイハが指弾されるきっかけとなった。そ

写真6-3 スタロ・グリーシュキノ村の墓地（2010年5月安井草平撮影）

のジョレイハも、自らをムスリム風に埋葬することをザハルに託して息絶えた。しかし司祭はそれを許さず、正教風に埋葬することを主張した。

　現在、宗教への関心が高まる中で、どの墓地に埋葬するかということは再び人びとの一層の関心を呼んでいる。ソ連時代には宗教否定の影響で、埋葬の仕方に関しても非宗教的な方法が推奨された。実際、墓碑に顔を彫りこんだり、自殺者を他の人々と同じ墓地に埋めるなど、従来のロシア正教やイスラームの教義に合わないと思われる埋葬習慣なども広がっていた[19]。

　とはいえ、宗教的な要素が完全に除去されていたわけではない。墓地への埋葬は、やはり基本的に宗教別に分かれていた。クリャシュ・セルダ村

19　こうした墓碑に写真を掘り込んだり、自殺者を同じように埋葬する習慣は、今では人々の間に十分に浸透し、教会関係者などが批判的に捉えるのを尻目に、今でも続けられている。

では村からやや離れたところ、スタロ・グリーシュキノ村とホゼサノヴォ村では村の端に墓地が置かれている。いずれも、ロシア正教徒のみを埋葬することとされている。

またスタロ・グリーシュキノ村では、Bの祖父が教会がなかった時代に、村の中で宗教的な祈祷などを行う場所となっていたチャソーヴニャの一つを移動させ、墓地の中に置いている。またホゼサノヴォ村の墓地には、この村に最初に居住した人の墓碑が残っている。また両村とも、トロイツァの日には皆で墓地に行き、テビクメク（təbikmək：ロシアでは一般に「ブリヌィ」と呼ばれるパンケーキの一種）や卵を備えることとされている。このように、墓地はそこに埋葬されている人物の宗教的な帰属、村との関係などが顕著に表現される場所となっている。

スタロ・グリーシュキノ村のBによれば、親子や夫婦はできるだけ並べて埋葬することとされている。実際に墓地の様子を見ると、例えば夫婦のうち片方が亡くなっている場合には、もう片方が亡くなったときのために埋葬場所を確保している様子がうかがえる。ただし、洗礼前や10歳未満に亡くなった子供の場合には、墓地の片隅に固めて埋葬する習慣となっている。それと同じく、ここで埋葬できないのがムスリム（マ）である。この村に嫁いできたムスリマの女性の場合、亡くなった後は故郷の村の墓地に葬られることとなる。逆にこの村出身で、ムスリムの家庭に嫁いだ女性は、亡くなった後、この村に戻されこの墓地に埋葬することとされている。実際、墓地の墓標を見ていると、女性で苗字が明確にムスリムで名前はキリスト教風である墓標を見つけることがあり、これがその嫁ぎ先から戻ってきた例に当たると説明されている。

こうした死後に分かれることを避けるためにも、同じ宗教の人物と結婚することが好ましいと考えられている。先ほどのVkontakteの中でも、ムスリム男性との結婚を予定している、というクリャシェン女性に対し、「そうするならば、死後はどこに埋葬されるつもりだ？」と非難を込めた

調子での意見も見られる[20]。また、これはやはり子供の信仰・埋葬の扱いとも関係することになる。それゆえに、先ほど引用した Vkontakte 上での子供の埋葬に関する「スキャンダル」も生じる余地があると言える。

現状を見る限り、『ジョレイハ』劇中であったような強硬な形での対立は現れるとは考え難いが、信仰と埋葬の関係は常に潜在的に念頭に置くべき問題として人々に意識されている。こうした生死の扱いに直結する問題と関連することとして、現在人々の間で宗教の帰属は重要な意味を有している。

6.3. 宗教と差異の顕在化

本章では、ソ連期から現在にかけての、クリャシェンを巡る宗教事情の変遷と、それによるクリャシェンの生活の変化・影響について簡単にまとめた。ソ連期に禁止されていた宗教は、人々が密かにその祈祷などを密かに継続するとともに、しばしばさまざまな習慣と結びつく形で伝えられていた。

ソ連崩壊以降の宗教復興の流れの中で、クリャシェンの間でも、ロシア正教への関心が徐々に高まっている。そして、それは結婚、子供、埋葬といった、人としての生活の最も重要な部分と関連するものであった。ここで見た例でも示唆されているように、こうした問題が必ずしも、即ムスリム・タタールと一緒になることを妨げるものとされているわけではない。異宗教同士でも、話し合いなどによってなんとか一緒になることはできる、という意見は多く現れている。しかし、「話し合う余地がある」ということそのものの中に、すでにムスリムのタタールとクリャシェンの間の差異

---

[20] これに対し、問われた女性は自分の夫と一緒に埋葬されるつもりだと回答している。ただし、それに際し、宗教の差異をどう解消するかについては述べられていない。

の認識が滑り込んでいる。

　このように、宗教と結びついているとされる日常の様々な場面において、ロシア正教徒、ムスリムという意識は人々の間に浸透しつつある。では、より直接的な宗教行事に対しては、人々は一体いかなる態度を示しているのであろうか。また、それを象徴する教会とクリャシェンの運動とはどのように関連しているのであろうか。次章では、この問題について論じていく。

第 7 章

エスニック・シンボルとしての教会

7.1. クリャシェンによる教会の復興

ソ連末期以降、クリャシェンも自分たちによる教会の復興を目指すようになった。革命以前には、旧カザン県の中でイリミンスキーらによって用意されたクリャシェン語での祈祷などを行っていた修道院が2つ、寺院が50以上存在したとも言われているが、ソ連期を通じてこれらは宗教施設としての活動を止めていた[1]。

このクリャシェン語による祈祷の本格的な復興が試みられたのが1988年であった。この年タタルスタン共和国内のザインスク出身で、自身クリャシェンの聖職者パヴェル（パヴロフ）により、カザンのポクロフ教会でクリャシェンを集めた祈祷が行われた。それを受けて、翌1989年に当時のカザン及びマリの主教アナスターシーの発案により、同じくカザンのペトル・パヴェル聖堂にクリャシェン教区（Kriashenskii prikhod）[2]が組織された。その他には、タタルスタン北部にあるクークモリ郡のチュラ村、カマ河沿いにあるボリシエ・アティ村でも、村の住民の寄進などによって教会の再興が行われ、クリャシェン語での祈祷が行われるようになった[3]。また、パヴェルらはクリャシェンが居住している村などを回り、積極的に

---

1 Protoierei Pavel (Pavlov) "Materialy iz istorii Kriashenskikh Prikhodov Kazanskoi Eparkhii Russkoi Pravoslavnoi Tserkvi," *Materialy nauchno-prakticheskoi konferentsii na temu «Etnicheskie i konfessional'nye traditsii kriashen: istoriia i sovremennost'*. (Kazan': Kriashenskii prikhod g.Kazani, 2001), p.132.
2 教区とは、主教区の下に位置する単位で、自らの寺院をもつ信徒たちの共同体であり、ソ連期から一つの宗教団体として当局に登録されていた。そして、教会や礼拝堂といった寺院を中心に、財産の管理などを行っている（N.S. ゴルジェンコ（宮本延治訳）『現代ロシア正教』恒文社、1990年、156-160頁）。
3 パヴェル長司祭へのインタビュー（2006年2月17日、カザン市ティフヴィン教会）。

クリャシェン語での祈祷を人々に広めるよう努力した[4]。

1997年になると、カザン市内の中心部にあるティフヴィン教会がクリャシェン教区の拠点として移譲されることとなった。ここではパヴェルが住居も構えつつ祈祷を行い、さらにクリャシェンの民族組織による行事などを行うためにも使われるようになった。この教会は17世紀に建立されたもので、カザンの中でも比較的古い部類に入る。1930年代初頭まで教会として機能しており、帝政期の旧タタール居住区に当たるが、歴史的にクリャシェン語での祈祷などが行われていた場所ではないとされている。その後、ソ連期を通じて建物自体は病院や寮として利用されていた。もっとも建物の老朽化は著しく、1997年の移譲時点でも大規模な復旧が必要な状態で、この教会に通う信徒が協力し、資金や物質面の寄進を行ったり、自ら建物の修復工事を行ったりして整備が進められた。筆者が最初に訪れた2006年の段階では、天井部はむき出しの状態で、内部も薄暗い状態であった。そこに通う人々に聞き取りを行うと、特に昔から通っているという信者からは、村の出身でこうした作業には覚えがあるからという理由もあり、当初から無償でこの再建を手伝っていたという声が聞こえてくる。実際、筆者が聞き取りを行っている際にも、教会へ頻繁に通っている信徒が内装の修復などを行っている様子を目にすることがあった。以後この教会はタタルスタンにおけるクリャシェンの宗教的な活動の中心地とされると共に、クリャシェンの存在を広くアピールする機能を担うこととなった。

このティフヴィン教会への移譲と共に、聖典のクリャシェン語への翻訳のためのグループが創設された。そして、ペテルブルグのロシア聖書協

---

4 こうした民族言語による祈祷や翻訳活動は、ロシア正教会としても積極的に推奨し、非ロシア人に対する基本的な宣教方針の一つとなっている。1994年に策定された「ロシア正教会宣教活動復興コンセプト」の中でも、聞き手が聖書を理解するためには、その固有の言語を用いることが必要であると明記されている。

会[5]の協力も得て、パヴェルを中心にイリミンスキーによる翻訳活動を受け継ぎ、クリャシェン語版の聖典の翻訳・出版活動が進められることとなった[6]。その最初の成果として、2000年に『公同書簡 (*Apostollarnın arıu jıınga jibyargyan jazıuları*)』の翻訳が出版され、2005年には『新約聖書 (*Jana zakon*)』の翻訳が完成し、初版で1000部が印刷・出版された[7]。

その後も各地のクリャシェン村落で、出身者の寄進などにより、徐々に教会の再建・新築が進んだ。こうした動きは特に2000年代後半から顕著になり、2016年現在で、タタルスタン共和国内ではティフヴィンを始め10の教会で定期的にクリャシェン語での祈祷が行われている。さらに4つのクリャシェン村落に教会が作られ、教会スラヴ語で祈祷が行われている。一方、10のクリャシェン居住地では、教会が復旧されないままになっており、教会ないし礼拝堂はあるものの定期的に祈祷をあげる聖職者がいないクリャシェン居住地域が22にも上っている、と報告されている[8]。ティフヴィン教会では、2009年の12月に行われたクリャシェン教区結成

5　ロシア聖書協会は、1813年にアレクサンドル1世によって設立された。人々に理解できる形で聖書を用意することを目的とし、様々な言語への翻訳活動などに従事している。現在では、ロシア国内の少数民族言語への聖書翻訳にも力を入れており、クリャシェン語のほか、アルタイ語、ブリヤート語、オセット語、ヤクート（サハ）語、チュヴァシ語、バシキール語への翻訳が手掛けられている ("Perevod Biblii,» *Rossiiskoe bibleiskoe obshchestvo: perevod, izdanie i rasprostranenie Biblii s 1813 goda* [http://www.biblia.ru/translation/]（2012年6月25日閲覧))。

6　Protoierei Pavel. "Materialy iz istorii," p.132.

7　この翻訳は、基本的にはイリミンスキーが翻訳で用いた言語を利用した。しかし、一部現在から見て不適切と思われる翻訳も含まれているとして、パヴェル司祭らによる修正が施されている。

8　Statistika po kriashenskim prikhodam Tatarstanskoi mitropolii // Pravoslavie v Tatarstane [http://www.tatarstan-mitropolia.ru/eparhia/kryaseny/]（2016年9月17日閲覧）。

20周年までには改築がほぼ終わった。この20周年記念の祈祷には、当時のカザン及びタタルスタン大主教区の大主教アナスターシーも出席して祈祷を取り仕切り、正教会としてクリャシェンを支持する姿勢を示した[9]。その他、いくつかのクリャシェン村落などでも教会の再建の計画が進められている。

7.2. 現在の教会における活動

これらの教会において最も重要な活動は、カトリックでのミサに相当する日常の奉神礼（bogosluzhenie）である。奉神礼を行う日程は、日曜日と正教の祝日を必須のものとし、その他の曜日の実施の有無などは教会ごとに異なっている。

カザンのティフヴィン教会の場合、月曜日の夕方と火曜日の朝に、他のロシアの教会と同じ教会スラヴ語での祈祷が行われる。そして、週末の金曜日の夕方、土曜日の朝と夕方、日曜日の朝にクリャシェン語での祈祷が行われている。さらに復活大祭や降誕祭[10]といった正教にちなむ祝日には、その祝日ごとに定められている時間に奉神礼を行い、祈祷の言葉としてはクリャシェン語が用いられている。また教会内に灯すろうそくなどの販売

---

[9] "Kazanskii kriashenskii prikhod otmechaet segodnia prestol'nyi prazdnik i 20-letie sushchestvovaniia obshchiny," *Pravoslavie v Tatarstane: informatsionno-prosvetitel'skii sait Kazanskoi eparkhii Moskovskogo Patriarkhata Russkoi Pravoslavnoi Tserkvi* [http://kazan.eparhia.ru/news/2009/?ID=22313]（2012年6月23日閲覧）.

[10] キリストの誕生を祝う祭りで、カトリックなどのクリスマスに当たる。ロシア語では「ロジュデストヴォ（Rozhdestvo）」、クリャシェン語ではやはり地方によって様々な呼び名があるが、現在は「ラシュトゥア（Raṣtua）」と呼ばれることが多い。ロシア正教会が採用しているユリウス暦の12月25日に祝われ、現在のグリゴリウス暦では1月7日に当たる。

や、その片付けなどの補佐は、高齢の女性を中心とするいつも教会に通っている人々が行っている。

　月曜、火曜の奉神礼には、パヴェル長司祭によれば、クリャシェンで熱心な信者も訪れるものの、ロシア人の方が多いという。筆者の観察では、おおよそ10人から20人の信者が参加しており、そのほとんどは高齢の女性であった。

　一方、クリャシェン語で祈祷をしているという金曜日の奉神礼には、もっぱらクリャシェンの信徒が参加している。こちらも、人数としては10人から20人程度で、それほど多くの人々が参加しているわけではなく、やはりそのほとんどは高齢の女性である。土曜日の奉神礼についても、若干人数が多くなるものの、その構成などはあまり変わらず、ほとんど同じ人が参加している。

　対して、最も多くの人が集まるのが、日曜日の朝の奉神礼である。これにはおよそ40〜50人が参加し、男性や若い人々の姿も、普段より多く観察することができる。ただし、その分参加者の祈祷に対する態度はなおざりな面も目立つ。正教の祈祷に際しては、高齢で困難な場合などを除き、全員立って臨まなければならないのに、若者でもベンチに座っている者などがみられる。また、中にはカメラを取り出して、祈祷の様子を写真に撮影する若者の姿まで見られた。

　また日曜日の奉神礼の後には、子どもたちに対する日曜学校も行われている。これは、教会の敷地の中の一室で行われており、パヴェル長司祭によって、1時間ほどキリスト教の歴史などが教えられている。筆者が観察した時には、5歳から10歳ぐらいと思しき子どもが6人ほど参加していた。もっとも、あまりまじめに話を聞いている風ではなく、やはり私語に講じたりしていた。また、パヴェル長司祭はこの日曜学校をクリャシェン語で行っていると語っていたが、少なくとも筆者の観察時にはロシア語で

授業が行われ、子どもたち同士が会話する言語もロシア語であった[11]。

さらに最も多くの人を集めるのが、正教の祝日に行われる奉神礼である。特に、復活大祭や降誕祭などの大きな祝日には、教会から人があふれるほどの人数が集まる。ただしその参加者の多くは、強い信仰心を持ってこの場に臨んでいるという印象は与えず、祈祷などに対する関心も高くはないように思われる。これらの人は、概ね人だかりの後ろに陣取り、頻繁に出入りを繰り返したり、祈祷中におしゃべりをしたりしている。ティフヴィン教会の場合、こうした祝日の祈祷もクリャシェン語で行っているが、訪れる人の中には多くのロシア人なども含まれている。

ほぼ同じ光景は、村の教会においても確認することができる。筆者がしばしば訪問した、カザンの隣にあるペストレチ郡のクリャシュ・セルダ村では、2006年に村出身の企業家の寄付によって木製の教会が設立された。この村は、住民のほぼ全員がクリャシェンと呼べる家系にあり、村内の人々の会話は、ほとんどタタール語で行われている。歴史的には、この村の中に教会はなく、隣のルスカヤ・セルダ村の教会に通っていたものの、1930年代にこの教会は廃止され、現在は荒廃した建物跡のみが残っている。

新しく建てられた教会には、タタルスタン共和国内のチーストポリ出身で、クリャシェン出自で1980年代生まれの、若い司祭ディミートリー（シゾフ）が赴任し、弟と共に教会横の家に住んで聖職者としての仕事を行っている。ここでは、日曜日の朝と祝日にのみ奉神礼を行っており、祈祷言語はクリャシェン語を採用している。

日曜に行われている日常の奉神礼を見てみると、村全体の人口は500人以上なのに対し、参加しているのは10人に満たない程度である。その中でも、熱心な女性2、3人が祈祷の準備を手伝ったり、祈祷を読む補佐を行ったりしている。奉神礼の後には、村の子供を集めての日曜学校も行

11　ティフヴィン教会での観察（2008年11月9日）。

写真 7-1　クリャシュ・セルダ村の降誕祭の奉神礼の様子（2010 年 1 月筆者撮影）

われている。

　ただし、ここでもやはり、降誕祭などの大きな祭りの際には多くの人が押し掛けてくる。特にこの村の周囲は、多くのクリャシェン村があり、帝政期には教会があった村もある。しかし、現在教会が活動しているのはクリャシュ・セルダ村だけであるため、村の外からも多くの人が押し掛けてくる。もっともその様子を見てみると、ティフヴィン教会におけるのと同様、祈祷などに対して強い関心を持っているようには思われない。人の出入りも激しく、祈祷中におしゃべりに講じている人も多い。また、そもそも教会におけるマナーをよく分かっていないらしい人も散見され、頭を覆っていない女性や、十字を描くのに左から描き、司祭にたしなめられている様子も見られた[12]。この祝日の祈祷もクリャシェン語が用いられてい

12　ロシア正教会では、教会に入る際に男性は脱帽し、逆に女性は頭を布で覆わなくてはならない。また十字の描き方については、右手の親指、人差し指、

る。

　そのほか両教会ともに、日常的に洗礼や教会における結婚式なども行われ、クリャシェンの宗教的な中心の機能を果たしている。また、先述の翻訳活動についても、ティフヴィン教会が中心となって続けられている。2009年から2010年にかけては『あの世の生活について（Teze dönyadyage tormoş turında）』や『子どものための聖書（Bibliya balalar öçön）』といった、より手軽で啓蒙的な小冊子などが用意された。2012年になると、『新約聖書』の第2版も出版されることとなった。

　これらの出版物は、各教会に置かれて販売され、正教啓蒙の一つの手段となっている。こうした母語での祈祷や聖典翻訳活動は、特に村出身の高齢の人々などの間で、好意的に受け止められている。帝政期とは異なり、マスメディアの発展などもあり、片田舎でもロシア語は浸透しており、年配の人でも話すのが苦手という人は見られるものの、基本的にはロシア語はほぼ理解できる。しかし彼らに言わせれば、ロシア語での祈祷などでもわからないわけではないが、母語で読んでくれたほうが「心でわかることができる」という点でよいというのである。

　こうした翻訳・啓蒙活動の先駆者として、ニコライ・イリミンスキーらには大きな敬意が払われている。ティフヴィン教会のパヴェル長司祭、クリャシュ・セルダ村のディミートリー司祭共に、書斎にはイリミンスキーの肖像を高々と掲げている。2011年7月の調査中には、ティフヴィン教会に大主教アナスターシーとタタルスタン中のクリャシェン出自の司祭が集まり、祈祷を挙げるということがあった。これはイリミンスキーを補佐し、最初のクリャシェン出自の司祭となったヴァシーリー・ティモフェエ

　　中指の先を合わせ、薬指と小指を曲げた状態で、額、胸、右肩、左肩の順に動かすことが、中世に定められた。筆者も誤ったやり方で十字を描いてしまい、出席していた女性から、「お前はカトリック教徒か」とたしなめられたことがある。

フの生誕175周年に一致して行われた。この機会には、クリャシェンの民族アンサンブルも呼ばれて歌を披露し、その功績が称えられた。

この頃より、イリミンスキーに関連する行事が多く行われている[13]。2012年の5月にはカザン神学校で、イリミンスキーの功績をたたえて学術会議「N.I. イリミンスキー——ロシアの諸民族の啓蒙者」が行われ、イリミンスキーの精神を受け継いでいるとして、パヴェル長司祭による長年の翻訳活動が表彰された[14]。こうしたイリミンスキーの功績は、クリャシェンの民族運動でも重要視されており、その請願の中にはその列聖を求める項目も含まれていた[15]。現在、この請願は受け入れられ、カザン府主

---

[13]　このイリミンスキーの復権には、特にクリャシェン活動家のアルカーディー・フォーキンとモスクワ寄りのコメンテーターとして知られるライス・スレイマノフらによって積極的に行われている。2011年末には、この両名が中心となり、学術会議「ニコライ・イリミンスキーとクリャシェン民族運動」が開催された。ここでは、特にタタールらの間でイリミンスキーに対するネガティブな評価が与えられているのに対し、その復権を訴える論調が主流を占めた（Rais Suleimanov. "Otnoshenie k lichnosti Nikolaia Il'minskogo i kriashenskomu voprosu v postsovetskom Tatarstane" *Nikolai Il'minskii i kriashenskoe natsional'noe dvizhenie: materialy nauchnoi konferentsii (27 dekabria 2011 goda, Kazan')*. (Kazan': Tipografiia OOO "Aventa", 2013), pp.58-60.)。ここにも共和国組織の主流派とフォーキンらとの間の距離が垣間見られる。

[14]　"V Kazanskoi dukhovnoi seminarii proshla nauchnaia konferentsiia 'N.I. Il'minskii – prosvetitel' narodov Rossii'," *Pravoslavie v Tatarstane: informatsionno-prosvetitel'skii sait Kazanskoi eparkhii Moskovskogo Patriarkhata Russkoi Pravoslavnoi Tserkvi* [http://kazan.eparhia.ru/news/?ID=35972]（2012年6月23日閲覧）.

[15]　"REZOLIUTSIIA nauchno-prakticheskoi konferentsii "Etnicheskie i konfessional'nye traditsii kriashen; istoriia i sovremennost'", sostoiavsheisia 7 dekabria 2000 goda v g.Kazani," *Materialy nauchno-prakticheskoi konferentsii na temu "Etnicheskie i konfessional'nye traditsii kriashen: istoriia i sovremennost'"* (Kazan': Kriashenskii Prikhod g.Kazani), 2001.

教区により、列聖に向けた資料収集が行われており、一般の人々に対しても、イリミンスキーに関するエピソードなどが求められている。

このように、教会の活動は確実に活発化し、その設備なども整いつつある。また、それがクリャシェンの復興と結び付けられていることも間違いない。しかし、クリャシェン民族文化運動の中心を占めているのは世俗の知識人らであり、その中で教会の占める位置については、必ずしも意見の一致をみているようには思われない。

7.3. 教会への視線

前項で取り上げたように、現在クリャシェンの教会の復興は緩やかながらも、確実に進展している。しかし、そこで行われる奉神礼などには、必ずしも多くの人が訪れているとはいえない。とはいえ、教会に行かない人々が信仰を持っていないと断言することも早計であろう。先に引用した1990年代の社会調査の中でも、1994年の調査では都市部のタタールで「信仰を持っている」と答えたのは66%とされているが、「儀礼や習慣を順守している」と回答したのは32%にとどまり、それを上回る34%はこれらを「順守していない」と回答していた。ロシア人についても同様の傾向があり、「信仰を持っている」と答えているのは56%に対して、「儀礼などを順守している」のは23%、「順守していない人」が33%であったという[16]。筆者も、必ずしも体系的な質問等を行ったわけではないが、日々の聞き取りと教会における人々の様子から受ける印象と、この調査の結果は一致している[17]。

---

      p.186.
16   Musina. *Etnokonfessional'nye otnosheniia*. p.176.
17   ただし、近年宗教意識のさらなる上昇が確認されている。2013年の調査によれば、都市部で自らを信仰を持っていると回答したのは84.7%に上

前節で指摘した通り、現状教会に通っている人の数は必ずしも多くなく、モスクについても同様である。一方で、正教徒、ムスリムにかかわらず、多くの人は「人は宗教なしには生きられない」と述べている。同時に、「自分は教会（モスク）には通っていないが、正教徒（ムスリム）だと考えている」というのが、非常によく見られた意見であった。その宗教施設に行かない理由は、特に明確ではなく「忙しいから」や「慣れていないから」といったものであった。スタロ・グリーシュキノ村で校長を務めるBは、後に紹介するように村の教会建設事業の発案者でもあった。しかし、現在村の礼拝堂で行われている奉神礼などには、必ずしも毎回参加しているわけではない。

　ある日、朝から奉神礼があることになっていたが、Bはそれに向かう様子もなく、まっすぐいつも通りの畑仕事にでかけた。これについて、本人は「教会へ行きたいが、仕事が多くてなかなか叶わない」と言い訳しつつも、悪びれる様子は見せなかった。彼は筆者に自身の半生を語った際、自身が信仰に目覚めたときのことについて触れている。彼は、若い時に人間関係などでトラブルを抱えていた。しかし、神に祈ることでそれを解消することができ、以来神を信じるようになったというのである。もっとも、別の機会に教会に礼拝のために人々が集まっているのを横目にした彼は、

り、宗教的な儀礼などを守るように努めている人の割合も47％に達している。こうした傾向は、村落部ではさらに高まり、信仰を持っていると回答したのは90％、宗教的な儀礼などを守るよう努めているのは60％にまで達している（Musina R.N. "Identichnost' tatar v usloviiakh religioznogo vozrozhdeniia v sovremennom Tatarstane," *Islam i tiurkskii mir: problem obrazovaniia, iazyka, literatury, istorii i religii*. [http://dspace.kpfu.ru/xmlui/bitstream/handle/net/103690/ITWPELLHR_22_24.pdf?sequence=-1&isAllowed=y]（2016年10月3日閲覧））。いずれにせよ、信仰を持っているとみなす人と、実際に信仰実践を行っている人の間にギャップが存在していることに変わりはない。

「自分はソ連的なメンタリティーの中で育った」といって、そのままそこを素通りしたこともあった。こうした一見矛盾した語りは、ある種無神論の時代を経て、宗教への関心も強めつつある人々の葛藤のあり方を一つ端的に示したものと見ることもできる。

ソ連期においては、反宗教政策の影響で多くの教会は閉鎖されていた。そのため、一部の人は遠くの教会に行って洗礼を受け、祈祷に通ったり、村の家に集まって密かにそれらを行ったりしていたが、洗礼もしないままの人も多かった。こうした人々の一部は、近年再建された教会でようやく洗礼を受けており、一部は現在に至るまで洗礼を受けないままとなっている。特に、この近年洗礼を受けたばかりの人々にとって、「慣れていない」というのはある意味当然であろう。

現在、教会に通っている人の多くは、比較的時間の余裕もある高齢者である。彼らも多くは、以前から教会に通っていたわけではないという。しかし、今は「死期が近くなった」こともあり、教会への興味を持って通うようになったと説明している。さらに、教会へ通う人に関しては、ジェンダー的な規範も存在している。ロシア正教の場合には、教会に通うのは女性とされており、男性はあまり教会に通わないという傾向がある。実際、筆者による教会での観察においても、町か村かに関係なくそこに通っている人の大半は女性であった[18]。

こうした状況は、もちろん教会関係者にとって、望ましいものではなく、

---

18 このジェンダー的な規範に関しては、あくまで一般の人々に流布している傾向であり、ロシア正教の聖職者ら自身は、性別に関係なく教会に通うべきであるとし、機会ある毎に人々にそう呼びかけている。こうしたジェンダーの傾向に関して、しばしばソ連期に教会が閉鎖されたことで、こうした宗教儀礼が家庭内化するとともに、その担い手の中心が女性になったため、という説明がなされている。一方で、ムスリムの場合も同様にジェンダーに関連する規範があるが、こちらの場合、モスクに通うのは男性とされており、女性は家にいるのが好ましいと考えられている。

第7章 エスニック・シンボルとしての教会　　225

批判的な声がしばしば聞かれる。スタロ・グリーシュキノ村の礼拝を観察した際も、司祭の父親が、「礼拝には皆が参加しなくてはならない。死期が近いから、などの理由ではなく、来なくてはならないから来るべきなのだ」と語っていた。

とはいえ、いずれにせよ、人々の間で宗教に対する意識・関心の向上の見られることは確かである。ここで問題となるのは、この宗教意識とクリャシェンという自己認識がどのように結びついているか、特に教会はその中でどのような役割を果たしているかである。

パヴェル長司祭は、クリャシェンが単にロシア正教を受け入れたタタールというわけではなく、独自の文化を有する存在と認めている[19]。その上で、正教がクリャシェンの文化において重要な要素となっているとみなしている。そして、教会はクリャシェンの文化がよく保存されている場であると強調している。特に、現在学校や劇場でクリャシェン語が使われない中、教会での祈祷にクリャシェン語が残されており、その保存に重要な役割を担っているというのである[20]。

実際、ティフヴィン教会における奉神礼の参加者に話を聞いてみると、ここがクリャシェン語で祈祷を行っているから来ている、という人がよく見受けられる。家や職場が近くないために、いつも通うことはできないが、可能な時はここに来るというのである。特に年配の地方出身者の場合、そ

19　こうした態度は、教会としての宣教活動にも反映している。現在、カザン主教区はクリャシェン宣教に力を入れるとして、独立した部門などを設置しており、その責任者にディミートリー司祭が就任している。その活動の対象は、あくまですでに（少なくとも潜在的に）ロシア正教徒であるクリャシェンの人々であり、その信仰を活性化することにあるとしている。一方、ムスリム・タタールへの改宗の働きかけは、反発を招くだけとして慎重に避けられている。

20　パヴェル長司祭へのインタビュー（2006年2月17日、カザン市ティフヴィン教会）。

の方が理解しやすいという事情も関連している。この点で、現在のクリャシェン語での祈祷を行う教会が、その使用言語により、クリャシェンにその出自を再確認させ、同じ境遇の人々が集まることで、その集団意識を強化する機能を有していると仮定することができる。

　しかし先に述べたように、教会に集まる人の数は必ずしも多くはない。そうした中で、この教会がクリャシェンの民族運動において、どのような位置を占めているのかについては、その周囲の人々の態度についても取り上げる必要がある。ここで検討しなくてはならないのは、クリャシェンの民族復興運動に積極的に従事している人々の教会に対する姿勢である。筆者がティフヴィン教会で聞き取り調査などを行っている間、民族組織の中心人物たちに会う機会は極めて稀であった。そして、これらの運動の中心人物らの中には今でも洗礼を受けておらず、無神論者を自任している人もいるのである。

　クリャシェンが多数居住することで知られるママディシュ郡のクリャシェン民族組織代表であるAは、40代半ばで、元々は歴史の教師であり、現在は郡の教育部長となっている。自身は、クリャシェンとしての活動を積極的におこなっているものの、洗礼は受けていない。また、彼の妻はムスリマであり、筆者が会った2010年時点で二十歳前後の二人の娘にも洗礼させていない。いずれ、自分の民族をどうするのかも含めて自分で決めさせるとしている。

　その娘から、自分は洗礼はしないのか、と聞かれた際にAは、「その方がいいのであればする」というものの、当面するつもりはないというそぶりを見せた。また、洗礼したところで、教会に行かないような不真面目な人も多いといい、形式的な振る舞いに対する批判的な姿勢も示している。さらに、妻との会話の中では、「現在は宗教的（religioznyi）かもしれないが、精神（dukhovnost'）がない。昔（＝ソ連時代）は宗教はなかったが、方向性（perspektiva）があった。」とし、ソ連時代を回顧しつつ、現在の人々がにわかに宗教への関心を表明することに批判的な目を向けている。

もっともそう言いつつ、彼の妻の語るところでは、家を新築するにあたり、妻の要望でムッラーに祈祷をしてもらったところ、自らも司祭にお願いして聖別をしてもらっていたという。その点では、潜在的なロシア正教徒という意識があることは否定できない。しかし、それでも彼にとってクリャシェンとしてより強調されるべきなのは、民俗的要素であり、伝統的な衣装や歌である。

　ママディシュ郡に滞在中、ちょうど教会の新築記念式典に参加することができた。この教会は、自身クリャシェン出自であるママディシュ郡長イヴァノフの主導によって構想され、郡内の法人や企業の協賛によって建設が実現した。この式典には、ムスリム・タタール出自の人物を含む教会建築事業への協賛企業関係者、クリャシェン聖職者が数名参加したほか、この郡出身の実業家で、現在クリャシェン民族組織の代表も務めているイヴァン・エゴーロフとその弟も臨席した。この式典には、村外からも含む百人を超えるとみられる人がつめかけ、式典に続く教会の中での奉神礼に参加した。もっとも、エゴーロフら賓客は顔見世程度に祈祷に出た後は、学校に設けられた宴席で饗応を受けた後すぐに退散した。Aも、郡のクリャシェン組織代表として、この教会プロジェクトと式典には深く関わっていたものの、ほとんど祈祷の場面には姿を見せなかった。

　こうした教会再建運動は、住民や各村の出身者などが主導する形で、各地方で少しずつ進んでいる。筆者の対象フィールドでも、先に述べたように、クリャシュ・セルダ村で2006年に村出身者の寄付により、教会が再建されている。また、もう一つのフィールドであるメンデレエフスク郡のスタロ・グリーシュキノ村では、村の学校の校長であったBが先導して教会建築運動が進められた。

　この村には元々教会がなかったもののBの叔父の主導により礼拝堂が建てられ、祭日などに郡中心から司祭を呼んで、祈祷をあげていた。これを引き継ぐような形でBは、村人から寄付を募りつつ材料を調達し、本人もクリャシェンで、この村で奉神礼などが必要な時には出張している

写真 7-2　スタロ・グリーシュキノ村の教会建築現場（2010年7月筆者撮影）

郡中心の司祭や他の村人と共に、自ら建設作業に従事した。B自身によると、この建設運動は必ずしも村人の支持を得ているわけではなく、教会建設の前に学校の整備などを進めてほしい、という声があったという。それでもこの教会ができれば、村人はきっとそこに通うことになるだろう、と楽観的な見方も示していた。もっともB自身、非常に積極的にクリャシェンの活動に参加し、またその中でロシア正教が重要であると強調しているものの、先ほども指摘した通り、礼拝堂の奉神礼に毎回参加しているわけではない。2014年にこの教会は無事完成し、定期的な祈祷などが可能になったが、B本人は祈祷には結局積極的には参加していない。

　彼のこの教会建設のモチベーションは、自らの父祖による業績であった。先述の通り、現在使われている礼拝堂の整備を行ったのは、彼の叔父であり、さらに彼の祖父はソ連時代に村の墓地の整備を行った。Bは、自らの先祖のこうした事業を意識しており、この教会の完成もそれに並ぶ成果として誇りに感じている。

こうした、教会を信仰活動の場・対象として以上に、象徴的なものと捉える姿勢は、クリャシェンの民族組織の活動にも認めることが出来る。確かに2001年に行われた学術会議「クリャシェンの民族的・宗教的伝統：歴史と現在」の決議の中では、クリャシェンの集住地におけるクリャシェン宗教共同体の結成と教会などの再建について触れられている[21]。また、クリャシェンの文化イベント会場で、クリャシェンの居住する村の教会再建に関する募金が行われているのも眼にした。しかし、特にクリャシェンの民族組織による活動全体を見ている限り、こうした教会再建はそれほど重要視されているようには見えない。先に挙げた2例、及びティフヴィン教会の再建も、基本的に信徒の自主的な協力によってなされており、組織がそれに関与した様子は窺われない。そのため、教会の宗教活動に積極的に参加している人々からは、教会の再建名目で集められた資金が、民族問題関係者によって横領されている、という疑念の声もあがっている。

　クリャシェンの民族組織関係者に話を聞く限り、教会は重要なものとして認識されていることは確かであるが、それは必ずしも、宗教的な意味ではない。そこでまず期待されているのは、「クリャシェンの存在を示す」ということであり、教会での言語はクリャシェンの言語が標準タタール語の干渉を受けない形で残されているという点が重視されているのである。イリミンスキーに対しても、こうした言語的な特性の保護に貢献した、という点から評価している面は大きい。

21　"REZOLIUTSIIA nauchno-prakticheskoi konferentsii «Etnicheskie n konfessional'nye traditsii kriashen: istoriia i sovremennost'»", sostoiavshcheisia 7 dekabria 2000 goda, g.Kazan'," *Materialy nauchno-prakticheskoi konferentsii na temu "Etnicheskie i konfessional'nye traditsii kriashen: istoriia i sovremennost'"*. (Kazan': Kriashenskii prikhod g.Kaznani), 2001. p.186

7.4. クリャシェンと教会の現在

ソ連崩壊以降、各宗教の復興が顕著になり、教会の復興もゆったりとながら進んでいた。クリャシェンは、ソ連時代に自らの教会などを失っていたが、パヴェル長司祭によりクリャシェン語による祈祷などを行う教会の復興が進められている。

こうした教会の存在は、一般信徒の間でも基本的には歓迎され、「心からわかることができる」として、そこに積極的に通う人も現れている。またロシア正教会側も、こうした動きを積極的に支援する姿勢を見せている[22]。しかし、祈祷の様子を見てみると、そこに通っている人の数は限られている。他方で、多くの人はロシア正教徒ということを、意識の面で強める傾向が見られる。これは、ロシア全体の傾向とも一致している[23]。

こうした状況の中、クリャシェンの運動にとって、教会は何よりもその独自の言語を保存しているという面で重視されていると思われる。さらに、教会が存在することそのものによって、自分たちの存在を主張することができるという面も重視されているといえよう。

しかし、民族運動の関係者たち自身をみてみると、その多くはロシア正教徒として、その教義に則った振る舞いなどをしているわけではない。むしろ彼らが強調するのは、自分たちの先祖がロシア正教を受容する以前に

---

22 特にクリャシェンに対する宣教については、近年徐々に積極化しており、2015年にはカザン府主教区内にクリャシェン宣教のための部門が設置された("Sozdan riad novykh otdelov Kazanskoi eparkhii," Pravoslavie v Tatarstane [http://www.tatarstan-mitropolia.ru/newses/eparh_newses/kaznews/?id=58317]（2016年9月9日閲覧））。

23 ロシア全体で見ると、2000年代後半になると、知識人なども含め、徐々に教会に通う人の数も増加してきたと指摘されている（Boris Dunin. "The ROC: The Church as a Symbol of Desired Wholeness," *Russian Social Science Review*. 56:3 (2015), p.22）。

信仰していたとされる、いわゆる土着の信仰との関係であり、それに基づいた諸習慣を「民族の伝統」として表現している。それらの習慣に対する人びとの態度は、非常に多岐にわたっており、そこには現在の宗教に対する理解のあり方、それとクリャシェンという民族に対する規定のあり方が反映していると考えられる。次章においては、その象徴的な例として、筆者のフィールドで夏に行われる雨乞いの祈願儀礼を中心に取り上げながら、ロシア正教に対する理解のあり方、それと「民族文化」の関係がいかに捉えられているのかを具体的に検討する。

第 8 章

儀礼の位置

8.1. クリャシェンの祈願儀礼

帝政期以来の、クリャシェンについての民族誌資料をみてみると、様々ないけにえを捧げる儀礼についての記述を見つけることができる。タタールの民俗学者・言語学者のフローラ・バヤジトヴァも、クリャシェンに伝統的な習慣とされるものをまとめる中で、様々な儀礼について言及している。その中でも目を引くのが、コルマン (Korman)、キレメチ (Kirəmət)、チュク (Çık) といった習慣である。

コルマンとは、もともとアラビア語に起源を持つ言葉で、ムスリム・タタールの間では一般にクルバン (Kurban) と呼ばれており、「生贄」を意味する。ムスリム・タタールの間では、特にハッジ（メッカ巡礼）の最後の日に、羊などを屠って祝われる犠牲祭が、クルバン・バイラメ (Kurban bəirəme) と呼ばれている。バヤジトヴァの整理によれば、クリャシェンにおいては、豊作を祈って野原で家畜を屠り、粥を炊いて祈りを捧げるものと説明されている。その詳細は地方によって異同があり、羊などを屠る地域もあれば、魚や卵を処理して捧げる地域もあるという[1]。

キレメチは、やはりアラビア語に由来する言葉で「奇跡」を意味する。これはチュヴァシやマリといった、沿ヴォルガ中流域に居住する様々な民族のイスラームやキリスト教伝来以前の伝統的な信仰の対象として良く知られている[2]。やはりバヤジトヴァの記述に倣えば、クリャシェンの間では、

---

[1] Flora Bayazitova. *Kerəşennər: tel üzençəleklərə həm yolatı.* (Kazan: Matbugat yortı, 1997), pp.161-162.

[2] 特にチュヴァシにおけるキレメチに関連するチュヴァシの信仰実践、及びそれとロシア正教会の関係については、後藤正憲が様々な論考を著している（Goto Masanori "Metamorphosis of Gods: A Historical Study on the Traditional Religion of the Chuvash." *Acta Slavica Iaponica.* 24 (2007), pp.144-165; 後藤正憲「実践としての知の再／構成：チュヴァシの伝統宗教と卜占」『スラヴ研究』第 56 号、2009 年、157-178 頁；後藤正憲「複合す

特に老木をそれに見立てて、布やコインを供え、病気の治癒などを願うものと説明されている[3]。

チュクも、やはり沿ヴォルガ地域に居住する様々な民族に共通の習慣とされており、雨に恵まれないときに、野原に出て家畜を屠って粥を炊き、さらに水をまくのが一般的な形として紹介されている。また、各地方における形式を見てみると、羊を屠る事例のほか、卵を用いる例なども挙げられている[4]。

これらの習慣の中でも、帝政期の記述などで多く見つけることができるのが、キレメチについてである。カザン神学アカデミーのイリヤ・ソフィイスキーは、クリャシェンに見られるキレメチの習慣について、詳しくその様子を描き残した。それによれば、キレメチが意味するのは、「神霊そのもの」、「それに対して供物を捧げる場所」、「捧げられる供物」そのものの3つであるという[5]。供物として捧げられていたのは羊や牛であり、屠殺した後に粥にして食されており、それぞれの所作の際にはイスラームに基づいた祈祷が捧げられていたという。また、羊などを用意できない貧しい人々については、麦の粥と布を捧げたりすることで代行していたとも言われている[6]。

ただし、この儀礼は一様に行われていたわけではなく、人びとの宗教へのコミットの仕方によって態度が異なっていたとも報告されている。最も強くこの習慣を維持していたのは、伝統宗教に由来する儀礼に忠実な

る視線：チュヴァシの在来信仰とロシア正教会」塩川伸明・小松久男・沼野充義・宇山智彦編『ユーラシア世界第1巻＜東＞と＜西＞』東京大学出版会、2012年、183-206頁）。

3 Bayazitova. *Keraşennər: tel üzençəlekləre*. p.164.
4 Bayazitova. *Keraşennər: tel üzençəlekləre*. pp.164-166.
5 Il'ia, Sofiiskii. "O kiremetiakh kreshchenykh tatar Kazanskogo kraia," *Izvestiia po Kazanskoi eparkhii*. no.24. (1877), p.678.
6 Sofiiskii. "O kiremetiakh," p.683.

人々であり、「純粋なクリャシェン（Çista kryaşen）」「清潔なクリャシェン（Taza kryaşen）」などと呼ばれていたという。それに対し、ロシア正教により強く帰依している人びとは、こうした習慣を放棄しており、こうした人々は周囲から「黒いクリャシェン（Kara kryaşen）」「ロシア化したクリャシェン（Urıssımak kryaşen）」などと呼ばれていたという。また、やはりこれらの習慣にはそれほど積極的ではなく、よりイスラームの習慣などに忠実な人びともいたといい、そうした人々は「白いクリャシェン（Ak kryaşen）」「タタール化したクリャシェン（Tatarısmak kryaşen）」といった呼び名が与えられていたという。こうした名称は、古来の習慣に基づくことが「純粋」とみなされており、ロシア正教への帰依はその「純粋」さを失って「黒く」染まることとみなされ、逆にイスラームへの帰依は沐浴などによって「白さ＝清浄さ」を維持するものとみなされていたことを示している[7]。

　正教の宣教師らの目から見たときに、こうした慣習は、「正しいロシア正教」への帰依を妨げる旧弊と映っていた。クリャシェンの民族誌的な記述を残した N. オディギトリエフスキーも、クリャシェンの間のキレメチ信仰について触れ、そこにイスラーム的な要素の見られる点を指摘している[8]。こうした側面から、キレメチに限らず、犠牲を捧げるような実践・信

---

[7] Sofiiskii. "O kiremetiakh," pp.687-688. そもそも、こうした白と黒の区別は、ムスリムとロシア正教徒の信仰実践の差に基づきつつ、両者の清浄さと不浄を象徴するものとなっている。すなわち、ムスリムは寺院などの聖なる場所に入る前に靴を脱いで身を清め、髪も短く整えていたのに対し、正教徒は身を清めることもなく、髪も長く伸ばしており、こうした特徴が両者の差異の一つの指標とみなされていた（Agnès N. Kefeli. *Becoming Muslim in Imperial Russia: Conversion, Apostasy, and Literacy*. (Ithaca and London: Cornell University Press, 2014), p.35.）。

[8] N. Odigitrievskii. *Kreshchenye tatary Kazanskoi gubernii: etnograficheskii ocherk*. (Moscow, 1895), p.32.

仰は、クリャシェンがロシア正教に帰依することを妨げるものという意見も上がっていた[9]。当時のクリャシェンの様子を描いた宣教師の記録の中でも、イリミンスキー方式の学校で教育を受けた少年が、キレメチのために集められた金品を持ち出し、イコンを買った話が紹介されており、ロシア正教への帰依がこうした信仰を撲滅させるという期待が垣間見える[10]。

　しかし宣教師の間でも、キレメチなどへの評価は、必ずしも否定的なものばかりであったわけではない。一部からは、儀礼を行うことによって、クリャシェンがイスラーム化することを食い止めることができるとして、消極的に容認するような意見も見られた[11]。また、キレメチの実践の詳細を見てみると、イスラーム的な要素の他に、ロシア正教的な要素が混入している例も確認できる。先に触れたオディギトリエフスキーの記録では、コーランの章句を引用している事例と共に、キリスト教の文言と十字架を伴った事例も存在したことが記されている[12]。ここからは、かつての信仰に由来するとされる儀礼が、イスラームないしロシア正教と一体化する形で人びとの間で実践され、継承されていったことが窺われる。

　ソ連初期の民族誌資料においても、キレメチなどの儀礼についての記述を見つけることができる。沿ヴォルガ地域の諸民族における宗教に関する記述の中では、「『クリャシェン』は、……現在『正教徒』でありつつ、同時に『キレメチ』や伝来の血の供儀を保存している」という記述を見る

9　Mikhail, Mashanov. *Religiozno-nravstvennoe sostoianie Kreshchenykh Kazanskoi gubernii Mamadyshskogo uezda.* (Kazan': Universitetskaia tipografiia, 1875), p.24.

10　"Iz zhizni kreshchenykh inorodtsev v Kazanskogo kraia za 1887 god," *Izvestiia po Kazanskoi eparkhii.* no.1 (1888), pp.23-25.

11　Mikhail, V. Apakov. "Missionerskie besedy s kreshchenymi i nekreshchenymi tatarami i votiakami Kazanskogo kraia," *Izvestiia po Kazanskoi eparkhii.* no.13 (1881), p.339.

12　Odigitrievskii. *Kreshchenye tatary Kazanskoi gubernii.* p.32.

ことができる[13]。また、同時代のクリャシェンの伝統儀礼のあり方を紹介したI. コヴァリは、キレメチ以外の習慣を取り上げながら、「(形式の変遷を経つつ)儀礼はカマ河沿岸のクリャシェンのもとで、強固に残っている」と記録している[14]。ソ連期における民族学は、こうした記述を通じて帝政期の知見を継承し、クリャシェンがロシア正教徒でありつつ、同時にキリスト教受容以前から存在していたとされる伝統・習慣を色濃く残した集団であるという言説を確固たるものとしていった。

その後の流れについては、確認できる資料などを入手できていない。しかし、反宗教政策や近代化政策の中で、さらに衰退の速度が早まったと思われる。この時代における民族学文献においても、これらの儀礼は過去形で記され、「かつてあったもの」として扱われている。しかし人びとの話を聞いてみると、人目を忍んで、あるいはおおっぴらにこうした習慣が継続していたという証言もある。そして、そうした地では、現在にまでそれが継続している村落も存在している。

8.2. コルマンの実践

8.2.1. コルマンの過去

筆者が訪問した中では、クリャシュ・セルダ村が現在でもこの習慣を色濃く残す村となっている。帝政期の文献においても、それに関連する記述が存在する。それによれば、キレメチは7人の兄弟であり、それぞれがクリャシュ・セルダ村を含む近隣の7つの村に降り立っていたという。

---

[13] N. Matorin. *Religiia u narodov Volzhsko-Kamskogo kraia: prezhde i teper'. Iazychestvo-islam-pravoslavie-sektanstvo.* (Moskva: Bezbozhnikov, 1929), p.34.

[14] I. Koval'. "Obriady kreshchenykh tatar (imenuemykh kriashen)," *Materialy Obshchestva po izucheniiu Bashkirii. Kraevedcheskii sbornik.* no.3-4 (1930), p.84.

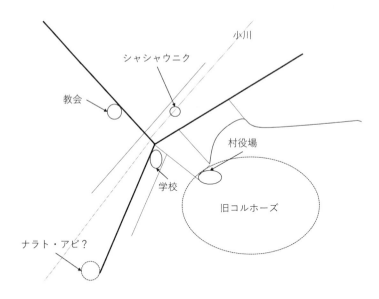

図 8-1　クリャシェン・セルダ村略地図

その中にはタタール・クリャシェンのみならず、ロシア人の村も含まれていた。ここで紹介されているのは、そのうちのアリベディノ村の例であるが、そこでは3年か5年に一度、豊作を祈って村人の積み立てによって購入した白い牛を生贄に捧げたという。この牛はキレメチが降り立つという泉のそばで屠られ、その場でゆでられて、男性の祈祷とともに捧げられていたと記録されている。しかし、こうした習慣は正教啓蒙の進展とともに廃れていったという[15]。

　もっとも、完全にこうした習慣が消えたわけではなく、クリャシュ・セルダ村においては、こうした習慣の名残は今でも確認することができる。村の博物館を見ると、それに関連するものとして、「ナラト・アビ (*Natat əbi*: 松のおばあさん)」という習慣についての以下のような記述がある。

15　"Iz zhizni kreshchenykh inorodtsev," pp.22-23.

丘から1キロメートルのところに、「ナラト・アビ」という場所がある。かつて、この場所は聖なる地とみなされていたらしい。そこには他の村からもクルバンを捧げていた（動物を屠った）。ここには、松の木が多くそびえ立っていた。聖なる場所としてみなされ、これらの木には触れてはならず、枯れ落ちた枝を拾い、燃料にしてもならないと言われていた。村の近くにやってきたチェレミス（引用者注：現在のマリ）の一人が、「ナラト・アビ」から落ちた枝を集めて、家で燃料にしようと持って帰った。しばらくして、その人の身体中にできものができた。この事件で、これらの木が聖なるものであることが確認された、と言われている。こうして、聖なる場所で4、5本の松を植えることが続けられた。その倒れて朽ちた枝や、そのあとに残った木にも触れてはならない。

　今（2008年）では、聖なる木のうち1本しか残っておらず、それも枯れてしまっている。これが聖なる木であったことは、多くの高齢者が知っているが、今ではこれに跪拝はしていない。この場所を、村人はみな、「ナラト・アビ」の方角と呼んでいる。

　これは、儀礼の様子から類推するに、キレメチに該当する信仰と思われる。ここでの記述は1本残っているとされているが、筆者がこの博物館の館長を含め、村の住人に確認した限り、どこにあったかは判然としない。また、ここで記されている習慣についても、高齢者の中に、自分の親や祖父母世代に行っていたという話が聞ける程度である。その話によれば、この木の近くには泉があり、その水に対する祈祷もあったと言われている。もっとも、その正確な位置は判然としておらず、筆者も村人から聞いた話に基づいて、村の近くを探してはみたものの、それらしき跡をみつけることはできなかった。

写真 8-1　クリャシュ・セルダ村のシャシャウニク（2011 年 7 月筆者撮影）

8.2.2. シャシャウニク

　それに対して、現在も残っているのは、村の中心に位置する「シャシャウニク（Çaçaunik）」である。これは、ロシア語の「チャソーヴニャ（Chasovnia: 小礼拝堂）」に由来していると考えられる。同様の十字架は、ロシア正教徒が多数を占める村では、村の境目などに類似のものをしばしば見ることができる。

　この村の場合、中心に小川が流れており、それを挟んで高地と低地に分かれている。その境の坂になっている部分の 1 カ所から清水が湧きだしており、その水がわき出る場所を見下ろす形で、これらの柱が位置している。十字型の木の棒に傘のかぶさった形をしており、十字の腕の上には、イコンが置かれている。同じ形のものが、2011 年現在は 3 本立っており、そのそれぞれの腕木には布がかけられている。2006 年からこの村の教会に派遣されているディミートリー（シゾフ）司祭によれば、もともとは村の外れにも数本立っていたといい、一緒に村はずれを見に行ったが、該当

するものは見つからなかった[16]。司祭はこの村の出身ではないので、単純にうろ覚えだった可能性も高い。しかし、そもそも司祭は私がそれを見たいと言ったのに対して気乗りしない様子であり、村はずれに着いて一瞥するや、「見当たらないな、もうないのだろう」といってそそくさとその場を去った。こうした態度には、後にも示すように、司祭がこのシャシャウニクを用いた儀礼に向けている冷淡な態度の反映も見ることができるであろう。

　クリャシュ・セルダ村においては、シャシャウニクは、人びとが願掛けのために行く場所であるとされている。すなわち、病気の治癒などの願いごとがある際に、この腕木に布をかけると願いごとがかなうとされている。その願いごとをする際には、人目を避けて行かなくてはいけないとされているが、最近はそれを気にせず、日中に行く人もいるという。

　こうした個人的な祈祷、願掛けのほかに、集団で行う儀礼も存在している。それが7月に行われる「コルマン・ボトカス（*Korman botkası*: 捧げものの粥）」あるいは「コルマン・バイラメ（*Korman bəirəme*: 犠牲祭）」と呼ばれる行事である。これは、聖使徒ペトル・パウェル祭（ペトロフ・ジェーニ: Petrov den')[17]の次の日曜日に行われることとなっている（2012年では7月15日）。筆者は、特に10章で取り上げるピトラウと日程が重なる関係で、実際にこの行事に参加することは出来なかったが、以下に村人によるインタビューを基に、実施の様子を再現する。

16　先述のスタロ・グリーシュキノ村を始め、他の村ではこうしたチャソーヴニャは、（かつての）村の境界地点に置かれることが多い。
17　7月12日（旧暦の6月29日）に祝われる、ロシア正教の祝日。斎戒明けの日に当たり、また次の章でくわしく見るように、クリャシェンの民俗的な暦では夏の終わりともされて、盛大に祝われている。

写真8-2　コルマンで用いられるイコン（2011年7月筆者撮影）

8.2.3. コルマンの現在

　この習慣は、シャシャウニクの周囲ないし、その川向かいに人びとが集まって行われる。その中心となるのは、大釜での粥づくりである。この日、参加者は各々様々な穀物や卵を持ち寄って、ここに集まって来る。ナラト・アビでは、肉を捧げていたのに対して、ここでは肉は用意されない。持ち寄った穀物などは、大がまで炊いて粥にする。この際、先導するのはこの村の最初の移住者の家系の人々である。そして、出来上がった粥を分配するに際しても、最初の一盛りは必ずこの家系の女性が受け取ることとされている。その後、この粥は参加者それぞれに分配され、その場で食べたり、家に持ち帰ったりする。

　この粥づくりの際に、同時に行われるのが祈祷である。やはり、この村への最初の移住者家系に、この行事のための特別のイコンと祈祷用の言葉を書き留めたノートが保管されており、その表紙には、「コルバンで釜に入れる際に読む祈祷と炊き上がった後に読む祈祷（*Korbanda kazanga*

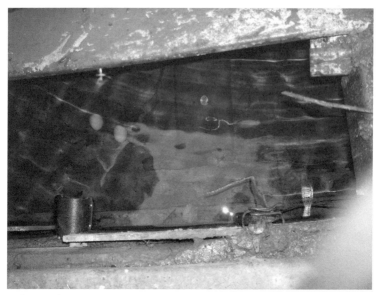

写真 8-3　水場に置かれた卵と硬貨（2011 年 7 月筆者撮影）

salganda ukıi torgan iman həm kazanga pekənnən son ukıi torgan iman)」と書かれている。コルマンの際には、シャシャウニクに対してこのイコンを捧げ、神に向けて祈祷を行うこととされているのである。これを読むのは村の女性であり、現在読んでいるものも、彼女が持ちこんだものと言われている。

　また、シャシャウニクにかけられた古い布は、この機会にすべて外されて、粥を煮る竈に入れて燃やされる。そして、新しいきれいな布と交換される。さらに、シャシャウニクの脇の水が湧く場所に、卵を 2 つと硬貨が入れられる。これは水が出続け、きれいなままであるように、という願いを込めてのものであると説明されている。

　このコルマンにかかる一連の儀礼と、この節の初めに取り上げた 19 世紀に観察されていた「キレメチ」に対する儀礼、及びこの村にかつてあった「ナラト・アビ」に対する儀礼相互の関係について、確たる証拠はない。しかし、まず「キレメチ」の儀礼と「ナラト・アビ」の儀礼について

は、その内容と性格から推して同一のものであることが推測される。一方、「コルマン」については、「ナラト・アビ」への儀礼との類似性を感じさせるものの、明確にこれらが連続したものという確証はない。ただこの両者の間には、捧げ物として用いるのが肉か穀物か、という違いが存在している。この点をも念頭に入れつつ、そもそもいかにしてこのコルマンが、今に至るまで途絶えず継続し、人々にいかに受け止められているのかを検討しなくてはならない。

キレメチについて紹介する中で述べたように、かつてはクリャシュ・セルダ村の周辺の村においても、かつては供犠を伴った行事が存在していた。しかし、かつて隣に位置していたルスカヤ・セルダ村では、このコルマンと類似の習慣が存在していたというが、ソ連時代に村ソヴィエト議長の指示によって廃止されたとされている。これに対し、このクリャシュ・セルダ村では、特にそういった指示はなかったという。実際筆者が話を聞いた人びとの中には、かつて村ソヴィエトの議長を務めたという男性が含まれるが、彼自身これに積極的に参加していると述べている。

これに対し、コルマンのような儀礼に対して現在批判的な目を向けているのが、ロシア正教会である。特に、クリャシュ・セルダ村に教会ができ、司祭が住むようになってから、村人の意識に変化も見られる。他方で、クリャシェンの民族運動という視点から見た時には、また異なった像も示されている。以下、この多様な視線について、宗教と（民族）文化意識という背景を念頭に置いて、検討を行う。

8.3. 儀礼に向けた視線

8.3.1. コルマンとロシア正教会

すでに触れたように、19世紀の宣教師やロシア正教会関係者は、古代の信仰に由来する様々な習慣について、一部イスラームと比較してより害が少ないとする意見のあるほかは、概ね否定的な姿勢を示してきた。そし

て、そうした姿勢は現在の正教会関係者に話を聞いても継続している。

　現在のロシア正教の司祭らは、しきりにロシア正教は「イスラームと比べ、より寛容な宗教」であると強調している。すなわち、ムスリム・タタールはイスラームを受容したことにより、様々な面で中東・アラビア文化＝化が進んだのに対し、ロシア正教会は現地の文化を尊重するので、クリャシェンの間では古代から続く文化や習慣が保存されているというのである。しかしその中で、コルマンのような供儀を伴う習慣に対しては、一貫して否定的な態度がとられている。カザンでクリャシェン語の祈祷を行っているパヴェル（パヴロフ）長司祭は、キリスト教受容以前の信仰に由来する様々な習慣に関し、「それはロシア正教と一体化している」と述べている。他方で、「犠牲を捧げるものはなくなってきている」とも語り、特にコルマンのような供儀に対して否定的な態度を示していることが窺われる[18]。カザン大主教区の関係者も、こうした習慣が残っていることについては、基本的に否定的な立場をとっている。そして、これらの習慣に対処すべきは、各地に派遣されている司祭であり、それが残っているのは司祭の働きかけが不足しているためであるとしている[19]。

　筆者のもう一つのフィールドである、メンデレエフスク郡のスタロ・グリーシュキノ村では、かつて同様の雨乞いのために捧げ物を行う儀礼があった。第6章で紹介したチャソーヴニャの傍で、大鍋に穀物や卵、塩をいれて粥を作っていたと村人は回想している。しかし、近年この村に通い、クリャシェン語での祈祷を行っている司祭が、こうした習慣は異教に由来するものであり、正教徒として行うべきものではないと村人を説得した。その結果、この儀礼は行う人がいなくなり、必要な時には司祭がチャ

18　パヴェル長司祭へのインタビュー（2008年10月6日、カザン市ティフヴィン教会）。

19　アレクサンドル長司祭へのインタビュー（2015年9月3日、カザン府主教座宗務局）。

ソーヴニャの前で、ロシア正教の教えに則って祈祷をあげるということになっている[20]。

クリャシュ・セルダ村では、現在でもコルマンが継続している一方、2006年にできた教会に赴任し、祈祷を挙げているディミートリー司祭が、一貫してコルマンは「正しい行いではない」として、村人にこういったことはすべきではないと説いている。

こうした司祭の否定的な態度は、筆者がこの儀礼を結局見ることができなかった理由の一つにもなっている。筆者はこの儀礼の存在を知り、2011年にこれに参加すべく、あらかじめ司祭に祭りの日を確認し、それに合わせた日程で村を訪問した。しかし、そこで他の村の住人に聞いてみたところ、「お前はどうして先週こなかった？ せっかくコルマンをやっていたのに」と言われた。その後、司祭に確認したところ、「そうだったかも」といった曖昧な返事であった。おそらく司祭に悪意はなかったと思われるが、ここにはこの行事に対する極度な無関心が顕著に表れていたと考えられよう。実際、司祭も彼の弟も、この村に来てから一度もこの行事には参加していないと語っている。

さらに、司祭のこうした否定的な態度は、やや強硬な手段にも及んでいる。2008年には、シャシャウニクが置かれた水場に、新しく沐浴をするための小礼拝堂が作られ、その建設の際に邪魔になるという理由で、もともと6本あったシャシャウニクのうち3本を撤去したという。さらに、筆者がディミートリー司祭と村内を散歩していた際、今も残るシャシャウニクのうちの一本が倒れていた。それを一瞥したディミートリー司祭は、「これも片付けないといけない」とつぶやいて、その場を後にした。

とはいえ、この倒されたシャシャウニクも気づかれないうちに誰かの手によって改めて立て直された。さらに、新しく建てられた小礼拝堂の中の

---

20 ただし、水不足が深刻になった際には、現在でも以前のような儀礼が行われることもあるとも言われている。

写真 8-4 新築の小礼拝堂とシャシャウニク（2009 年 10 月筆者撮影）

沐浴場では、村人たちがこれまでの水場での習慣に倣い、願い事を込めて硬貨を投げ入れていた。これに対しても、司祭はキリスト教受容以前の異教に基づいた行為として否定的な姿勢を示し、そうした行為を禁止するという掲示を沐浴場の入り口に掲げ、現在では普段は施錠されて入れなくなっている。ここには、その教義に基づき、それに反すると思われる土着の習慣を撲滅しようと、ロシア正教会が頑なな姿勢をとり、現地の人々と対立しているような印象が持たれる。

　確かにこうした信仰実践について、キリスト教受容以前にあったとされる土着の信仰と関係したものであると想像することは容易である。この村出身の歴史家が、コルマンについて記した記事の中でも、これは古代よりモンゴル系・テュルク系諸民族の間に広まっていたテングリ（天神）信仰の一部であるという位置づけがなされている。こうしたキリスト教とは異なる信仰体系としての「異教（iazychestvo）」と直接的なつながりをもつものとして、正教会の関係者から警戒されているということは確かに理解

できることである。

　しかし村人たちの話を聞いていくと、このコルマンのような儀礼に対して、独立した信仰の体系の中に位置づけるのではなく、ロシア正教と一体化したものとして捉えられている様子も見ることができる。現在の儀礼の中ではイコンが用いられ、祈祷を行う対象も十字架様である点に、ロシア正教の色濃い影響を見て取ることができる。筆者はディミートリー司祭の弟（G）とともに、村人にこの儀礼についての聞き取りをして回った際に、この儀礼で中心的な役割を担っている女性（M）宅も訪問した。この女性宅には、コルマンで使用するイコンや、そこで読む祈祷をメモしたノートが保存されていた。しかし、この聞き取りの現場は、Gが教会へ行くことを進めるのに対し、Mが反論するというものになった。

　　　G「我々の村では、聖職者のほかに、こうした言葉から始めるべきではない」
　　　……
　　　M「神（*Allax*）のことを思い起こさなくていいのか」
　　　G「（神は）教会の近くに来た。ここではご利益はない」
　　　M「利益がないとしても、私はしてきた」
　　　……
　　　G「今は、我々の主（*Xodai*）がいる。主イエス・キリスト自らが、犠牲に行った。すでに犠牲が必要ない。これ以上、犠牲は必要ないのだ。（主）自らが行ったのだから。すでに2000年だ。その肉体と血を得よう。主自ら犠牲に去った。自ら自分のところへと去ったのだ。」
　　　M「あそこ、ルス・セルダ（隣の村）でもあったではないか」
　　　G「確かにあった。それは単に人々がわかっていなかったのだ」

　この会話に端的に示されているように、コルマンを実践している人の中

には、コルマンを捧げる対象をキリスト教における神（彼らの言葉では *Allax*）と想定している人々もいる。その点で、正教徒として逸脱しているという意識はない。これに対して、教会関係者からみたときに、すでにキリストが犠牲となっており、それを祀る回路として、聖職者と教会が想定されている。コルマンは、その回路を逸脱し、異なる信仰の体系に直接コミットするものとして、否定されているのである。Gは、はっきりとこうした習慣を行うことは無知を表すことであり、この後にGは端的に「宗教的な罪（*yazık*）」をなすことになるとして、厳しい批判の目を向けている。

　この事例で興味深いのは、ナラト・アビに対する肉の供物が途絶えたのに対し、コルマンという穀物を捧げる儀礼が残っているという点である。すなわち、より異教的な響きの名前を持ち、かつ動物を屠るという直接的な供儀という印象を与えるものに代わり、イスラームに由来するとはいえ、一神教的な意味合いを帯びた名前を持ち[21]、内容においてもロシア正教徒の一体化の進んだ儀礼が残った（あるいはとって代わった）ということは、この儀礼自体がすでにロシア正教化の影響を受けつつ変化してきたことを示唆したものと解釈できよう。

　そして現在、ロシア正教会の復興が公になり、時代も変わる中で、人びとの態度もより多様なものとなっている。村で話を聞く中でも、特に男性の間からは、「こうした習慣はおばあさんや子どものやることで、自分には関係ない」といった発言が聞かれた。ここには、ソ連期の近代化や無神論教育の影響が人々に浸透していることが窺える。

　また村以外の出身者からすると、このような習慣は、明確にキリスト教に反するものと認識されている。この村に婚入りしてきたという別のク

---

[21] これに関しては、イリミンスキーが聖典の翻訳に当たり、「神」を訳す際に、一神教的な意味合いを帯びているという点から、あえて「アッラー」という訳語を用いたことも想起される。

リャシェン村出身の女性（60代）は、コルマンのような習慣に出かける人は、キリスト教徒としての信仰を持っていない人たちであると断罪する。

第6章でも紹介した、ムスリムの家庭出身ながらこの村の男性と結婚し、その後ロシア正教に改宗した女性も、こうした習慣を続けることに批判的な姿勢を示している。彼女は、現在では村でも最も積極的に教会の活動に関与しており、毎回の教会での祈祷には一番にやってきて、その準備も手伝っている。彼女は、こうした習慣について、以下のように非常に批判的な意見を述べている。

> あれは正教ではない。村の人たちは、習慣としてあれの前で粥を炊いたり、布をかけたりしている。しかし、それは正しい正教のあり方ではない、ただの風習だ。きちんとお祈りとかをし、努力をしないと神に届くものではない。先日のポクロフも、彼らは自分たちの習慣に沿って行っていたが、それは正しくない。……祝日にしないといけないのは、教会で祈りをあげることだ。

また、彼女は子供に恵まれず、村の博物館長に相談したところ、シャシャウニクに布をかけて祈ることを勧められた。しかし、結局彼女はそれをせず、養子を迎えて現在に至っている。彼女は総じて村の宗教実践について、「ここの人たちは習慣（obychai）として理解し、実践している。でも、それは神に向けた努力とは違う」として、あくまで聖書などを読むことが正しい正教徒としてのあり方だ、ということを強調している。

このように、特にコルマンなどに親しんで来なかった、村外出身者の目からみると、このような習慣は「誤った旧弊」と写っており、ロシア正教の「正しい」あり方から逸脱したものとして認識されている。そして、ロシア正教徒として教会の教えに則った、「本来の」信仰実践を行うべきという意見が見られる。

実際、近年教会ができ、ディミートリー司祭がこの習慣を批判する姿勢

を一貫して示していることによる変化の可能性も指摘できる。ここまでの記述からは、あたかも司祭が村の習慣を無視し、村人と対立しているような印象を与えるかもしれない。しかし、実際にはこの司祭の赴任は、基本的に村人からは好意的に受け入れられており、筆者が教会に滞在している間も、しばしば司祭と雑談をしに来たり、家で採れた野菜を持ってくる村人を目にした。

そうした訪問者の中でも、特によく目にしたのが、40代の男性のKであった。そもそも筆者が、このコルマンについて最初に知ったのもこのKを通じてであった。筆者が村を散歩中、コルマンの焚き火の跡を見つけた時、たまたまそばにいた彼がどういったものなのかを説明してくれたのである。この際、Kは自分の子供時代の思い出も含め生き生きとこのコルマンについて語り、今でもコルマンで使う釜を管理するなど積極的に参加している。彼は、教会の奉神礼にはほとんど参加していない。しかし、しばしば村の現状についての愚痴などを話しに、教会に来ては司祭と話し込んでいるのである。

Kは教会ができて村の生活が変わり、「今は司祭がいるので、みなそこに相談に行く」という。そして、この教会の存在により、今後人々の意識も変わるのではないか、ということを語っている。実際、ディミートリー司祭が2008年にシャシャウニクを引き抜かせたというのも、村人の相応数の賛同が得られなければ不可能であったであろう。その点で、村の中はすでに教会に象徴されるキリスト教のあり方の影響を受けつつあるということもできるであろう。

8.3.2. 伝統としてのコルマン

このコルマンを実践している村人たち自身、先に紹介したように、キリスト教の一部として理解する人もいる一方で、多くはこの習慣がキリスト教伝来以前の信仰に由来するものであり、必ずしもロシア正教の教義に即したものではないと理解している。それでも、彼らはコルマンを止めよう

という気配を見せることはない。それについて理由を尋ねてみると、口をそろえて、「自分たちのおばあさんたちが昔から続けてきた村の伝統」だからという。すでに前節でも述べたように、この村の教会の祈祷にはよほど大きな祝日でないかぎり、わずかな人数しか参加していない。それに対し、コルマンには、カザン等の街に出ている親戚が戻ってくるなど、大きな賑わいを見せているという。具体的な中身を聞いている中でも、「子どものときには、大がまに残った粥を掬って食べるのが美味しかった」、「夜には多くの人が集まって、楽しんだ」といった、良い思い出とともに語られることが多い。こうした村に根付いた、重要な行事としてこのコルマンは位置づけられ、実践されている。2012 年は、この村出身の歴史家の発案で、村の開基 400 周年が祝われることとなったが、そのお祝いの機会とされたのも、このコルマンであった。

　こうした、「伝統」としてのコルマン等の行事に対する注目は、クリャシェンの民族運動の中でも、しばしば指摘されることである。5 章で指摘したように、この運動の中では、クリャシェンが古代から続く、独自の民族文化の継承者であることが繰り返し主張されてきた。そして、コルマンのような儀礼がクリャシェンの間に見られることは、自分たちの祖先とイスラームとの関係が希薄な中で文化を発展させてき、したがって、現在のムスリム・タタールとの関係もより弱いものであることを示すと考えられているのである。例えば、音楽学者で民俗学者のゲンナージー・マカーロフは 2000 年の会議の中で、「しばしばキレメチやクリャウ (*kliau*)[22] と名付けられた、森や泉、山という形で、異教の聖地も残されている。こうした村落では、おそらく住民は半ば異教を奉じ、イスラームが定着しない中で、キリスト教を受け入れた」として、クリャシェンがより古い信仰の影

---

[22]　クリャウ (kliau: *keläü*) とは、「祈祷」を表し、特にキレメチと同様、外で動物や粥を捧げて雨乞いなどをする儀礼を指す言葉としても用いる (Bayazitova. *Keräşennär: tel üzençäleklärä*. p.163)。

響の強い中にあったことを示唆し、それをクリャシェンの特徴として強調する姿勢を示している[23]。

　そして、そうしたクリャシェンの「伝統」を強化すべく、クリャシェン民族運動の一環として、これらの行事の復興、イベント化も行われている。クリャシェン民族文化新聞『トゥガナイラル』紙を見ると、クリャシュ・セルダ村におけるコルマンと同様の習慣として、「チュク（*Çık*）」についての記事がある。それによれば、タタルスタン中心部のママディシュ郡の村で、長年行われていなかったチュクが久々に行われた様子が、クリャシェンの伝統文化回帰の一環という調子で紹介されている。このチュクでも、チャソーヴニクの置かれた泉の傍で人々が持ち寄った穀物で粥を炊き、かつての信仰についての知識を持っている女性がそこに赴いて、祈祷をあげる。その後、村人が雨が降るように祈りつつ、焚かれた粥や卵を食し、水をまいていたと報じられている[24]。

　こうした供儀を伴った儀礼に限らず、キリスト教と微妙な関係にある習慣などについて、クリャシェンの民族運動が、それを自分たちの「民族文化」として積極的に推進している例は様々ある。例えば、降誕祭（1月7日）から洗礼祭（1月19日）までの間に行われるナルドゥガン（*Nardugan*）という習慣などに、やはり教会との微妙な距離、また伝統的な民族文化を強調する姿勢が見てとれる。これは、冬至を祝うものとされ、この期間中は村の若者が滑稽な衣装を着用して村を練り歩いたり、様々な占いや遊びを行ったりする時期とされている。クリャシュ・セルダ村でもこの習慣は残っており、今でも若い男性が女装して村内を歩いたりするこ

23　Gennadii M. Makarov. "Perspektivy razvitiia traditsionnoi kul'tury kriashen v sovremennykh usloviiakh," *Materialy nauchno-prakticheskoi konferentsii na temu "Etnicheskie i konfessional'nye traditsii kriashen: istoriia i sovremennost'"* (Kazan': Kriashenskii prikhod g. Kazani, 2001), p.23.

24　M. Maksimova. "Çuk botkası aşadık," *Tuganailar*. 2009.06.25.

写真 8-5　村人が保管している、ナルドゥガンで女装している若者たちの写真
（2010 年 1 月筆者撮影）

とがある。

　しかし、これも基本的にキリスト教以前の信仰に由来するものと考えられ、教会関係者は「悪魔の祭り」と称することもある[25]。これに対し、現在のクリャシェン文化復興運動の中では、この祭り・習慣はクリャシェ

---

[25] 例えば、筆者がカザンのティフヴィン教会を訪れて、礼拝に来ている信者に対し、クリャシェンの伝統的な習慣として、ナルドゥガンをどう思うか尋ねたところ、「あれは悪魔の祭りだ」と一喝されたこともある。また、この祭りについての帝政期の記述をみると、始まりに「悪魔の祭りへ～（Şaitan tuiüna）」という呼び声で始まっていたとあり、すでに当時から当人たちは、ある程度正教の教えから逸脱していることを意識しつつ、こうした習慣を楽しんでいた可能性もある（R. Daulei. "Sviatki u kreshchenykh tatar: Mamadyshskogo i Laishevskogo uezdov Kazanskoi gubernii," *Izvestiia Obshchestva arkheologii, istorii i etnografii.* 19/3-4, (1903), p.196.）。

ンに特徴的なものの一つとして、ピトラウと並んでしばしば言及されている[26]。そして、各村で伝統に則った形で行われているほかに、カザンやナーベレジヌィエ・チェルヌィといった大都市では、大ホールを借りて、これを祝うフェスティバルが行われている。そこでは、アンサンブルによる演奏などが行われるほか、この祭りの時期に行われている伝統的な占いや遊びの実演も行われ、「クリャシェンの伝統」を人びとに目の当たりにさせることが志向されている。

　こうした民族文化運動の中での、コルマンやナルドゥガンに対する評価には、明らかにロシア正教以上に、「土着の民俗」に重点を置き、自分たちの文化・独自性の指標とする傾向の反映をみることができる。実際、こうした実践によって、ムスリム・タタールなどの周辺の集団とは異なる習慣を有した存在としての自己を確認する指標となっている様子も垣間見られる。先に取り上げた「ナラト・アビ」についての博物館内での説明では、マリの人物が触れたために、腫れものができたことが記されている。筆者が村人に話を聞いた中では、これがムスリム・タタールに置き換わっている話もある。筆者と同様、2000年代にこの村を調査したモスクワ大学の大学院生のイヴァン・セヴァスチャノフは、シャシャウニクが、この村の住人にとって、自他を峻別する指標となっていると指摘している[27]。ある

26　タタール民族学者のダミル・シャラフッディノフは、この語源（Nar＝火、Dugan＞Tugan＝誕生）から、これをテングリ信仰の中の太陽神崇拝と結びつけて、この地域の古代の信仰に由来するものとしている（Damir R. Sharafutdinov. *Istoricheskie korni i razvitie traditsionnoi kul'tury tatarskogo naroda XIX – nachalo XXI vv.* (Kazan': Gasyr, 2004). p.98.）。しかし、この時期はロシア語では「スヴャートキ（Sviatki）」と呼ばれ、やはり様々な占いや遊びに興じる時期であるとされている。そのため、ロシア正教の受容とともに、ロシア人の習俗を導入した可能性は大いに考えられる。これについては、より詳細な文献研究を含めた検討が必要であり、今後の課題である。

27　Ivan V. Sevastianov. "Rol' sviashchennykh mest v sovremennoi sisteme

いはナルドゥガンについても、その思い出話を聞いている中で、「そういえば仮装している時に間違って、タタールの婆さんの家に入ったことがあったけど、あのときはたまげてたな」といった話もあり、やはりこうした習慣を通じて、ムスリム・タタールとの差異を明確に実感する機会を持っていたことを窺うことができる。

とはいえ、こうした差異の指標であることと、それが「クリャシェンの文化」の指標とみなしうるかということは同一ではない。すなわち、こうした差異の感覚が何を基準にしており、どういった範囲が想定されているのかには常に注意を払わなくてはならない。

この節でここまで見てきたように、この基準において人々の意識のあり方は統一したものとはなっていない。特にロシア正教と関係があるか否か、そもそもこれが宗教的とみなすべきものであるのか、といった点について、人々の間で意見の一致は見ていない。当然それに従って、この儀礼によって指示されるべき自他の範囲やその意味も異なってくる。そのため、クリャシェンの「民族」を名乗る運動の主張とも若干のギャップが存在する余地もある。運動の中で積極的な広報やイベントを行っていることは、このギャップを埋め「クリャシェンの文化」という位置づけを確定・宣伝しようという意図も読み取ることが出来る。

8.4. コルマンとクリャシェンの現在

コルマンのような儀礼に対し、帝政期の宣教師は、異教の旧弊として根絶のための努力を行っていた。隣接民族であるチュヴァシのキレメチに関

---

verovanii tataro-kriashen," *Natsional'nye tsennosti: traditsii i sovremennost'. Materialy konferentsii molodykh uchenykh. Moskva, 15-16 dekabria 2005 g.* (Moskva: Institut etnografii i antropologii Rossiiskoi akademii nauk, 2006), p.49.

して、後藤正憲はロシア正教会の働きかけの中で変容し、それは逆にロシア正教の理解にも影響していたことを示している[28]。後藤の事例は帝政期の変容にとどまっているが、ここで取り上げた事例は、ソ連時代以降も儀礼そのものが残り、かつ逆説的ながら、教会などが破壊されている中でそれが「ロシア正教徒」という意識を維持するのに寄与していた可能性を示している。同時にこうした儀礼、それと関連すると思われる伝説は、彼らの間にムスリム・タタールとの差異の意識を維持させていた。

　しかしソ連が崩壊し、ロシア正教の復興が進む中で生じているのは、一方では改めてロシア正教の「正しい」形を取り戻すため、こうした儀礼を改めてやめさせようという運動である。こうした働きかけは、徐々に人々に影響しているように思われる。特に教会と聖職者の存在は、前章で示したように、日常の祈祷への誘因には成功しておらずとも、こうした習慣等への意識に徐々に影響しているといえよう。

　もっとも、多くの人々はこれがキリスト教とは関係ないものであることを認めつつ、それと並列可能な自分たちの「伝統」として受け入れようとしている様子も伺える。そして、クリャシェンの民族運動の中では、それを敷衍し、「民族の文化・伝統」として再定義して広めようとしている。そして、彼らの歴史観に倣えば、まさにロシア正教と関連しない土着の信仰・実践こそが、自分たちの存在の正統性を得るために重要視されているのである。

　こうした方向性において、クリャシェンの民族運動が目指している方向と、ロシア正教会の目指している方向性には相違が生じている。そこには、あくまで世俗的な定義が可能なものとして、クリャシェンという民族を定義しようという意向が濃厚に出ている。

　そうした世俗的なクリャシェンというものを、より積極的に定義・表現しようという運動も行われている。それが、クリャシェンの文化を展示す

---

[28] Goto, "Metamorphosis of Gods,".

る試みである。以下の章では、このクリャシェンによる文化運動について取りあげよう。

第 IV 部

クリャシェン文化を求めて

第 9 章

「クリャシェン文化」の現在

9.1. ソ連とタタルスタンにおける文化の「発展」

9.1.1. ソ連における民族と文化

　1章でも触れたように、民族はソ連において人々の基本的な分節単位とされていた。1917年の革命は、ロシア帝国領内の諸民族の解放も約束しており、革命後にはその実現のための施策が取られるようになったのである。

　そこでまず問題となったのは、そもそも民族をいかなるものとして定義するのかであった。この問いに回答を与えたのがスターリンによる定義であり、「民族（ナーツィア）とは、言語、地域、経済生活、および文化の共通性のうちにあらわれる心理状態、の共通性を基礎として生じたところの、歴史的に構成された、人びとの堅固な共同体である」というものであった。そして、ソ連における民族観念は、民族学者により多少の解釈・変更を加えられたものの、基本的な枠組はこのスターリンの定義が踏襲されていた。

　このように定義されたソ連内部の諸民族に対しては、一方で「諸民族の接近と融合」が目指されたものの、他方でその固有の文化について、完全に否定されていたわけではない。東方の非スラヴ系諸民族に対しては、啓蒙事業が進められたが、それは文化政策、文化建設を通じて行われていた。そして、この目的を達するかぎりでは、民族的な要素を用いることも許容されていた。それを端的に表現していたのが、やはりスターリンによる「内容に於いて社会主義的、形式に於いて民族的」というスローガンであった。

　例えば言語についても、最初からロシア語化が推進されていたわけではない。ソ連の初期から戦前においては、何よりも教育効率が優先され、学校における教育言語は親の母語を採用することとされた。そのため、民族言語の使用が推奨さえされ、それを可能にするための、各民族言語の文字形成や、民族言語で授業が可能な教員の養成にも力が入れられていた。こ

うして、民族語も含めての識字率の向上が第一に目指され、それが啓蒙としての文化の達成の一つとみなされていたのである。

さらに個々の民族文化の発展において、重要な役割を果たしたのがソヴィエト民族学である。渡邊日日が指摘するように、ソ連において民族学はその実践自体が民族文化の形成の一つであった。その民族学＝民族文化の発展において少なからぬ役割を担ったのが学校教師であり、学校と博物館が制度的な中枢をなした。そうして発展した民族学が民族及び民族共和国の実体確立に寄与したのである[1]。

このソヴィエト民族学においては、社会構造や政治体制といったハードな側面は捨象され、古代への志向を強めた民俗的なものを主要な対象とした。こうした研究の成果は、前述の「形式」としての文化の民族的要素をなし、さらに各民族共和国の正統性を補強する役割を担った。口頭伝承やフォークロア、舞踏、音楽のような表象としてフォーマット化された「民族文化」は、諸民族の祭典などの「文化」行事の際に、各民族の存在を誇示し、その共存・友好をアピールするために用いられた[2]。

こうした民俗の収集において重要な役割を担ったのが、各地の学校の教師たちであった。特に民族言語や歴史の教師たちは、生徒たちを指導しつつ、各村の伝統的な衣装や民具の収集を行なった。このように集められた物品は、しばしば学校の中に、場合によっては独立した建物を与えられた博物館に展示され、後の世代にまで受け継がれることとなった。また、この博物館には民具などの他に、生徒の手によってまとめられた、村、学校、コルホーズなどの歴史についてまとめたアルバムや、伝承についてまとめた文章なども置かれている。これらの成果は、民俗学的なものであると同

---

1 渡邊日日『社会の探究としての民族誌：ポスト・ソヴィエト社会主義期南シベリア、セレンガ・ブリヤート人に於ける集団範疇と民族的知識の記述と解析、準拠概念に向けての試論』三元社、2010年、119頁。
2 渡邊『社会の探究』120-121頁。

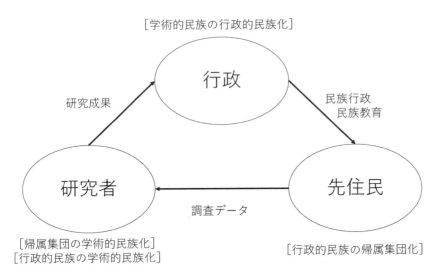

図 9-1

時に、郷土史的な性格を強く持つものであり、こうした実践を通じて、各生徒の自分の故地への愛着を深める結果にもなった。民族学者は、これらの成果を総合しながら、既存の各民族の存在を正当化する言説装置＝学術書を用意して、それぞれの民族文化を定義し実体化させていったのである。これについて、佐々木史郎は図 9-1 のようなモデルを提示し、研究者と行政、先住民（＝非ロシア人）の民族意識についての流れを整理した[3]。

ソ連期を通じてこうした実践は続けられていたが、その推進の仕方は常に一様であったわけではない。特に戦後スターリン批判が噴出し、ソ連の新たな方向性を模索する時代になると、この民族文化の実践、表現につい

3　佐々木史郎「ロシア極東地方の先住民のエスニシティと文化表象：アムール川下流域における先住民村落の民族資料館の展示を中心として」瀬川昌久編『文化のディスプレイ：東北アジア諸社会における博物館』仙台、東北大学東北アジア研究センター、2003 年、54 頁。

ても、若干の変化を見せるようになった。

　この時期になると、ソ連内外の諸民族について、その友好と接近・融合がより強調されるようになった。学校における教育言語についても、自由選択性が採用されたことにより、卒業後の就職などの便を考えて、ロシア語教育を選択する生徒の割合が増加した。これらが実現した背景には、革命以降続いていた都市や鉱業地域への人口の流入があった。その移動の中心はロシア人であったが、非ロシア人諸民族も徐々に都市への流入を進めていった。そこでは、民族間言語としてのロシア語の重要性が増し、さらに多民族の混在状況は必然的に民族間の通婚も促進して、より自然なかたちで諸民族の融合が実現していたのである[4]。1961年の共産党大会では、当時の共産党書記長ニキータ・フルシチョフが「ソヴィエト国民（Sovetskii narod）」の成立について言及した。そして、1977年に制定された憲法では「ソヴィエト国民」の達成が明記されるまでに至った。

　とはいえ、やはり各民族の独自性が完全に否定されたわけではない。教育における言語選択にしても、あくまで自由選択にしたのであって、民族言語での教育を受ける権利は常に保障されていた。また、この時期には「諸民族の友好」という宣言も強調され、引き続き諸民族のアンサンブルなどを通じての民族表象が実践されてきた。例えば、1950年代にはモスクワにおいて、ソ連内各民族の民族文化を披露する舞台として「旬間（デカダ: dekada）」が行われ、順に各民族共和国、民族自治共和国の名称民族のアンサンブルや芸術家グループが招かれた。

　このように物質文化に焦点が当てられる一方、いわゆる精神文化につい

---

[4] Dmitryi Gorenburg, "Soviet Nationalities Policy and Assimilation," in Arel D. and Ruble B.A. (eds.), *Rebounding Identities: The Politics of Identity in Russia and Ukraine* (Washington D.C.: Woodrow Wilson Center Press, 2006), pp.280-282; *Sovremennye etnicheskie protsessy v SSSR* (Moskva: Nauka, 1977), pp.151-158.

てはより慎重な取り扱いが必要であった。諸々の習慣や祭りなどについて、民族的な外観は許容され（あるいは推奨され）つつ、その内容が社会主義にふさわしい「先進的」なものであるのか、宗教的な要素などを含む、「遅れた」ものであるのかが問われることとなったのである。この精神文化を「有益」なものと「有害」なものに弁別する際にも、民族学者は重要な役割を担うこととなった。

こうした精神文化の弁別についても、本格的に体系化されたのはフルシチョフ期のことであった。第2次世界大戦時には、国民の動員のために宗教が利用され、教会勢力などが息を吹き返しつつあった。こうした風潮に対する危機感が生じ、改めて積極的な反宗教キャンペーンが行われた。その結果、1964年の1月に「非宗教的儀礼」、「新社会主義的儀礼」キャンペーンが開始されることとなった。

ここで成立した「新社会主義儀礼体系」には、メーデーや革命記念日といった、ソ連期になって成立した新たな諸儀礼のほか、伝統的な祝日や習慣も含まれていた。ただし、その内容に関しては、やはり「宗教的」、「後進的」など有害とみなしうる要素を注意深く取り除いていったのである。もっとも、こうした区分はあくまで恣意的なものであり、しばしば例外的な扱いが生まれていた。すなわち、特にキリスト教やイスラームといったいわゆる大宗教の受容以前に、人々に信仰されていた「土着」の信仰に基づくとされる風習などに関しては、しばしばそれを「伝統的」「民族的」と解釈することで許容するフォーマットが作りあげられていた。前章で取り上げたコルマンを「伝統的」「民族的」なものと解釈する方法は、ここにも由来しているといえる。

こうした努力は、様々な儀礼や祝祭において、その内容が均一化する傾向を強めた。他方で、それぞれの「民族」の個性を表すものとして、物質的な側面での各民族文化の表象が一層重要視されるようになっていった。それを受けて、各地で民族衣装の展示や民俗アンサンブルの活動、博物館の設置などがいよいよ活発化するようになった。

ソ連はロシア帝国を「諸民族の牢獄」と称し、各民族の解放を唱えつつも、スターリン期を中心に同化的・抑圧的な政策が取られてきたとみなされていた。しかし、このソ連体制の中で、「民族文化」は新たな枠組みによる表象の定式を与えられながら存続していた。それは、人々の民族としての認識の新たな参照項ともなったのである。そして、その影響は色濃く現在の各民族の実践にも影響を残している。

9.1.2. タタルスタンにおける文化の実践

上記のような民族言語政策は、タタール自治共和国においても着実に実行されていた。ソ連期を通じて、学校や文化諸施設の数は増加し続け、文化啓蒙活動の中心を担っていた。特に第2次世界大戦以降、その機能や動員の高度化がより強調されるようになった。

学校については、戦前・戦後で生徒数は若干減少したが（戦前：17万7900人、1943/44学年度：14万5600人、1944/45学年度：17万4400人）、一般学校はその数を増やし、1940/41学年度には3525校であったのが、1944/45学年度には3757校となった。また教師の数も増加し、初等学校の教員の数は、1940/41学年度には5908人であったのが、1944/45学年度には7525人までに増加していた。この一見アンバランスな変化は、地方への学校網の拡大と教師になりうる人材育成の成功と解釈できる[5]。

戦後になると、さらに教育内容の高度化などにも一層の力が入れられるようになる。教育改革により、従来の7年制学校の8年制への移行などが進められたほか、中等学校への進学も推進された。その際には、都市部のタタールの間に、ロシア語での授業を望む声があることを踏まえて、言

---

[5] "Dokladnaia zapiska zamestitelia upolnomochennogo Gosplana SSSR i TASSR o rabote shkol i kul'turno-prosvetitel'nykh uchrezhdenii tatarskoi respubliki za gody Velikoi Otechestvennoi voiny," *Kul'turnoe stroitel'stvo v Tatarii (1941-1970)*. (Kazan': Tatarskoe knizhnoe izdatel'stvo, 1976), p.93.

語選択が自由であることが強調された。と同時に、中等学校におけるタタール語での教育の保障も強調されていた。そして、タタール語学校でのロシア語教育の改善や、ロシア語学校で学んでいるタタール子弟に対する選択制でのタタール語・タタール文学の授業の整備も進められており、二言語使用を推進する姿勢が確認される[6]。

　そうしたタタール語の識字能力の向上と並行して、タタール文学の発展も促されていた。その内容について一方では、革命の意義を喧伝し、社会主義的なモラルを反映したような作品が求められた。しかし他方で、革命以前のタタールの文化や習慣を描いた作品も、それが社会主義的な価値観に反しないかぎりでは評価の対象となっていた。1968年に行われた、第7回タタール自治共和国作家大会の中では、そうした作品の例としてグメル・バシロフの『故国――緑の揺りかご（Tugan yagım – yasel bishek）』が挙げられている。この評価を見ると、一見すると社会的な状況を捨象し、民族誌的な詳細に傾倒しすぎているとしつつも、内容を吟味すると、タタール民族の良い特徴、数世紀にわたり蓄積されてきた精神的な豊かさを表しているとして賞賛している[7]。こうした作品の存在自体が、タタール文化の発展の証の一つとみなされると共に、こうした作品群を広めることを通じて、人々の意識の向上、あるべき文化の姿の宣伝も行われていたのである。

　また、各地での文化諸施設の設置も進んでいった。1962年には、自治共和国内でのクラブや文化の家及び文化宮殿[8]は2000以上を数え、図書館

6　"Iz otcheta Ministerstva prosveshcheniia TASSR o rabote shkol za 1959/60 uchebnyi god," *Kul'turnoe stroitel'stvo*. pp.318-319.

7　"Iz otchetnogo doklada redsedatelia pravleniia Soiuza sovetskikh pisatelei TASSR M. Amira na VII s"ezde pisatelei Tatarskoi ASSR," *Kul'turnoe stroitel'stvo*. pp.411-412.

8　文化の家（dom kul'tury）及び文化宮殿（dvorets kul'tury）は、それぞれ村落や町の文化活動の中心地として機能し、中にはコンサートホールや図書館

は2296、博物館は8つを数えるまでになっていた。もっとも、これらの働き振りについては不十分という報告もなされていた。この年に行われた第2回文化活動家大会では、文化の家や図書館が、経済機関やコルホーズにおける具体的な課題の解決に貢献しておらず、先進的な経験の宣伝にも成功していないという批判が行われている。こうした批判からは、これら文化諸施設での活動において、共産主義的な価値観の内面化や、読書の奨励といった啓蒙的な役割が期待されていたことが伺える[9]。

博物館については、1945年には自治共和国全体で11の博物館があり、特にカザンの国立博物館を筆頭に、ブグルマ、エラブガ、ママディシュ、テチューシ、チーストポリ各郡には地方誌博物館が設置されていた[10]。これら、タタール自治共和国内の博物館においては、タタールを始めとして、チュヴァシやマリのような、沿ヴォルガ地方の諸民族の文化を取り上げることが、重要な課題として挙げられている[11]。

さらに、各地に設立されていた文化の家などでは、アンサンブルやアマチュア団体による活動も行われていた。こうしたアンサンブルの中でも中心をなしていたのが、タタール自治共和国歌謡・舞踏アンサンブルであった。1937年の改組以降このアンサンブルは、タタールやバシキール、ロシア人の歌や踊りを自らのレパートリーとして活動を行った。そして、1939年には国内公演を行って、その存在をソ連内でアピールした。その後、タタール民族アンサンブルとしての性格を強めていき、その演目の準

などが設置されている。また、日本の公民館のように文化行事に限らず、地方行政や社会活動に関する活動の拠点ともなっており、地方行政末端の中心の一つとしても機能している。

9　"Postanovlenie Vtorogo S"ezda rabotnikov kul'tury Tatarskoi ASSR," *Kul'turnoe Stroiel'stvo*. pp.352-357.
10　"Dokladnaia zapiska zamestitelia," p.99.
11　Klara R. Sinitsyna. *Polveka muzeev Kazani i Tatarii: ocherki istorii 1917-1967 godov*. (Kazan': Kazan-Kazan', 2002), p.231.

備を行うに当たっても多くのタタール作曲家などが協力するようになり、伝統的な歌謡などを現代風にアレンジしていった[12]。

　各村でも、独自のアンサンブルなどは着実に増加をみせ、1963-65 年にかけての調査では、自治共和国内でおよそ 400 の芸術サークルが組織されており、さらに各コルホーズやソフホーズでのアンサンブル集団の設立が進んでいたことが報告されている。そして、1967 年の段階では、さらに多くの郡でアンサンブルなどの設立が進んでいることが報告され、特にこれまではほとんど存在していなかったチュヴァシやマリ、ウドムルトによるアンサンブルの数も多くなっていたという[13]。

　こうしたアンサンブルなどの成果が披露される舞台は、様々な機会に用意された。1957 年には、モスクワにおいてタタール芸術・文学旬間が開催され、タタール自治共和国の芸術家による作品の展示や、劇場・楽団及びアマチュア集団による舞台披露が行われ、その参加者数は 1000 人を超えていた。この企画においては、タタール民族芸術家らの成果が特に強調されると共に、タタールの民話に題を取ったバレエの上演や、伝統的な旋律を利用した演奏なども行われた[14]。

　1970 年に、タタール自治共和国成立 50 周年を祝う祝賀行事における、ソ連共産党タタール州委員会書記フィクリャト・タベエフの報告のなかでは、ソ連における「タタール文化の発展」が強調されている。そこでは、クラブ施設の設置などにより、一般大衆にまで文化生活が浸透したことも

12　"Otchet Ministerstva kul'tury TASSR o deiatel'nosti ansamblia pesni i tantsa TASSR," *Kul'turnoe stroitel'stvo*. pp.327-328.

13　"Informatsiia Tatarskogo obkoma VLKSM v TsK VLKSM ob itogakh Vsesoiuznogo festivalia samodeiatel'nogo iskusstva, posviashchennogo 50-letiiu Oktiabria," *Kul'turnoe stroitel'stvo*. p.403.

14　"Iz otcheta Ministerstva kul'tury Tatarskoi ASSR ob itogakh doklady tatarskogi iskysstva i literatury v Moskve v 1957 g.," *Kul'turnoe stroitel'stvo*. pp.248-256.

成果として挙げられている。そして、ソ連体制下における「タタール文化の発展」について、公式のイデオロギーを反映する形で以下のようにまとめられている。

> タタール文化は、形式に於いて民族的に、内容に於いて社会主義的に発展している。そこには、より発展した形で太古から続いてきた民族的伝統が具現化しており、かつ階級的・敵対的な搾取層や後進性といった、時々の社会・経済的な条件によって引き起こされた時代遅れの、古風なものは廃れている。[15]

そして、こうした民族文化の実態を明らかにするのに貢献したのが、民族学や歴史学を専門とする、カザン大学や科学アカデミー・カザン支部言語・文学・歴史研究所の研究員たちであった。カザン大学で長らく教授を務めたニコライ・ヴォロビヨフは、タタールを始めとする沿ヴォルガ諸民族の民族学的な研究に従事し、後の研究にもしばしば引用される多くの著作を残した[16]。そして、こうした研究成果で示される民族や文化のあり方が、人々の間に内面化することとなった。

第3章の中でも触れたように、ペレストロイカ以降のタタルスタン共和国は、民族復興が著しい共和国として知られることとなった。共和国の地位向上および権限の強化と、タタールの民族としての復興がリンクしな

---

15 "Iz doklada sekretaria Tatarskogo obkoma KPSS tov. F.A. Tabeeva na torzhestvennom zasedanii Tatarskogo obkoma KPSS i Verkhovnogo Soveta TASSR, posviashchennom 50-letiiu obrazovaniia TASSR," *Kul'turnoe stroitel'stvo*. p.439.

16 Nikolai I. Vorob'ev. *Kazanaskie tatary: etnograficheskoe issledovanie material'noi kul'tury dooktiabr'skogo perioda.* (Kazan': Tatarskoe gosudarstvennoe izdatel'stvo, 1953); Nikolai I. Vorob'ev, G.M. Khisamutdinov. (ed.) *Tatary Srednego Povolzh'ia i Priural'ia.* (Moskva: Nauka, 1967).

がら推進されていったのである。

　そこで推進された民族文化政策の中でも、最も重視されたのが言語であった。タタルスタン共和国憲法の制定に当たっては、タタール語とロシア語双方を国家語と規定し、大統領には両言語使用を義務付ける（第91条）など、民族共和国としての正当性を、言語を基準とする方向性が明らかとなった。また、それを推進すべき具体的な方策として、言語教育にも力が入れられ、憲法中でも国家語での言語教育の保障が言及された（第56条）ほか、共和国法として、「タタルスタン共和国国家語およびその他の言語について」が制定された。この法では、教育や会話などの場面において、自らが望む言語を用いる権利を保護することが規定された。そして、それを実現するための国家プログラムも策定され、教育改革などが進められた。

　この結果、共和国内の各学校でタタール語を学ぶことが必須となり、タタール語学校の数も再び増加したほか、タタール語中等教育機関としてのタタール・ギムナジアなども整備された。また高等教育においても、カザン大学に独立した学部としてタタール文献・歴史学部が設置されたほか、教育大学にもタタール語コースが整備され、主にタタール語教師の育成に寄与するようになった。

　こうした方策は一定の成果を収め、若者の間にタタール語への関心も高まった。現在では、カザン市内でも公共のアナウンスや表示は基本的にロシア語とタタール語の2言語（場合によっては英語を含めた3言語）使用が標準となり、街中でもタタール語で会話する人を見かけることは日常的になっている。かつては、カザンのような街中でタタール語を話すことがはばかられるような空気があったといい、それと比べると、現在の状況は歓迎すべきものと映っている。そして、言語・民族教育の結果、若者たちの間でもタタールとしての自覚が強まっており、あるタタール中等学校での調査では、生徒たちがロシア以上にタタルスタンに帰属しているとい

写真9-1: タタール語とロシア語が併記されたカザン市内の通りの表示（2009年5月筆者撮影）

う意識を強く持っているという結果も示されている[17]。

　しかし、今でもカザンなどの都市部で生まれ育ったタタールの中には、タタール語を満足に使えないという人も決して珍しくはない。そうした現状について、タタール学部などで学ぶ学生の間からは「タタールなのにタタール語を話せないなんて恥ずかしい」といった声も聞かれる。近年では、こうした意識を持った若者を中心に、「私はタタール語を話します

17　Aurora A. Veinguer, "Narratives of Belonging: Pupil's Discourses from Tatar and non-Tatar Gymnasia in Kazan," *Diskurs Kindheits-und jugendforschung* 2, no.3 (2007), p.292. ただし、こうしたタタール語教育に特化したコースの設置は、周囲のロシア語話者との距離感を生む結果にもなりかねない。筆者は、全く体系的な調査を行ったわけではないが、大学のタタール語コースで学ぶ学生は、その内部に固まる傾向があり、あまりロシア語話者と交わっていない印象を受けた。

(*Min tatarça sөiləşem*)」運動が活発に展開されており、タタール語の浸透・関心の向上のための様々なイベントなどが行われている。また、タタルスタン政府もこうした動きを後押しするべく、高校生から大学生を主なターゲットとしたタタール語・タタール文学オリンピックを開催している。若者にこの行事への参加を呼びかけることで、直接的にタタール語へのモチベーションを高めると共に、世界各地から参加者がいることを示すことで、より広範な層にも、タタール語の存在感を示そうとしているのである[18]。

しかし、これに対してタタール語を話せない人々の中からは、タタール語を学ぼうという意欲を示す人もいる一方で、「タタール語を話せたところでなんの役に立つんだ」といった声があるのも事実である。例えば、筆者がカザンでホームステイしていた家の主人（1940年代生れ、女性）は、自身がタタールであることを自覚しつつも、筆者がタタール語を勉強することにあまり賛成せず、まずはもっとロシア語を勉強すべきだと主張した[19]。彼女はカザン生まれで、父親がカザンの中央郵便局の局長という要職を務め、家では両親同士の会話はタタール語であったが、子供との会話や教育は徹底してロシア語だったという。その結果、簡単な単語は聞き覚えているものの、まとまった会話をすることはできない。また、村落出身

18 　余談ながら、こうしたタタールの意図を最も体現しているのが、他ならぬ日本人である。2014年大会には東京外国語大学大学院生の菱山湧人さん、2015, 16, 17年大会には筑波大学大学院生の中村（現姓：櫻間）瑞希さんが参加し、共に見事優勝という結果を残した。そして、タタール関連のマスメディアなどでは、外国人でもタタール語を知っている分かりやすい例としてしばしば取り上げられている。

19 　もっとも、彼女の名誉のために付け加えると、最終的には筆者がタタール語を勉強できるように、タタール語を母語とする知人を紹介してくれるなど、筆者に協力的な姿勢を示してくれた。また、雑談をする中で、不意に知っているタタール語の単語を教え出すことなどもあった。ここには、タタールでありつつもタタール語を話せない自身に対する彼女の中の潜在的な葛藤も垣間見える。

でタタール語を母語とする筆者の友人の学生（1980年代生れ、女性）は、カザンのレストランで同郷の知人を見つけ、タタール語で声をかけたところ、ロシア語で「あなたは誰ですか？」といった返事をされ、シラを切られたと憤っていたことがある。この場合、彼女自身も推測しているとおり、「田舎者」と周囲の人に思われるのが嫌で、こうした態度をとったと思われる。実際、しばしばタタール語は「市場の言葉」と揶揄的に言われることもある。カザンでも市場には村から農作物などを持ってきて販売している人々が多く、その人々の間ではタタール語が用いられており、この言葉の裏にはやはり「タタール語を話す者＝垢抜けない田舎者」という含意が込められている。このように、特に都市における状況を見ると、いまだにタタール語の地位は、必ずしも十分に高まっているとは言い難い。

　さらに、タタール語が必修となっていることについて、ロシア人などタタール以外の生徒及びその保護者などから、学習の負担が増すとして不満の声が上がっている[20]。特に、教育についてはタタルスタン共和国内における教育プログラムの一部として、「タタルスタンの歴史」の教授も行われており、地方史という体裁をとりつつ、事実上タタールの民族史が教えられている。そして、特にこの中の帝政期のロシアによる支配の描写が、反ロシア的であるとして批判する声も上がっている[21]。

　こうしたタタール語やタタール史に関する教育を支えるものとして、学術面での展開も見られる。1991年に中央とは独立した学術機関としてタタルスタン共和国科学アカデミーが設立された。その中でも、従来からカ

20　"Obshchestvo russkoi kul'tury Tatarstana: v respublike diskriminatsiia russkoiazychnykh detei zakreplena zakonodatel'no," *REGNUM: informatsionnoe agenstvo* [http://www.regnum.ru/news/1572966.html]（2012年10月26日閲覧）.

21　"V Tatarstane po ukazu Vladmira Putina nagradili avtora antirossiiskogo uchebnika," *REGNUM: informatsionnoe agenstvo* [http://www.regnum.ru/news/1557880.html]（2012年10月26日閲覧）.

ザンにおける主にタタールを対象とした人文系の学問を担う研究所としては、言語・文学・歴史研究所が存在していた。その後、1994年にタタール百科事典研究所が設立され、以降タタール語、ロシア語で『タタール百科事典』の編纂に従事するようになった。また、トッツの主導者の一人でもあった歴史学者・民族学者のダミル・イスハコフが中心となり、言語・文学・歴史研究所の一部の研究者が独立して、歴史学研究所を設立した。この研究所の中には古代から近代に至るタタールの歴史についての各部門のほか、民族学部門も設立され、タタールの民族史全体を再考することが目指されることとなった[22]。そして、タタール及びタタルスタンに居住する諸民族の歴史・文化についての大部の書籍を編纂した[23]。さらに、モスクワや外国の研究者の協力も得ながら、『タタールの歴史』全7巻の編纂・出版も実現した。この研究所の所長には、シャイミエフの政治顧問を務めていたラファエル・ハキモフが就任し、研究所の建物は大統領府のあるカザン・クレムリン内に置かれたことで、共和国政府と密接な関係にあることが露骨に示されている。これらの研究成果は、先ほど示したような共和国内の教育にも反映し、若者の間に新たなタタール史を内面化させることが期待されている。

　プーチン体制成立以降、中央集権化が進み、1990年代に獲得した連邦構成主体の権限は削減されるようになった。言語教育についても、2007年に行われた連邦レベルでの教育改革により、民族言語教育が廃止されるのではないかという危惧も持たれるようになった。現状では、民族語教育は維持されているものの、大学入学統一試験でロシア語が必須になった[24]

22　それに伴い、言語・文学・歴史研究所は、言語・文学・芸術研究所に改称して、現在も活動を続けている。

23　2001年に、モスクワの民族学人類学研究所が発行している「諸民族と文化」シリーズの一冊として『タタール』の執筆を、この研究所の研究員が中心に請け負った他、歴史学研究所の主導により、2005年からは1000頁近い大部で、全編カラー版の『アトラス』シリーズを3巻出版した。

24　ロシアの大学に入学する際には、大学入学統一試験（Edinyi Gosudarstven-

ことなどにより、今後もタタール語教育を現在の水準で維持できるかどうかについては不透明になっている[25]。

しかし、その中でもタタルスタン共和国は、他の連邦構成主体が権限分割条約を破棄する中、2007年にその更新に成功するなど、引き続き連邦内の傑出した民族共和国としてその存在感を示している。そして、近年ではその重点をより多文化共存に置き、諸民族・諸宗教が平和裏に共存した場所として自身を積極的に宣伝している[26]。たしかに、マクロな政治的な議論としてみるならば、こうした「タタルスタン・モデル」は、かなり成功したものとして評価することにあまり異論はないであろう。しかし、ミクロな実状に目を向けたときに、こうした政策・方針には矛盾もみえてく

---

nyi Ekzamen）を受験しなくてはならない。これに対し、タタルスタンは連邦内では唯一、民族語＝タタール語で同様の試験を用意し（共和国統一試験：Edinyi Respublikanskii Ekzamen）、カザン大学のタタール学部入学者などを対象としていた。もっとも、これでは入学の選択肢が制限されることから、実施中から利用者は非常に限定的であった。

[25] 2017年の7月には、タタルスタンに隣接する民族共和国であるマリ・エル共和国の首都ヨシカル・オラを訪問したプーチン大統領が、各生徒のロシア語学習の権利を最大限尊重すべき、という趣旨の発言をした。その後それを受けて、連邦構成主体による非ロシア語の学習の義務化が違法とされ、学習者の自由意志によってのみ教授が可能となった。これに対し、やはり自由選択にしたことにより、言語使用者が激減したソ連時代のかつて来た道を想起させるとして、タタール民族運動関係者などから強い反発が生じた。2018年現在、先のプーチンの発言を受けた、教育言語についての法が国会で審議されている。そして、この法案への対応がタタルスタンにおいてアクチュアルな問題の1つとなっている。

[26] キャサリン・グレイニーは、そうしたタタルスタン共和国の近年の動きを、連邦と自治共和国の成功した関係として高く評価している（Katherine E. Graney, *Of Khans and Kremlins: Tatarstan and the Future of Ethno-Federalism in Russia* (Lanham, MD: Lexington Books, a Division of Rowman & Littlefield, 2009), pp.159-160.）。

る。クリャシェンは、こうした社会的な葛藤を象徴し、公的なイデオロギーの実現の困難を暴露する存在と位置づけることができる。

9.2. 「クリャシェン文化」の展示

9.2.1. 学校

　前節でみたように、ソ連から現在にかけて、文化を育む上で重要な役割を果たしているのが学校であった。特に非ロシア人にとって、その言語を保護するために民族語で教育を行う学校の存在は重視されており、タタルスタン共和国においても、タタールに限らず、チュヴァシやマリ、ウドムルトなどの民族語学校が整備されている。

　こうした中クリャシェンの間には、自分たちの民族教育が十分ではないと主張する傾向がある。すなわち、クリャシェンが独立した民族であるという立場を取る人々の間から、「クリャシェンの村にもかかわらず、タタール語が教えられている」という声が上がっているのである。

　すでに第5章でも簡単に触れたように、クリャシェンの独自性を主張する際に、最も大きな争点となっているのが、クリャシェンの話す言葉をタタール語と異なる言語と認めうるのかどうかということであった。一般的な認識において、クリャシェンの言語にはアラブ・ペルシア的な要素が少なく、ロシア語からの移入語が多いと言われている。実際、学術的な見解においても、クリャシェンの用いる言葉には、古代のテュルク語の要素が保存されているほか、チュヴァシやマリなどの周囲のフィン・ウゴル系民族の言語との形態的な類似などが認められることが指摘されている[27]。こうした特徴は、クリャシェンが古代の文化を継承し、かつムスリム・タタールとではなく、他の周辺諸民族との関係が強いことを示す傍証とみな

---

[27] *Keraşen tatarlarnıŋ tel üzençəlekləre həm yolaları.* (Kazan: Kazan dəülət universitet, 2005), p.5.

されているのである。

　しかし、ソ連期に発展したタタール語教育は、標準化されたタタール語の浸透を促すものであった。ソ連の基本的な目標は、各民族言語の発展、近代化であり、その大前提として標準語化は不可避なものとして推進されていたのである。第1章でも触れたように、革命直後の時期にはクリャシェンに独自の教科書が存在していたが、すでに20年代後半になるとムスリム・タタールと同じ文字・教科書を共有するようになっていた。そして、ムスリム・タタールと同じ標準タタール語を学ぶことが学校での目標となったのである。筆者がメンデレエフスク郡のスタロ・グリーシュキノ村で、自身学校の先生を務めた年配の女性に村の言語や歌の独自性を聞いている中で、その子供時代、ソ連時代の学校では「クリャシェンの言葉」で話すと、「タタール語」に矯正された、と回想している[28]。

　現在のタタール語教育も、あくまで標準タタール語の教授に特化していることに変わりはない。ホゼサノヴォ村の隣にあるスタロ・チャベルディノ村では、別の郡出身のムスリム・タタールで、この村に嫁いできた女性が、タタール語の教師を務めている。彼女は、村に独自の文化などを認め、村の伝統文化を実践するアンサンブルの指導も行っている。しかし、同時にこの村で日常的に話されている言語が、標準タタール語と異なっており、チュヴァシの単語なども混じっていると指摘している。そして、自分が赴任する前のタタール語の教師も地元出身だったために、生徒たちは読み書きにも支障をきたしていた、と批判的に指摘しつつ、自分が赴任してからの成果を以下のように述べている[29]。

　　　自分が来て教育するようになってから、タタール語の出来は非常に
　　　良くなった。生徒の成績も向上し、カザンでのタタール語コンクー

28　スタロ・グリーシュキノ村での聞き取り（2009年3月18日）。
29　スタロ・チャベルディノ村での聞き取り（2010年9月8日）。

ルでも優秀な成績を出すようになっている。こうして、「タタール化 (tatarlaşılık)」が進んでいる。

　こうした立場は、何も村外の出身者が教師になった場合に限ったものではない。クリャシュ・セルダ村で、同じく学校の教師に対し出身地などについての聞き取りを行なっていた際、タタール語の教師に、試みにこの村、あるいはクリャシェンに総じて、言語的な特徴があるのかを聞いてみた。その時、この教師はややムキになった調子で、「どの村、地域にも、独自の言語的な特徴はある。私たちの仕事は、正しいタタール語を教えていくことだ」と回答した[30]。彼女自身はこの村の出身で、ムスリム・タタールというわけではない。しかし、村のディミートリー司祭などは、彼女はタタールに傾斜していて、2002年の国勢調査の際もタタールと書くことを勧めていたという。

　このように、カザン・タタールを標準とするカリキュラムからなっている現在の民族教育は、クリャシェンを独立した民族と主張している人々にとって、その独自性を抑圧しているようにも映っている。

　また、特にクリャシェン村落などで生まれ育った人々にとって、上級学校へ進学する場合に、その学校が初めてムスリム・タタールと定期的に相対する場となる。これに関し、多くの人は、ムスリムと机を並べつつ、友好的な関係を築いていたと証言している。スタロ・グリーシュキノ村の学校の校長で、クリャシェンの運動に積極的に関与しているBも、クリャシェンだけが学ぶ村の学校から郡の学校に進学した時も、ムスリムのタタールと問題なく、仲良くやったと語っている。

　しかし、こうした同じ場所の共有が逆方向に作用することもある。クリャシュ・セルダ村のある男性は、村内の学校を終えた後、ムスリム・タタールが住む隣のチタ村の学校に進学した際、クリャシェンであることで

---

[30] クリャシュ・セルダ村での聞き取り（2009年1月28日）。

後ろ指を向けられるようなこともあったという。ディミートリー司祭も、出身地であるチーストポリで中等学校に進んだ際に、タタール語クラスに進み、教師からクリャシェンは「間違ったタタールだ」と言われたのに対して反抗したという。すなわち、ムスリム・タタールと対面することで、むしろ自分たちの特異性に否応なく気づかざるを得ないということもあったのである。

　こうした認識を補強しているのが、現在のタタルスタンで行われている歴史教育である。ペレストロイカ以降、タタールの歴史を見直す動きが強まり、教育にもそれは反映している。先述の通り、タタルスタン共和国では、事実上タタールの民族史となっている『タタルスタンの歴史』という教材を用意し、利用を推奨している。この教科書では、帝政期のロシア帝国政府による、タタールへの改宗政策を中心とする支配に対する批判的な記述が目立っており、連邦政府から民族的対立を煽るものとして、批判もされている。その一つの焦点となるのがクリャシェンである。現在の歴史教育なども踏まえて、クリャシェンは「よりロシア化した存在」という位置付けを与えられている。そしてそれはしばしば、タタールの本流から外れたものという意識にも結びついている。この、タタールの民族形成を目指す学校のカリキュラムにより、ムスリムであることが「正統」なものとして位置づけられ、クリャシェンはその中の「異端児」であることを気付かされるものとなっている。

　もっとも、こうしたカリキュラムなどに基づく全体的な潮流とは別に、教師の意識いかんで、学校はクリャシェンの民族文化を涵養する場としての機能も果たし得る。現在でも、特に村落部において、まず知識人としての役割を与えられているのが学校の教師である。特に、タタール語や歴史の教師は、各村・民族の文化に精通しており、本人の意思いかんで、自分達の文化の独自性を守る役割も担いうるのである。

　スタロ・グリーシュキノ村で、筆者が滞在した家系は、代々村の学校の校長を務めており、筆者滞在時に校長であったBの父親で、元校長のC

は村の歴史について文書館などに通って調べ上げ、村の歴史や村出身の人々の功績などについてのブックレットも出版している。さらに、生徒たちの協力も得つつ、学校の中に後で述べるような博物館も作るなど、村の歴史・文化について詳しい人物として認識されている。

筆者の滞在中も、こうした認知を示すような事例があった。ちょうど夏休みに当たる時期、この村に滞在中、村の少年が庭に見慣れないものがあり、歴史的なものかもしれないから見に来てほしいとやってきた。B、Cとともに、少年の後をついていって確認したところ、それはただの古い水道管で、特に珍しい価値のあるものではないといってこの場は収まった。しかしこの事例は、村内で何か珍しいものが見つかった時に、相談する相手として村内の知識人としてBやCが頼りにされていることが示されている。

こうした取り組みは、決してこの村に限ったことではなく、多くの村において同様の試みが確認された。これらの活動は、学校の正規の授業時間外に、日本のクラブ活動のような形で行われ、教師の指導のもとに村の老人に話を聞いたり、資料を集めたりして、アルバムの作成を行っている。さらに、学校の校舎には卒業生のなかの有名人や、郡などの地図が貼られている。こうした学校と博物館的な活動の両立は、ソ連期に公式に推奨するべきものとして挙げられていた[31]。その実践が現在に至るまで継承されているのである。

また場所によっては、先のスタロ・チャベルディノ村のように、主に学校の教師が中心となって、子どもも含めたアンサンブルが結成され、村の伝統的な歌や踊りを教え、披露している。こうした活動を通じて、村の歴史や文化に対してのコミットを強めることが期待されている。ここで実践され、展開されているのは、一義的にはその「土地の文化」である。しかし、それは解釈によって、時に「タタール文化」の一部とされ、時に「ク

31　Sinitsyna, *Polveka muzeev Kazani*. p.121.

写真 9-2　クリャシュ・セルダ村博物館内部（2006年2月筆者撮影）

リャシェン文化」を代表するものとして説明できるものとなっている。そうした恣意性を踏まえつつ、以下ではこの博物館とアンサンブルの具体的な活動と位置づけについて検討する。

9.2.2. 博物館

　多くの村では、学校内や文化の家の中に歴史・民俗展示室が構えられている。また、教師が熱心な場合には、独立した博物館を作る場合もある。筆者が訪れた各村では学校内に博物館があり、特にクリャシュ・セルダ村では学校の敷地内の独立した建物として、博物館が設置されている。
　この博物館の開館に尽力したのが、元学校教師の D である。現在博物館となっている建物は、帝政期に建てられたもので、この村に学校が作られた際、最初に赴任した教師の居宅であった。その後、学校の校舎としても使われていたが、新しい校舎ができ、1998年から1階を食堂にし、2階を博物館として改装した。その後、2003年に1階も博物館として使用

するようになった。2009 年には、共和国が行った文化支援事業コンクールで資金（1 万ルーブル）を獲得し、内装を改造した。

　この 1 階部分は 2 部屋に分かれており、入口手前側の半分には、主に農作業などに使用していた民具を展示している。一方、奥の部屋には、主に家の中で用いる民具が展示されており、展示の仕方もかつての生活風景を想起させるような配置が取られている。ここに置かれているものは、基本的に村内の家々を回って集めたもので、実際に使われていたものである。筆者が村内の家を回っていた際、革命前からそのままの形で残っているという家を訪れると、そこに住む一人暮らしの男性から、「古い家具は全部 D に持っていかれちまった」という話も聞いた。

　ただし、一部の展示品は、D が他の村で見つけたものを譲り受けて置いているものもある。もっともこれらの品についても、この村でかつて同様のものを使っていたことに変わりはなく、以前の生活を再現するという趣旨には倣っている。

　一方、2 階には村の歴史などに関係するパネルや写真の展示がされている。そこには学校の設立から現在までの変遷や、コルホーズの変化についての紹介、第 8 章で取り上げた「ナラト・アビ」のような、この村の古い習慣についての説明などが掲示されている。また、近年の様子に関しては、この博物館自体を取り上げた新聞記事のスクラップや、やはり D が指導している村のアンサンブルの活動についての記事、その活動で獲得した表彰状などが並べられている。また、この学校の生徒たちが作った美術の作品なども展示されている。

　他の村の博物館においても、大体において展示しているものの内容は同じである。すなわち、村内の民具が並べられ、コルホーズや学校の歴史についての展示が行われている。そして、しばしばこうした歴史については、学校の生徒たち自身が調べたものを、アルバムの形にして展示している。これは、取り上げている題材の歴史について、一目でわかるようにする効果だけではなく、それを作成する過程で、自らの村の過去についての見聞

写真 9-3　スタロ・グリーシュキノ村博物館のアンサンブルに関するアルバム
（2009 年 3 月筆者撮影）

を深め、愛着を強める効果が期待されている。

　こうした展示は基本的にその「村・地方の歴史」を紹介するものであり、展示物もその範囲で見られるものとなっている。しかし、これらは同時に民族の歴史・文化の一部をなすものでもあり、時にそれが強調された展示のされ方が行われることもある。特に、筆者の訪れた博物館では、「クリャシェン」を強調するような展示のあり方も確認された。

　クリャシュ・セルダ村の博物館では、村の諸々の行事などの案内と照らし合わせて、「クリャシェンの祭り、儀礼、習慣スケジュール (Kerəşennərne bəirəm, yola, goref-gadət kønnəre)」と題された表が見られた。また、この村出身の歴史家が文書館などで資料を集めて作成した、村の住人の系譜図が博物館内には掲げられている。そして、その系譜図上ではイヴァン雷帝の到着以前の 1540 年にすでに、この村にロシア語名の人物が居住していた記録があり、それがクリャシェンのキリスト教への帰属がロシアの改宗

第 9 章　「クリャシェン文化」の現在　　287

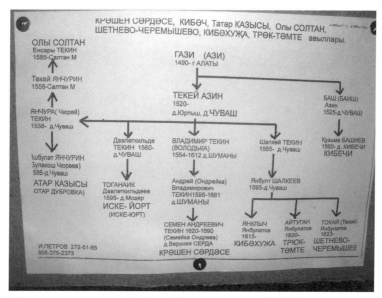

写真9-4　クリャシュ・セルダ村の系譜図（2011年7月筆者撮影）

政策とは関係ないものであり、クリャシェンとタタールの分岐もより以前に求められるということを示す証拠となる、と主張している。

　スタロ・グリーシュキノの学校内にある博物館では、展示品として、多くの帝政期の書物が展示されている。これらはイリミンスキー・システムに則ってここにあった学校で用いられていた教科書や聖典の翻訳であり、当時の文字についての解説の展示もある。そして、同時代に近隣のムスリム・タタールの村で用いられていた「アラビア語の」教科書も対比する形で並べられており、クリャシェンがムスリム・タタールとは異なった独自の文化体系を有していたことを強調する展示が取られている。

　もっとも、そうした考えを可能にし支えているのは、ソ連期から続く民族学の知識であり、しばしばこれらの博物館には自分たちの文化を記したものとして、これらの民族誌も展示されている。そして、その内容に沿う形で博物館内部の展示物やパネルは配置されている。

　こうした展示は、基本的に博物館をつくった教師個人の考えを反映した

ものであり、どの博物館でもこのような「クリャシェンの民族文化」を主張する傾向が見られるわけではない。筆者が訪れた中でも、カイビツク郡のモリケエヴォ村やスタロ・チャベルディノ村では、やはり学校内に博物館が作られていたものの、そこでは必ずしも「クリャシェン」が強調されていたわけではない。特にモリケエヴォ村で、博物館展示について説明した学校長は、しきりに「タタール」ということを強調し、クリャシェンということには言及しなかった。

とはいえ、先の2例のように、この博物館における展示がクリャシェンという存在を目に見える形で提示する場となり得る。また、筆者の調査において、村人に聞き取りを行っていると、しばしば「そのことは博物館に行けばいい」「博物館（学校）の＊＊に聞けばいい」と言われ、現実にこれらの実践が村における文化活動において権威化している様子も見ることができる。

そして、クリャシェンの民族運動全体においても、こうした博物館の機能を重視すると同時に、これらの「クリャシェン文化」の提示をより本格化する意味で、カザンにクリャシェンに特化した民俗博物館の設置が主要な要求の一つとして挙げられていた[32]。こうした物質的な民族文化の提示と並行して存在しているのが、歌謡などの民族文化を提示し、継承するものとしてのアンサンブルである。

9.2.3. アンサンブル

クリャシェンに限らず、ロシア国内の村落では、しばしば学校教師などが主導する形で民謡アンサンブルが活動している。その活動場所は文化の家や学校であり、女性を中心に、様々な年齢の人々が参加している。

---

[32] これは、結局フォーキンが独力でクリャシェンに関する様々な民具や資料を集め、カザンのティフヴィン教会敷地内の空き部屋を利用することで実現した。

写真9-5 クリャシュ・セルダ村のアンサンブル参加者（2010年1月筆者撮影）

　クリャシュ・セルダのアンサンブルは、1986年に結成され、一時は子どものアンサンブルもあったが、現在は高齢の女性を中心とする大人のアンサンブルだけが活動している。最初の参加者はすでにこの世を去っており、現在指導に当たっているのは、博物館の館長でもあるDである。現在は地元で歌い継がれてきた歌20曲ほどをレパートリーとして持っており、Dの意向としては、他の地域の歌も歌うようにしたいということだが、まだ実現はしていない。主な活動は、様々な行事やコンクールへの参加で、博物館内に多くの表彰状があるように、共和国内でも評価の高いアンサンブルの一つと言われ、知名度も比較的高い。これらに参加する際には、この村で伝統的とされる模様をあしらった民族服を着用している。
　一方、スタロ・グリーシュキノ村にもアンサンブルがあり、こちらは戦前から活動を行っている歴史を持つ。村の博物館に保管されている、アンサンブルの活動を記録したアルバムを見ると、1960年代にモスクワの舞台に上がった記録が残っている。ここでは、現在でも子供を中心にアンサ

写真 9-6　スタロ・グリーシュキノ村の子供アンサンブル（2010 年 5 月安井草平撮影）

ンブルの活動を行っており、学校の低学年が活動するアンサンブル、中学年（ほぼ日本の中学生に相当）以上の生徒が活動するアンサンブル、大人が活動するアンサンブルがある。アンサンブルを主導しているのは、やはり学校の教師である E である。そしてこのアンサンブルでも、子どものものも含め、村で伝統的とされる模様・形式にあしらった大量生産品の民族衣装を着用して活動を行っている。このアンサンブルも、積極的に共和国内外のフェスティバルやコンクールに参加しており、外国のコンサートに出演して公演を行った経験もある[33]。この村のアンサンブルでは、他の村で歌い継がれてきた曲などもレパートリーに入っており、チェリャビンスク州のパリ村に居住しているナガイバキ[34]の曲などを用いた踊りなどが、

---

[33] ただし、このアンサンブルは基本的に自費での運営のため、外国への遠征に出る際には、その資金繰りに苦労している様子も見られる。

[34] ナガイバキは、コサック身分を得たクリャシェンの一派の子孫とされ、現在はウラル地方のチェリャビンスク州に居住している。しかし、元々はスタ

第 9 章　「クリャシェン文化」の現在

主要なレパートリーに入っている。

　こうしたアンサンブルは村のサークル的なものとして、誰でも参加できるようになっている。実際、参加者の中には、村出身ではない人もいる。クリャシュ・セルダ村のアンサンブルには、ムスリム・タタールの村出身で、この村出身の男性と結婚した後に村へ移った女性もいる。彼女は、子どもの頃から歌が好きだったということで、このアンサンブルにも参加したと語っている。とはいえ、アンサンブル参加者の多くは村の出身者で、子供の時に親から村の民謡などを聞き習い、それに親しみを持って育った人々である。

　スタロ・グリーシュキノ村では、先にも指摘した通り、現在よその村の曲もよく用いられている。しかし、特にこうした曲を扱う際には録音されたテープなどを利用している。Eの意向としては、子どもたちには地元の歌を教えて、自分たちで歌えるようにしたいとも話しており、やはり村の伝統を継承するものとしてのアンサンブルの機能にも期待がかけられている。

　こうしたクリャシェン・アンサンブル活動の中心にあるのが、カザンの国立クリャシェン・フォークロア・アンサンブル「ベルメンシェク (Bermenchek: ネコヤナギ)」である。もともと、カザンの文化大学の学生を中心にして、サークル的にクリャシェンのアンサンブル活動は行われていた。これは自主的な運営で、資金面などに問題があったが、2007年のクリャシェンの運動の公認を機に、アンサンブルに関しても共和国レベルでの支援が行われるようになった。その結果出来たのが、このベルメンシェク・アンサンブルである。

　ロ・グリーシュキノ村を含む、カマ河畔地域から、現在のバシコルトスタン共和国の西部を経て、現在の居住地に移ったとも言われている。パリ村という名前は、この村の住民の祖先がコサックとして参加した対ナポレオン戦争の際に、パリ入城を果たしたことに由来すると言われている。

写真9-7　ベルメンシェクの出演風景（2009年4月筆者撮影）

　このアンサンブルで主導的な役割を務めている人物の一人が、民俗学者のマカーロフである。彼は民族音楽の専門家として、各地の民謡の収集や民族楽器の復元などに取り組んでおり、アンサンブルの活動を続ける支えとなっている。このアンサンブルのレパートリーは、各地のクリャシェンの民謡が対象となっており、衣装についてもクリャシェン風にアレンジした様々な種類のものを着用している。

　アンサンブルに参加しているのは、主にカザンの文化大学やカザン音楽学校に在籍中、あるいは卒業した学生たちである。筆者が話を聞いた中には、クリャシェンには様々な行事のたびに歌を歌う伝統があった、ということを熱心に語り、その文化の継承に強い思いを示す学生もいた。もっとも、全員がそうした高いモチベーションをもって活動しているわけではない。参加者の中でも、学生時代に参加した後、卒業後はプロの歌手として独立して活動する人や、逆に卒業後に就職先が見つからず、当座の場所としてここに残る人もいる。その点で、これはクリャシェンの民謡などを担

いうる人々の地位を保証する役割も担っている。

　と同時に、このアンサンブルの参加者の出自はクリャシェンに限らず、タタルスタン外から来た学生も含め、様々な民族出自の人々が多数参加している。これに関し、クリャシェン運動に参加している人の中でも急進的な人の中には、「クリャシェンの歌はクリャシェンが歌わなければ、魂がこもらない」という旨のことを言い、否定的に捉えている人物もいる。しかし、アンサンブルを主導するマカーロフは、重要なことはクリャシェンの文化を守ることであって、それが果たされるのであれば、誰が歌っても変わることはない、と語っている。

　実際のところ、アンサンブル自体の活動は非常に活発で、各地のクリャシェン居住地で行われる行事や、クリャシェン民族組織が主催する祭りなどでは、欠かすことのできないものとして登場している。また、タタルスタン共和国としての行事にもしばしば参加し、タタルスタン共和国、あるいは時にタタール内部の文化の多様性とその共存を示すものとして活用されている。さらに、トルコや旧ユーゴスラビアにあるボスニア・ヘルツェゴビナなど、ロシア国外での公演を行うこともあり、クリャシェンの存在を内外に示すための重要な役割を果たしている。また、このアンサンブルは、方々のクリャシェンとされる人々が継承してきた民謡などを自らのレパートリーとすることで、より「クリャシェン」という外延を実践的に明確にする役割も果たしている。

9.3. クリャシェンを語る場

　ソ連時代、各「民族文化」は、行政、民族学者、各民族自身が相互に絡まり合うことで創出し、固定化していくものであった。もっとも、渡邊日日が指摘するように、その流れは円滑に進んだわけではなく、実際の場面

の中では、人々の認識とのズレが生じている[35]。クリャシェンによる自身の存在意義を求める運動は、まさにこうしたズレのために生じてきたものといえるであろう。この運動は、例えば学校での言語教育や歴史教育の中で、あたかも自分たちが否定されるかのように描かれ、扱われていることに対する異議申し立てと言えるのである。民俗学的文献の中でも、クリャシェンの文化とは、過去形で描かれ、「かつてあったもの」として表現されている。こうした状況に対し、第5章で触れたように、彼らは自分たちの文化が「生きている」ことを示す必要が生じているのである。

　しかし、そこで彼らが自分たちの再定義を行っている現場も、やはり同じフィールドであった。村落レベルでみれば、熱心な教員などの努力により、学校の文化活動、具体的には博物館の設置やアンサンブルを通じて、各地の文化が掘り起こされ、同時にしばしばそれが「クリャシェンの文化」として表象され、内面化が図られているのである。もっとも、この区分はあくまで恣意的で、それを担う人物の意向により、容易に「タタールの文化」として語り直すことも可能である。

　こうした個々の取り組みは、クリャシェンの新聞などを通じて紹介されることで、その「民族文化」の一部としての表象がより明確になる。さらに、そうした同一集団としての意識を涵養することを可能とする方法が、これらアンサンブルなどを一堂に会して示すことであろう。それを実現しているのが、クリャシェンの民族的祭りと位置付けられているピトラウである。次章では、まずタタールにおける民族的な祭りとしてのサバントゥイの様子を概観した後、それと対照させながら、ピトラウの変遷と現在の様子を概観する。

---

[35]　渡邊『社会の探究』、467頁。

第 10 章

「クリャシェン文化」のハイライト

10.1. タタール文化の祭典としてのサバントゥイ

10.1.1. タタールとサバントゥイ

　現在、民族文化を表象する上で重要な実践となっているのが、各種の「民族的」とされる祭りである。その代表例として良く知られているのが、タタールの祭り、「サバントゥイ（Sabantui）」である。

　帝政期のタタールに関する民族誌的な記述をみると、宗教的な祭りとして「クルバン（Kurban: 犠牲祭）」が挙げられ、それに対する民族的な祭りとして「サバントゥイ」と「ジエン（Dzhien）」が挙げられている。カザン大学に招聘され、この地域の諸民族についての記述も多く残したドイツ人医師カール・フクスによれば、この祭りは「古い民族的なタタールの祭り」で、「すべてのタタールが大いに参加する」としている。この祭りの名称である「サバン」[1]とは、タタール語で犁を意味し、彼の解釈では祭り自体の意味するところは春の到来によって耕作などにとりかかることであり、村々では雪が解ける頃に村外れの野原で行われていたという。その具体的な内容としては、お互いの腰に布を巻きつけて行う相撲のような競技や、競馬その他の遊びが行われていると報告している。また、祭りの行われている野原にはテーブルが置かれて、貧しい人々のための饗応が行われ、この習慣が「トゥイ」と呼ばれていたと指摘している[2]。

　このサバントゥイについて、19世紀末から20世紀初めにかけての様子の体系的な文献調査を行ったラウファ・ウラズマノヴァは、基本的な祭り

1　現在では、この祭りの名称は「サバントゥイ」で統一されているが、この当時の文献を見てみると、ここでフクスが「サバン」といっているように、様々な呼び名を確認することができる。これは、ジエンと同じく、地方による呼び名の違いなどを反映したものと推測される。

2　Karl Fuks. "Saban," *Kazanskie izvestiia*. 1814.06.06. (№23). この記述では、「トゥイ」に関して上記のように説明されているが、一般的に「トゥイ」とは「結婚」ないし「祭り」を意味している。

の要素として以下の 8 つを抽出している。

1. 食料を集めて作った粥での、子どもたちへの饗応
2. 子どもたちによる、色つき卵集め
3. 若者による卵集め
4. 馬のトレーニング、競馬の予行演習
5. 競技の勝者のための賞品集め
6. 力比べ、競走、競馬
7. 若者の遊戯
8. 村の様々な住民の、順番の饗応

そして、地域によって行われる要素の組み合わせが異なることで多様性が表れていたという[3]。

一方のジエンについては、やはりフクスの記述によると、サバンの後に行われ、村々では毎金曜日に祝う形で 7 週にわたって行われたという。より細かく見ると、各村で相互に訪問すべき祝いの日が定められ、それぞれの村の祝いには独自の名称が付されていた[4]。フクス自身が参加してみたところでは、各家は祭りの前に家や自分の体を清めていたという。そして、当日には村の広場に周囲の村々から人が集まって食事をし、歌や踊りを楽しんでいた様子を紹介している[5]。この祭りは、裕福なタタールが娘の婿を探すために饗宴を開いたのが起源であると紹介されており、サバンが男性の祭りとされているのに対し、こちらはタタール女性にちなんでいるもの

3　Raufa K. Urazmanova. *Obriady i prazdniki tatar Povolzh'ia i Urala (godovoi tsikl XIX – nachalo XX vv.): istoriko-etnograficheskii atlas tatarskogo naroda.* (Kazan': Dom Pechati, 2001), pp.23-44.

4　Karl Fuks "Dzhyn," *Kazanskie izvestiia*. 1815.02.10. (№12).

5　Karl Fuks. "Dzhyn (okonchanie)," *Kazanskie izvestiia*. 1815. 02.20. (No.15).

とされている[6]。

　もっとも、ソ連期にこの祭りについて再検討したグメル・ヒサムッディノフは、広範な事例を検討しつつ、これが「古代の族外婚制度の残滓」であるという。すなわち、このジエンが若い男女の出会いの場であると同時に、特定の村々が同じ日にこれを祝いつつ、異なる日に別の村々で祝われるという形で、異なる地域集団との縁組みを成立させるきっかけとしての機能を有していたというのである[7]。ただし19世紀末の段階では、こうした機能はすでに衰退しており、饗応などの形式だけが残っていたと言われる。

　この2つの祭りは金曜日が基準になるなど、一定のイスラームの影響もみられるものの、イスラーム受容以前からこの地域に広まっていた習慣により依存したものとされており、イスラームの聖職者らと対立する場面もあった。フクスの記述によれば、サバントゥイの際にはムッラーなども訪れ、礼拝を行ったりしていたが、その周囲はお祭り気分に浸っており、不思議な対照を示していたという[8]。さらにジエンに関しては、この機会に若い男女が出会うことについて、批判的な声も上がっていた。1861年にはムスリムの管理などを委任されていたオレンブルク宗務協議会から帝国政府に対して、ジエンがシャリーア（イスラーム法）に反するものであるとして、警察権力によってその実施を止めるよう陳情がなされ、1885年にも同様の訴えがなされた[9]。

6　Karl Fuks. "Kazanaskie tatary v statisticheskom i etnograficheskom otnosheniiakh: sochnenie deistvitel'nogo statskogo sovetnika K. Fuksa," *Karl Fuks: O Kazani, Kazanskom krae*. (Kazan': Zhien, 2005), p.210.
7　Vorob'ev N.I., Khisamutdinov G.M. (eds.). *Tatary Srednego Povolz'ia i Priural'ia*. (Moskva: Nauka, 1967), p.215.
8　Fuks. "Dzhun".
9　A. Dudkin. "Dzhiin u tatar Kazanskogo uezda," *Severnyi Vestnik*. no.8 (1890), p.26.

しかし同時に、こうした祭りはムスリム・タタールと受洗タタールが交流する機会となり、後者に改めてムスリムとしての自覚を喚起する場ともなっていた。受洗タタールの習俗について記述したN. オディギトリエフスキーによれば、受洗タタールは祭りのたびにムスリム・タタールとお互いに訪問をしあっていたという[10]。またアグネス・ケフェリ＝クレイは、帝政期における受洗タタールの棄教の経緯を明らかにする中で、ジエンが果たした役割についても触れている。すなわち受洗タタールの間では、一旦ジエンの習慣が途絶えていたものの、イスラームへの自覚を強めた受洗タタールの間で、再びジエンのつながりを利用してムスリム・タタールとの婚姻などを行う例があったことを指摘している。また、このジエンが復活する中で、情報交換が活発になり、新たに受洗タタールの棄教を引き起こしたともいう[11]。

他方でタタールの祭りについての記録を残しているヤコヴ・コブロフによれば、ジエンなどで祝宴を行っていた延長で、ムスリム・タタールの間に聖使徒ペトル・パウェル祭やポクロフの日[12]のような、ロシア正教にちなんだ祭りを祝う様子が見られた。コブロフの記述によると、ムスリムにとっては、もちろんこれらの祭は宗教的な意味のあるものではなかったが、この機会に市が立つのに混じるようになり、徐々にロシア人と一緒にこれらの祭りを祝う習慣ができていったのだという。そして一部のムスリムからは、こうした祭りに参加することが祖先の習慣に反することになるため、

---

10 N. Odigitrievskii. *Kreshchenye tatary Kazanskoi gubernii: etnograficheskii ocherk*. (Moskva: Pechatnia A.I. Snegirevoi, 1895), pp.60-61.

11 Agnes Kefeli-Clay, "Kriashen Apostasy: Popular Religion, Education, and the Contest over Tatar Identity (1856-1917)" (PhD diss., Arizona State University, 2001), pp.220-223.

12 10月14日（旧暦の10月1日）に祝われる、東スラヴ系民族に古代から伝わる祝日。農作業を終え、冬への準備を行う日とされる。後にロシア正教と一体化して祝われるようになった。

やめさせようという意見があるものの、コブロフ自身は、これは害のないものであり、ムスリムとロシア人が結びつきを強めるという意味で歓迎すべきことと受け止めている[13]。

このようにサバントゥイとジエンという祭りは、帝政期を通じてタタールの代表的な祭りとして知られるようになり、20世紀初めになるとさらに大規模に祝われるようになる。それは宗教的な観点からは非難される側面も持ちつつ、ムスリム・タタールと受洗タタールをつなぐような役割を担っていた。とはいえ、帝政期には地方差も大きく統一した体系が存在したわけではなかった。この祝い方が統一されるのはロシア革命以降のことで、国家のイデオロギーに沿う形で実施内容が整理・統一されていく。

10.1.2. サバントゥイのポリティクス

先の節で触れたように、革命以降のソ連では共産主義のイデオロギーに従う形で諸（民族）文化に劇的な変化が要請されるようになった。

復活大祭や犠牲祭のような、教会や聖職者などの活動と明確に関連づけられていた祭日に関しては禁止されていたものの、サバントゥイやジエンは民族的な習慣として、継続して行うことが可能であった。しかし、その形式などには大幅な変更が加えられることとなる。

まず問題となったのが、ジエンなどでは数週間にわたって祝宴などが続くことによる、労働効率の低下であった。これを解消するために、この2つの祭りはサバントゥイという名称のもとに一つに統合され、時期はジエンに合わせて初夏に開催することとなった。また、地方ごとに開催期間がバラバラであったのを整理し、まず各村落部で祝った後、各郡の中心部に移り、最後にタタール自治共和国の首都であるカザンで行うという形式に統一した。さらに、祝宴などを行う時期を土曜日ないし日曜日に限定す

---

13 Ia.D. Koblov. *O tatarskikh musul'manskikh prazdnikov*. (Kazan': Tsentral'naia tipografiia, 1907), pp.41-42.

ることで、延々とそれが続くことを防ぐことを目指した。1921年からは、カザンでのサバントゥイの実施をタタール自治共和国の成立記念日である6月25日とし、国家祝祭的な色彩を与えるようになった。また革命直後から、この祝祭期間にタタール兵士やその家族への支援を訴えるための機会としても利用されていた[14]。

さらに祭りの中で行われる諸々の行事についても、大きな変更が加えられることとなった。その変更については議論があり、サバントゥイのような祭りは、過去の遺物として実施することをそもそもやめるべきという意見や、伝統的・民族的な祭りとして、不必要で非文化的な要素を取り除いたうえで継続すべきという意見、革命以降の時代とイデオロギーを反映して豊作を讃える要素を加え、体育的な種目を付け加えていくべきという意見などがあった[15]。こうした議論も踏まえつつ、内容の整理が時代とともに進んでいった。

先の項で述べたように、帝政期においてはいくつかの主要な要素を取りだすことができたものの、基本的に地方ごとに行う内容は異なっていた。こうした多様なあり方について整理が行われ、サバントゥイの内容の中心的なものは、「贈り物の収集」「マイダン（Məidan: 広場）での諸競技」「若者の夜宴」に集約されて、各地の内容が基本的にほぼ同じになった[16]。また、これらの実施要項がシナリオとして文書化され、それがフォーマットとして確立することで、基本的な形態が各地に蓄積され、繰り返されるようになっていった。

---

[14] Svetlana Malysheva. *Sovetskaia prazdnichnaia kul'tura v provintsii: prostranstvo, simvoly, istorichekie mify (1917-1927)*. (Kazan': Ruten, 2005), pp.48-49; Damir R. Sharafutdinov. *Istoricheskie korni i razvitie traditsionnoi kul'tury tatarskogo naroda XIX – nachalo XXI vv*. (Kazan': Gasyr, 2004), pp.219-221.

[15] M. Semenov. *Saban-tui*. (Kazan': Tatpoligraf, 1929), pp.19-23.

[16] Sharafutdinov. *Istoricheskie korni i razvitie*. p.246.

やや時代は下るが、1984年にクリャシュ・セルダ村を含む「曙」コルホーズで行われた、タタール自治共和国60周年も兼ねたサバントゥイのシナリオには、以下のような内容が含まれていた[17]。

- 開会宣言（党・ソヴィエト・コムソモール組織代表、長老、生産前衛者、優良勤労者らの登壇）
- マイダン：少年競技（タタール相撲（kөraş）、柱上り）、成人競技（タタール相撲、競馬、バイク競争）
- 子ども用アトラクション：スプーン競争など
- 舞台：芸術アンサンブルの演目（歌、踊り、喜劇）
- その他：袋競争、バケツ運び、袋でのたたき合い、壺割り

　上記の内容からわかるように、開会宣言などにおいて、村での労働や生産を表彰する機会が設けられているほか、体育的な競技の導入、アンサンブルによる民族文化の表現も行われている。こうした内容は、特に戦後に明確になったソ連のイデオロギーを反映したものとしての「ソヴィエト新儀礼」的な性質を帯びている。すなわち、「伝統的な基盤に基づきつつ、現在の人々の生活や労働、文化と結びつきながら、共産主義的なモラルの理想と原則が含まれる」形で、「芸術的かつ感情に訴えるような形式を持ち、無神論の思想を反映して、宗教的・家父長的と映るものを排除する」[18]という思想を具現化しているのである。実際に、当時のソヴィエト新儀礼を取り上げた文献の中でも、しばしば代表的な例の一つとしてその名前を見ることができる[19]。

17　TsGA IPD RT f.527, op.43, d.15, ll.23-24.
18　Vladimir A. Rudnev. *Sovetskie prazdniki i obriady ritualy*. (Leningrad: Lenizdat, 1979), p.26.
19　Liudmira A. Tul'tseva. *Sovremennye prazdniki i obriady narodov SSSR*.

こうした内容の整理と並行して、ソ連期にはサバントゥイが各地へ広まっていくという現象も確認することができる。そもそも、サバントゥイは沿ヴォルガ中流域のタタールの集住地域でのみ行われていた。しかし、1922年にはウラル地方のエカテリンブルグで初めて行われた。さらに、1930年代にはモスクワ、レニングラードで、移住したタタールによってサバントゥイが行われ、以後毎年開催されるようになった[20]。また、ウラル地方のキーロフ州に居住するヌルラト・タタールや、ゴーリキー（現ニジニ・ノヴゴロド）州のミシャリなどは、元来サバントゥイを行う習慣はなかったものの、革命以降には彼らの間でも、これが行われるようになった。そして、この祭りは「タタールの文化」を代表する祭りとしての地位を獲得したのである[21]。

こうした位置付けは、ソ連崩壊以降も変わらず、むしろタタールの民族文化のシンボルとしての機能を強化する形で続けられている。現在タタルスタン共和国内では、6月の第1週目の週末にタタルスタン共和国内の2、3の町で先行的に実施されたのち、2週目の土曜日に各村、翌日曜日に各郡中心、3週目の土曜日にニジニ・カムスク、ナーベレジヌィエ・チェルヌィといった中核都市で行った後、翌日曜日に首都カザン市内数カ所で取り行ってフィナーレを迎えている。

その内容は、ソ連時代に整備されたものとほとんど変化はしていない。筆者は2009年にカザンの北方約50キロのところにあるアルスク郡のあるタタール居住村で、村の文化の家の館長の家に滞在してその様子を観察した。まず金曜日の夕方に、馬と馬車に乗った村の若者たちが10名程度

(Moskva: Nauka, 1985), pp.117-118; Christel Lane. *The Rites of Rulers: Ritual in Industrial Society: The Soviet Case.* (Cambridge: Cambridge University Press, 1981), pp.124-126.

20　Sharafutdinov. *Istoricheskie korni i razvitie.* pp.225-226.
21　Raufa K. Urazmanova. *Sovremennye obriady tatarskogo naroda.* (Kazan': Tatarskoe knizhnoe izdatel'stvo, 1984), p.58.

写真10-1　贈り物を集める若者（2009年6月筆者撮影）

と館長及びアコーディオン弾きが歌いながら村内を練り歩き、各家庭から祭りの贈り物にするための布と卵が集められた。夕方から夜半にかけてこれは続けられ、各家庭で集めた布などは文化の家に保管された。

　この年は、翌土曜日に先に郡中心でサバントゥイが行われた。館長は村の代表として舞台でのアンサンブルに参加するため、早朝から10キロほど離れた郡中心まで、馬車に乗って出かけていた。筆者自身は館長の家族とともに、11時ごろに車で郡中心へと向かった。郡中心では、町の中心から少し外れた空き地がマイダンとして使用され、観客席や露店が立ち並び、日本の盆踊りの舞台のような様相を呈していた。開会セレモニーでは、郡長のほか、賓客として当時のタタルスタン・ムスリム宗務局のムフティー（宗教代表者）であったグスマン・イスハコフが登壇して挨拶を行った[22]。その他、館長ら各村の代表が一緒になってアコーディオンの演

22　賓客はギリギリまで秘密となっており、特に共和国大統領が来る場合に備え

写真10-2　マイダンで行われるタタール相撲（2009年6月筆者撮影）

奏を行うなどした後、諸々の競技などが行われた。筆者が同伴した家族は、それらを見ることもなく、そのままマイダンを去って、町の親戚の家に向かった。ここには他にも親戚が集まっており、食卓を囲んで世間話などに興じていた。

その後村に戻ると、今度は館長の家に方々から親戚が集まり、夕刻にはその庭でステレオを出し、肉を焼いて宴会が行われた。この家に集まるのは、ここが村のなかにあって町の家と比べると多くの人を受け入れられるだけのスペースが確保できるからだという。この年はせいぜい20人程度の集まりであったが、多いときには50人近くの親戚が集まるともいう。

翌日曜日には、村外れの草原に設置されたマイダンでサバントゥイが行われた。ここでも郡中心と同様に、舞台となる中心部を取り囲んで観覧用の席がしつらえられているほか、様々な露店が並んでいた。舞台では、柱

て、各地では街の美化などに努めるとされている。

上りなどの諸競技やカラオケなどが行われた上で、最後にクライマックスとして年齢別にタタール相撲が行われた。また、ここをスタート・ゴール地点として競馬も行われている。しかし、この最も重要だと言われているタタール相撲も、すべての人が注目しているわけではない。また、見物している人も、必ずしもルールなどに通暁してはいないようで、しばしば結果に不可解そうな表情を浮かべているのが印象的であった。競馬についても、気がつけば競技が終わっており、少なくとも会場にいる人の多くが勝敗などに拘泥している様子はない。

このような行事とは別に、マイダンの周囲では親戚同士などが集まって、やはり宴会を行っており、人々の関心はむしろそちらに向けられていた。そもそも筆者を誘った友人も、外を歩き回るのは暑い、といって早々に親戚たちのいる方に向かい、日陰や冷房の効いた自動車の中で休んでいた。一通りの行事を見終わって友人宅に戻った後は、ひっきりなしに各地の親戚が集まり、旧交を温めていた。そして夜には改めて、その親戚たちを集めて家の庭で夜遅くまで宴会が行われた。

このように地方におけるサバントゥイは、公式には様々な競技などを行い、民族文化を確認するという意味があるものの、当事者たちはむしろ近親者などが集まって交流する機会として捉えている様子が窺える。その点では、人々が集まるということを本義とする、ジエン的な要素がより強く残っているともいえる。

カザンにおけるサバントゥイも、公式な部分の内容においてはほとんど差はなく、町外れの森の中や湖のほとりなど複数個所で行われているなど、規模において違いをみせているだけといえる。もっとも、これはより明確にタタール文化を提示する機会と位置付けられており、エリツィン（1996年）、プーチン（2003年）、メドヴェージェフ（2011年）と歴代の連邦大統領が視察に訪れて、タタール文化への理解を示すことが慣例化している。

このサバントゥイについて、近年の特に目立った傾向となっているのは、さらなる実施場所の拡大である。モスクワでは、戦後に一旦サバントゥイ

を行わなくなったものの、1989年に再開し、現在ではタタルスタン共和国とバシコルトスタン共和国が後援する形で、毎年大規模に行われている[23]。そのほか、サンクト・ペテルブルグなどの大都市を始め、チュヴァシ共和国やウドムルト共和国など、タタルスタン周辺の共和国の首都・タタール居住村、エカテリンブルクやウラジオストクなどのタタール・コミュニティの存在する都市でも行われるようになっている。さらにこうした試みはロシア国内にとどまらず、ウズベキスタンやリトアニアなどの旧ソ連圏、ドイツやアメリカといった比較的多くのタタール亡命者のコミュニティのある外国でもサバントゥイが行われ、タタールの存在を誇示するようになっている[24]。このようなサバントゥイの開催は、各地区のタタールによる意志もさることながら、タタルスタン共和国政府も積極的にその開催を支持し、共和国文化省や全世界タタールコングレスから、実施のイロハを教えるための使節も派遣されている。特にトルコのイスタンブルでのサバントゥイには、例年共和国大統領や共和国議会議長などが参加して、同じテュルク系民族としての関係を誇示するための機会として利用されている。

　このように、「タタールあるところにサバントゥイあり」という言葉まで生まれる状況にあり、さらにこの祭りを通じて、タタールの存在を国際的に認知させようという試みもみられる。それをより確実にするために、近年ではユネスコの世界無形文化遺産への登録も目指されており、2003年には当時の松浦晃一郎ユネスコ事務局長がカザンのサバントゥイに招待

23　バシキールも、自分たちの民族的な祭りとしてサバントゥイとほぼ同じ「ハバントゥイ（habantui）」があると主張している。そして、タタールと対抗する姿勢も示しているが、一般的な理解としては、「サバントゥイ」の方が知名度は高く、かつそれはタタールによる祭りとして認知されている。

24　逆に、サバントゥイを開催することで、タタールの存在を掘り起こすという試みも見られる。その一例として、2015年に日本でサバントゥイを行う、という計画も一時期打ち上げられたが、結局実現は適わなかった。

写真10-3　ウズベキスタンの首都タシケントで行われたサバントゥイ（2013年6月筆者撮影）

された。そこでは、サバントゥイが「単に民族文化・伝統の極めて興味深く、実りある、対話的な形式であるのみならず、様々な民族、年齢、社会的・物質的な状態、宗教的所属の人々の協力や文化的交流、祭りの数世紀にわたり継承された模範」[25] として、ユネスコの理念に沿うものとして説明されている。

　また、タタルスタン共和国政府は、このような祭りによる民族文化の提示を領内の他の民族においても奨励し、それによって多民族共存の空間としての自己主張を行っている。ロシア人については、毎年5月にライシェヴォ郡のルスコエ・ニコーリスコエ村でロシア・フォークロア・フェ

25　E.R. Tagirov, D.R. Sharafutdinov. *Sabantui v lokal'nom i global'nom tsivilizatsionnom prostranstve :potentsial idei kul'tury mira v traditsionnykh prazdnikakh narodov planety*. (Kazan': Tsentral'naia operativnaia pechat', 2004), pp.7-8.

スティヴァル「カラヴォン (Karavon)」を開催し、カザンからは無料の送迎バスが用意されている。その他、タタルスタン南部の町ヌルラトでチュヴァシを代表する祭りとして「ウヤフ (Uiav)」が行われ、6月にはマリを代表する祭りとして「セムィク (Semyk)」が共和国内を年々巡回する形で行われている。こうした民族文化の提示を模倣する形で、クリャシェンによって実践されているのが、7月に行われる「ピトラウ」である。

10.2. クリャシェンとピトラウの展開

10.2.1. ピトラウの変遷

　クリャシェンの祭り文化については、まずサバントゥイを祝っていたのかどうかは必ずしも明らかではない。クリャシェンに関する民族誌的資料を残したオディギトリエフスキーによると、クリャシェンは「マイダン」ないし「サバン」と呼ばれる祭りを、春ないし夏に行っている。そして、その中身はタタールにおけるサバントゥイと同じく、様々な競馬や競争競技であり、ムスリム・タタールから受け継いだものと推測している[26]。あるいは、ママディシュ郡のクリャシェンについて記録したある聖職者は、やはりサバンという祭りが行われており、村の人々が集まって饗応をしていたと描写している[27]。

---

[26] N. Odigitrievskii. *Kreshchenye tatary Kazanskoi gubernii: etnograficheskii ocherk*. (Moskva: Pechatnia A.I. Snegerivoi, 1895), p.42.

[27] Iz zapiski sviashchennika Ioanna Liapiovskogo, sostavlennoi dlia Rossiiskogo geograficheskogo obshchestva, o traditsionnom kostiume, pishche i dokhristianskikh obriadakh zhitelei Churinskogo prikhoda Mamadyshskogo uezda Kazanskoi gubernii (1848 g.)," *Religioznyi sinkretizm i traditsionnaia obriadnost' tatar-kriashen Volga-Ural'ia (XIX – nachalo XX v.): Sbornik materialov i dokumentov*. (Kazan': Institut istorii im. Sh.Mardzhani AN RT, 2015), pp.22-23.

タタール民俗学者ウラズマノヴァは、こうした歴史的な記述も踏まえつつ、サバントゥイそのものを行っていたとはいえないが、諸要素において類似の習慣があったとしている。さらにジエンに関しては、ロシア正教にまつわる夏の祭りと一体化する形で行われていたと指摘している[28]。該当する正教の祭りの代表的なものは、パスハ（Paskha: 復活大祭）の7週間後（年によって異なるが、5～6月）に行われるトロイツァ（Troitsa: 聖神降臨祭）と、7月12日（旧暦の6月29日）に祝われる聖使徒ペトル・パウェル祭である。

　クリャシェンの間ではまずこれらの名称について、地域ごとになまりが生じ、前者については「トロイスン（Troisın）」「トルチュン（Truchın）」など、後者に関しては「ピトラウ（Pitırau）」などの名称で呼ばれていた。これは、単に正教にちなんだ祭りというにとどまらず、民族的な習慣なども反映したものとして祝われていたという。すなわち、トロイスンについては、白樺を家に飾り、夜には若者が集って遊興に興じた他、翌日には広場に人々が集まって、サバントゥイのようなお祝いをしたという。一方、ピトラウについては、正教の教義に則るとこの日がトロイツァの翌週から始まる斎戒の終わりの日に当たることもあって、やはり人々が着飾って集まり、宴を楽しむとされている。また、これは季節の変わり目とも捉えられており、「ピトラウが来た、夏は終わった」といった言葉も知られている[29]。

28　Urazmanova, *Obriady i prazdniki tatar.* pp.48-49.
29　Flora Bayazitova. *Kerəşennər: tel üzençəleklərə həm yolatı.* (Kazan: Matbugat yortı, 1997), pp.157-160. こうした習慣は確かにロシア正教ないしキリスト教の教義と直接関係するものではないが、ロシア人の民族的な習慣として同様のものを確認できる。そのため、ロシア正教の受容とともに、ほぼそれと一体化したものとして、これらの習慣も移入したと考えるのが妥当と思われるが、これに関しては更なる歴史文献学的研究、及び周辺の正教徒非ロシア人における実状とも照らし合わせる必要があり、今後の課題である。

こうした祭りは、クリャシェンの村々で一様に行われているわけではなく、先のジエンの規則に倣う形で、各村において中心的に祝うべき日が定められている。例えば、筆者が訪問したカイビツク郡の例をみると、7月初めの木曜日にまずボリショエ・チャベルディノ村でセムィク（Semyk）を祝った後、翌々日の土曜日にヤンスリンスク、モリケエヴォ、ポレヴァヤ・ブア、バイムルジノ各村でカザンスキー（Kazanskii）、最後の日曜日にホゼサノヴォ村でピトラウを祝ったという。そして、各村の特に若者が、それぞれの村の祝いに出向いては、お互いに交流し、特にここで知り合った男女がひと夏の交際を経て10月半ばのポクロフの日以降に結婚するというのが、慣習的なパターンであったという。

　その他の地域でも、同様に各村で特定の祭りを祝っていたことが記憶されている。と同時に、それらは各村の「聖者祭日（prestol'nyi prazdnik）」であるという解釈をなされている。本来、ロシア正教会の定義によれば、この聖者祭日とは各村が所属している教会にその名が冠せられている聖者を祝う日のことを指している。しかし、各村で村人が認識している聖者祭日と、教会の定めに則ったところの聖者祭日は、必ずしも一致しているとは限らない。これらの事例においては、クリャシェンの村落において、ロシア正教的な要素とそれ以前から存在していたと思われる習慣とが微妙にずれつつも、習合している様子を如実に見て取ることができる。

　そしてこれらの習慣はソ連期において、やはり大きな変容を経験することとなった。すなわち、クリャシェンの間にもタタールと同様の、様式化されたサバントゥイが浸透していったのである。もっとも、クリャシェンの住民自身は、しばしばそれを帝政期から継続してトロイスンを祝う一つの形式として理解していたことが窺われる。筆者が村で祝っていた夏の祭りについて聞きとりをすると、「うちの村ではトロイスンをやっていた」という言葉を耳にする機会が何度もあった。さらに、特に年配の人々の話を聞いてみると、そう理解するだけではなく、実際この祭りの際に村々を回って、何日間か親戚や友人を訪れあうという習慣は保たれていたと思わ

れる。従って、ソ連期においても、かつての自分たちの村の聖者祭日を祝う習慣は完全に断絶していたわけではなく、形を変え規模を小さくしながらも人々の意識の中で常に継続していたことが推測される。このように、クリャシェンの祝日は、地域に古くから存在していた習慣、ロシア正教の教義、ソ連的な形式が混じり合う形で変容を遂げてきている。

　現在、クリャシェンが民族復興を目指す中で、この祭りはさらに新しい意味を付与されつつ継続している。そして、クリャシェンが自らの「民族文化」を提示する舞台として実施しているのが、ほかならぬピトラウである。これが行われているのは、カザンから東に約150キロの位置にあり、クリャシェンが多く居住していることで知られるママディシュ郡のジュリ村である。

　ジュリ村のピトラウは、すでに1999年から、現在の郡長であるアナトーリー・イヴァノフの主導で始められた。そして2007年にクリャシェンの民族運動が、タタルスタン共和国によって公認された後は、ジュリ村がクリャシェン組織の代表であるエゴーロフの故郷であることもあり、アク＝バルス・ホールディングによる資金提供を受けつつ、共和国による直接的な支援も受けることとなり、大規模化が進んだ。

　このピトラウは聖使徒ペテロ・パウロ祭に当たる7月12日前後の土曜日に行われる慣例となっている（2018年であれば7月14日）。現在では、クリャシェン関係のメディアにとどまらず、共和国内の各新聞やテレビを通じて、この開催についての告知がなされている。ジュリ村自体は、人口約500人の中規模なものであるが、ピトラウの際には村の郊外にある広大な野原に会場が設置され、タタルスタン内外から実に数万人規模の観客が訪れている。

　筆者は、幾度かこれに参加する機会を持ったが、ここでは祭りの後にママディシュ郡に滞在することもできた2010年のピトラウを中心に内容を紹介する。

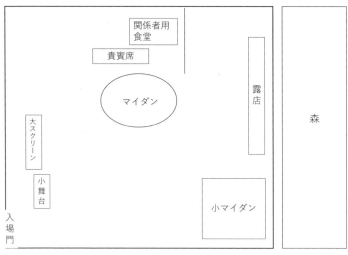

図 10-1　ピトラウ会場図

10.2.2. クリャシェンの祝祭としてのピトラウ

　筆者自身は、カザンからアク＝バルス・ホールディング名義で用意されたバスに乗り、クリャシェン民族団体の関係者と一緒に出かけた。道中には会場までの道筋の案内が大きく掲示されており、同じく会場に向かう車の姿が多く見られた。そして、会場付近では多くの交通警察が陣取り、交通整理を行なっていた。

　会場は**図 10-1** のように、2 つのマイダン＝舞台や巨大なスクリーン、諸々の遊技場や露店が設置されていた。筆者たちが到着したのは 16 時ごろで、開会までにはまだ時間があったものの、すでに多くの人が集まり、買い物などを楽しんでいた。また、各地から集まってきたクリャシェン・アンサンブルの人々が、民族衣装を着て歩きまわっている様子も印象的に映る。

　この年のピトラウの正式なプログラムは次頁の表のようになっていた。

　このうち、競馬はサバントゥイの場合と同様に、会場から少し離れたところで、まだ日の高いうちに行われていた。開会式には、例年共和国の高

場所	時間	内容
草原		競馬
各所		スポーツ競技、遊戯
マイダン	17:00 〜	開会式
	18:30 〜 25:00	民族競技（タタール相撲）
コンサート広場	18:30 〜	フォークロア・アンサンブル・コンサート
	21:45	「クリャシェン美人」表彰式
	22:00 〜	コンサート
催し小屋	16:00 〜 16:45	ママディシュ郡フォークロア・アンサンブル・コンサート
	17:30 〜	「クリャシェン美人」コンクール
	21:00 〜	「クリャシェンおばさん」コンクール
	22:00 〜 25:00	キャンプファイヤー
ピョートル・ディスコ	20:00 〜 26:00	ステージ・コンサート、コンクール、ディスコ
子供広場	17:00 〜 20:00	子供サバントゥイ、遊具

　官が参加しており、特にエゴーロフと昵懇とされるミンニハノフは、共和国首相（共和国内で大統領に次ぐトップ2）時代に何度も訪問していた。2010年の初めに、彼が大統領となったことから、共和国大統領として初めてこのピトラウに参加することが期待されていたが、結局開会式に現れて挨拶を行ったのは、新たに首相となったイリダル・ハリコフで、関係者の間では少なからぬ失望が見られた[30]。

　このハリコフを始めとする賓客の到着の際には、入口に各地方のアンサンブルの人々が、それぞれの民族衣装を着て出迎え、クリャシェンの民族文化とその多様性を強調する様相を呈していた。この賓客がマイダンに設けられた貴賓席に着くのを待って開会式が行われた。開会式では、クリャ

---

[30] 共和国大統領時代、シャイミエフは一度もこのピトラウに足を運ぶことはなかった。公には警備上の理由から、安全を確保できないためと説明されている。しかし、シャイミエフ自身がクリャシェンのことを嫌っているために来ない、という噂がまことしやかに囁かれている。なお、2016年のピトラウには、ミンニハノフが共和国の大統領として初めて参加した。

写真 10-4　ピトラウ会場の入口で出迎えるアンサンブルの人々（2010 年 7 月筆者撮影）

シェン組織の代表としてエゴーロフ、地元の代表として郡長のイヴァノフ、共和国代表としてハリコフが挨拶を行ったほか、ロシア人の司祭とタタールのイマーム（イスラーム指導者）による祝福の辞などが読まれた。それに引き続いて、クリャシェンの民族文化の研究や復元活動に貢献した人々の表彰や、郡の労働英雄の表彰、大祖国戦争戦勝 65 周年にちなみ、クリャシェン出自の戦争参加者への表彰なども行われた。そして、マイダンの舞台では各地のクリャシェン・アンサンブルが再び集まって、改めて「クリャシェン文化」の存在を示し、カザンのクリャシェン・プロ・アンサンブルであるベルメンシェク・アンサンブルやクリャシェンの有名な歌手による曲目の披露も行われた。これに引き続いて、タタールやロシア人のアンサンブルによるパフォーマンスも行われ、やはり「多民族共存」が強調されるものとなっていた。こうした一連のセレモニーが終わった後、マイダンでは子どものかけっこなどが行われ、最後にメイン競技と

しての夕タール相撲の会場となった。このタタール相撲は日付が変わるまで続き、優勝者には伝統に則る形でまず羊が贈られ、さらに副賞として自動車が与えられた。

その他、会場各地で柱上りが行われたり、会場中心付近にあるステージ上で各地域のアンサンブルの演目が披露されたりした。もっとも、ここまでの内容は、ムスリム・タタールの間で行われているサバントゥイとほとんど違いは感じられない。実際、しばしばタタルスタン共和国内において、この祭りを報道する際には、「夜のサバントゥイ」「ジュリのサバントゥイ」といった表現が用いられている。現在のタタルスタンにおいては、人々が集まって祭りなどを行う場合の一般名詞として、「サバントゥイ」が用いられている。また各郡の文化部などでイベントを行う際には、これまでの経験を活かすという意味からも、サバントゥイのシナリオが応用されているという事情もある[31]。他の村でトロイツァやピトラウという名目で祝う場合でも、かつての名残で「サバントゥイ」と大書きされた旗が翻っていることもある。しかし、タタールとの差異化を目指しているクリャシェンの活動家の立場からすると、サバントゥイと同一視されることは、そもそもの意図から逸脱することになってしまう。そこで重要な役割を期待されているのが、小マイダンとも呼ばれる催し物会場である。

これは、会場全体の入り口から入ってすぐの位置に設けられており、奥に置かれた舞台を取り囲む形で、木製の小屋がいくつか並べられている。この小屋には、近年のクリャシェンによる催し物についてのパネルが掲示

---

[31] スタロ・グリーシュキノ村では、2009年の6月に共和国から分配された予算を用いた、郡の民族文化事業の一環として、大々的にトロイツァが行われた。この際には、各地のクリャシェン・アンサンブルが参加し、それぞれのレパートリーを披露した。それも含めた祭りのプログラムは、郡の文化部が作成したが、その打ち上げの席上、文化部長は「例年のサバントゥイのやり方に則ることで、なんとか成功裏に終えることができた」という旨の発言をしている。

写真 10-5　小マイダンの小屋の一つ（2010 年 7 月筆者撮影）

されていたり、クリャシェンの村で集めた民具などが展示されたりしており、民族衣装を着た人がそれぞれの名称や使い方を解説して、さながら移動式博物館の様相を呈している。

　この小マイダンで行われるイベントの中心をなしているのが、舞台上での「クリャシェン美人（$Kerəşen\ çibərə$）」コンテストである。このコンテストは、『トゥガナイラル』紙などで参加者が募られており、その目的は以下のように説明されている。

1) クリャシェンの伝統文化、習慣、儀式の保存と発展
2) クリャシェンの民族的な伝統、文化の若い世代への伝達
3) クリャシェン文化の宣伝と普及
4) プロ・クリャシェン・アンサンブル創設のための若手の発掘

そして、このコンテストに参加する条件としては、15-25歳の女性（既婚・未婚問わず）で、クリャシェンの伝統衣装を着用することとされ、以下に挙げる種目に参加する準備をすることが挙げられている[32]。

　　1）オリジナルの名札
　　2）民族的な楽曲の演奏
　　3）クリャシェン民族衣装の披露
　　4）出身村ないし郡の民族的な儀礼・祝祭の一部の披露
　　5）クリャシェンの文化・歴史についての試問

　この目的、種目からわかるように、このコンテストで重視されているのは、あくまでクリャシェンの民族文化をいかに「正しく」継承しているか、表現しているかであった。この年、ちょうどピトラウの後に筆者がお世話になったAの長女が前年に引き続き、このコンテストに参加していた。前年度入賞を逃した彼女が、挽回を図るべく取った対策は、まず村の祖母のもとに行って、実際にかつて着用されていた民族衣装を借りてくることであった。彼女の母親によれば、歌の練習などをした方がいいのではないか、という助言をよそに、彼女はクリャシェンの歴史や文化の勉強に力を注いだ。その甲斐あってか、彼女はこの年のコンテストで見事に3位の座を射止めることに成功した。
　このように、ピトラウでは民族文化組織の主導により、民族的な伝統・文化を提示し、継承することに何よりも重点が置かれている。ムスリム・タタールのサバントゥイが朝から行われるのに対し、このピトラウが夜に行われていることも、両者を明確に差異化しようという意図とともに、ク

---

[32] "Kerəşennərneŋ "Pitrau 2010" Respublika xalık bəirəməndə "Kerəşen çibərе" konkursın ütkərü turındagı POLOZHENIE: Mamadış raionı, Cəri avıl," *Tuganailar*. 2010.06.24.

写真10-6 「クリャシェン美人」コンテスト風景(2009年7月筆者撮影)

リャシェン民族運動家たちにとっては自分たちの文化・伝統に則ったものとして表現しようという意図を反映している。ベロウソヴァの説明するところによれば、元来、ピトラウはロシア正教に由来する聖使徒ペトル・パヴェル祭の日と重なるものであり、特に午前中は宗教的な慣習に従事すべき時間として、教会での祈祷などを行う時間とみなされている。それを済まし、斎戒の開けた午後以降が祝宴の時間とみなされ、同時にロシア正教の定めとは独立したところの、自分たちの「土着の習慣」に則った行事を行うべき時間とみなされているのである。そして、民族運動の関係者は、この後者を担うべきと考え、ピトラウを祝っているのである。

しかしよく事情を確認してみると、このジュリでのピトラウという祝い方自体が、「伝統的な習慣」との矛盾をはらんでいる。訪問するクリャシェンの多くは、ジュリ村の聖者祭日にちなみ、ピトラウを祝っていると考えている。しかしこのピトラウを最初に主導したイヴァノフに話を聞いたところ、もともとこのピトラウは、これが伝統的に聖者祭日となってい

た近くのアルバイ村で行なっていたという。しかし、そこは交通の便がよくないという理由から、交通の便がよく、村外れに広い草原があるなど、諸々の条件のそろったジュリ村に移ったというのである。イヴァノフらによれば、そもそもジュリ村の聖者祝日とされていたのは、トロイツァであった。しかし、結局ピトラウという日程と名称を継承したまま、ジュリ村で実施することとなり、現在に至っている。ここには、過去の様態に忠実である以上に、現在の便宜を優先させている様子が確認される。

　こうしたピトラウの実施は、ジュリ村のほか、クリャシェンが多く居住しているペストレチ郡などでも毎年行われるようになり、やはりマイダンをしつらえて、アンサンブルの公演やタタール相撲を始めとする諸々の競技を行っている。このように、ピトラウという祭りは、タタールのサバントゥイと並ぶ「民族的な祭り」として、自分たちの存在をアピールし、「民族文化」を提示する場としての機能を付与される形で活発化している。しかし、これについての受け止め方は決して一様ではなく、それぞれの人々の民族の理解や伝統の解釈によって、多様な評価を受けている。

10.2.3. ピトラウへの視線

　現在のジュリのピトラウは、共和国内の様々なメディアで取り上げられ、近年では数万人の来訪者を集める、タタルスタンでも有数のビッグイベントになっている。その点では、クリャシェンを認知させるという目的において、一定の成功を収めていることは間違いない。ただし、先述のようにその報道の中では、しばしば「サバントゥイ」という言葉が用いられたり、「受洗タタール (kreshchenye tatary)」の行事として紹介されたりすることがあり、そのたびにクリャシェン組織が抗議を行っている[33]。

33　例えば、2010年の場合であれば、ピトラウの翌日にA宅に滞在してテレビを見ている際に、タタール語放送局のTNVが祭りの様子を報道したが、その中で「受洗タタールの祭り」として紹介されていた。娘からこれを聞いた

タタルスタン共和国の公式の立場としては、クリャシェンの存在と一定の文化の独自性を認めつつ、それをタタールとは別個の民族と認めるかどうかの問題については一旦棚上げしている。その上で多民族地域としてのタタルスタン共和国を彩る多様な文化の一部としてそれを尊重する一環であるという姿勢をとっている。それは、ここで賓客として挨拶を行う共和国首脳の言葉にもはっきりと表れている。2010年のピトラウを訪問したハリコフは、挨拶の中で「多民族共和国であるタタルスタンでは、そこに居住する諸民族の伝統に注意を払っている」という。そして、ピトラウ自体に関しては、「数世紀にわたる文化と習慣を含んだ、クリャシェンの文化が興味深いものであり、独特なものであることを示している」と語っているのである。

　こうした位置付けについては、クリャシェン民族組織の中で、このイベントの実施に中心的に関わっている人々も共有している。音楽学者、民俗学者でクリャシェン・アンサンブルの主導者のひとりであり、ピトラウのシナリオ作成にも参画しているゲンナージー・マカーロフは、ピトラウをアピールするDVDの中でこの祭りについて「小民族の精神的、文化的な価値、共和国の鮮やかな多民族のパレットの不可分の一部である、数世紀にわたる伝統の復興を目指す」ものとしている。そして、クリャシェンとしてのこれの意義は、「共和国中のクリャシェンが一カ所に集まり、お互いの歌を聴く楽しい集まり」であり、「クリャシェンが一緒に集まって、そのアイデンティティを確認する」場所であることだという。

　確かにピトラウの舞台に立つことは、各地のクリャシェン・アンサンブルにとって、ハレの舞台のひとつとなっており、その写真などは大切に保管されている。また、この機会に普段なかなか会えない遠方の同胞との交流を持つことができるほか、他地域の人々と知り合うことができ、場合によってそれが遠縁に当たる人であったということなどもある。このように、

　　Aは、すぐにクリャシェン組織に抗議をするよう依頼した。

クリャシェンが同胞として集まり、その存在を確認する場としての機能は一定程度の成功を収めている。

　しかし、ここで実際に行われている内容に対しては、必ずしも全面的な支持を集めているわけではない。特に主要会場となっているマイダンで行う内容については、それがサバントゥイと何も変わらないという批判が方々から巻き起こっている。共和国の公認を受けつつ、この祭りを主催しているクリャシェン民族組織の主流派に対し、より強くクリャシェンの独自性の主張を展開している人々から見ると、この祭りはタタルスタン共和国による懐柔策にほかならず、「共和国から金をもらって、飲み食いして、それに何の意味がある？」といった非難がみられる。またこの立場から見ると、開会セレモニーで、多民族・多宗教共存に配慮した演出を取っていることも不満の種となっている。すなわち、「タタールのムッラーとロシア人の司祭の（ロシア語の）挨拶しかないイベントのどこがクリャシェンの祭りだ？」という不満を引き起こしている。このムッラーの挨拶は、その内容の中でムスリムとしての祈りの重要性などに触れていたとして、クリャシェンをムスリム化しようという圧力を暗示しているのではないかという危惧まで持たれ、批判的に言及する声が多く見られた。もっとも、こうしたピトラウとサバントゥイとの混同の危険性は、クリャシェン民族運動関係者で、これを主宰する立場にある人々も自覚しており、それゆえ、彼らはむしろこのピトラウの中心をセレモニーを行うマイダンではなく、クリャシェンの民俗をより前面に押し出した小マイダンの方に置こうとしている。

　確かにこの小マイダンでの民族文化の提示や、アンサンブルの活動に対しては、概ね好意的な姿勢が示されている。こうしたものを通じて、クリャシェンの文化がいまだに失われていないことを示し、その継承も目指されていることについて、肯定的な評価がなされているのである。しかしここに関しても、現在の形式が全面的に支持されているわけではない。一例を挙げると、「クリャシェン美人」コンテストにおいて、あまりに知識

重視な面について批判的な意見がある。2010年のコンテストでは、質問として「ナルドゥガンが行われるのはいつか？」といった習俗に直接関わる質問のほかに、「カザン・クリャシェン教育専門学校があったのは何年から何年までか？」のような、現在の生活とは関係の薄い、細かな歴史に関わる問題もあった。後日、Aとともに、ママディシュ郡内の村を回って聞き取りを行っていると、ピトラウについても話題になり、こうした質問に対して、「こうした問題は難しすぎる。私たちにだってわからないし、そもそも知っている必要もない」といった批判的な声が各地で聞かれた。

　こうした個別の問題以上に、ピトラウの現在の形式について、違和感を覚える声も見られる。これを主宰する人びとの主眼は、クリャシェンの伝統・歴史・文化を再興することと説明されている。そのために、いくつかの村での実践をシナリオにまとめた冊子を作成する試みも行われている[34]。しかし実際に行っている内容は、結局ソ連時代に整理され、様式化されたものの応用にほかならない。それに対し、以前の祭りを体験したことのある、村の中年以上の人々からは、かつての形式と比較しての違和感が表明されている。

　特によく耳にするのが、「昔は何日も続いて楽しかった。今は一日しかやらない」という評価である。ジエンに由来する祭りは、元々は村々を回る形で数日、場合によっては何週間にもわたって行われるものであった。革命以降、労働効率を阻害するものとして、長期にわたる祭りの開催は否定され、時期を限定する形で変化をみせてきた。しかし筆者が聞き取りを行っている限りでは、ソ連期においても数日にわたる祭りの慣行は維持されていたか、少なくとも元来数日にわたって祝われていたことについての記憶がはっきりと継承されていたことがうかがわれる。そうした記憶と比べた時に、現在の集約した形での祭りは、自分たちの伝統とは別個のもの

---

[34] 　この冊子（Kerəşen bəirəmnəre: stsenariilar）では、ピトラウのほか、ナルドゥガンやトロイツァのシナリオも紹介されている。

として認識されている。

　2010年の聖使徒ペトル・パヴェル祭の当日、筆者はペストレチ郡のクリャシュ・セルダ村に滞在していた。その夕方に、同じ郡内のヤンスヴァリ村で、郡を代表してのピトラウを行うことになっており、それまでの間、村人と雑談をしたり、思い出話を聞いたりしていた。その中である男性（40代）は、現在の村が活気を失っているということを語った。そして通りを指さしながら、「見てみろ、今日はピトラウの日だってのに、誰もいない。昔はアコーディオンなんかを出してみんなで楽しくやっていたのに」と語った。ここには、民族組織などが喧伝している民族文化のあり方・提示の仕方と、実際に生活する人びとの考える伝統・自文化に対するイメージのずれが垣間見える。

　また、より先鋭なずれを示しているのが教会関係者による認識である。ピトラウは、ジエンに倣っている半面、ロシア正教における聖使徒ペトル・パヴェル祭と一致している。それにちなんで、ジュリのピトラウの開会式では、郡の司祭による挨拶が行われている。またジュリとは別の村では、ピトラウの開会前に、カザンのパヴェル長司祭などを呼んで特別の祈祷を行っている村もある。しかし、あくまで祭りそのものはこうした宗教的な要素とは別のものとして捉えられている。クリャシェンの民族運動の中心人物の一人として、ピトラウの実施にも深くかかわっているベロウソヴァは、筆者に対しピトラウはクリャシェンが正教受容以前の異教の伝統を継承していることを象徴するものであると説明した。

　実際に自身クリャシェンであるが、あまり民族運動にコミットしていないロシア正教の司祭（40代）に話を聞くと、そもそもロシア正教にまつわる祝日にすべきことは「教会に行く。それだけ」という。そして、ピトラウやトロイツァのような試み自体について「何も言うつもりはない。それは彼らの問題。ただ本来、トロイツァのような祭りでは、教会に行き、静かに過ごすべき」として、基本的に自分たちとは別の問題として認識している。

別の、クリャシェン民族運動にも積極的に参加しているディミートリー司祭（30代）は、ピトラウに対して一定の興味を示していたものの、実際に参加しての感想は「サバントゥイと変わらない」であり、肯定的な態度ではなかった。もっとも、小マイダンでの試みなどには一定の評価もしている。とはいえ、やはり一義的には聖使徒ペトル・パヴェル祭は、ただ聖ペトルを祝うものであり、斎戒の終わりを意味するものであるという。そして、まずすべきことは教会へ行くことであり、自分の教会の礼拝に来た人の数が少なかったことを嘆いていた。聖職者以外でも、ロシア正教への信仰の深い人々の間では、ピトラウのような行事にのみ力を入れている現状に対する批判的な声がある。
　このように、ピトラウはクリャシェンの存在を示す、という意味においては一定の成功を収めている。しかし、その評価は必ずしも肯定的なものばかりではなく、違和感や批判的な声も上がっている。そうした評価の差異には、クリャシェンとしての自己をいかに認識するのか、定義するのかについての意識の違いの反映を読み取ることができる。

10.3. 祝祭のポリティクス

　タタールは、その民族の存在を象徴する機会として、サバントゥイという祭りを大々的に開催している。その実施方法は、ソ連時代に定式化された新儀礼そのものの形で実施されている。しかし、現在のタタールはこれを国際的に積極的に展開し、自らの存在を高めようとしている点において、国内における民族的色彩を彩るものという受動的な実施から、能動的な展開に転換しているといえる。さらにこれを国際展開している点には、極めて現代的なアレンジを見ることができる。
　この祭りの内実を見てみると、もともとジエンであったような、親族のつながりを確認する機会として援用されていることも確認される。この点では、ソ連期の文化政策は、私的・個人的な領域においては、決定的な変

容を強いていたわけではないことが示唆されている。それゆえにクリャシェンの間においては、このサバントゥイがトロイスンやピトラウとして意識され続けることを可能とした。クリャシェンの運動は、これを応用しサバントゥイに倣って、自分たちの存在を示すための機会としている。

　これは確かにクリャシェンという存在を誇示する上で大きな効果をもたらしている。しかし、そこで実践している内容は、結局タタールのサバントゥイとほとんど差異のないものとなってしまっており、むしろ両者の類似性すら強調しかねないものとなっている。それゆえに、ピトラウに対する評価は民族団体が意図しているもので統一されてはいない。この評価の複数性は、一つにはサバントゥイとの類似による、ある種の運動の不徹底に起因している。それに限らず問題となっているのは、復興している宗教との関係であり、この点では先のコルマンと似た問題系をなしている。さらにここで問題となっているのは、私的な領域における実践と、公認された形式との間の懸隔である。すなわち、元々クリャシェンとしてのエスニシティを支えてきたところの村々の実践と、民族としての大規模な行事との間に乖離が生じているのである。これは、日常における曖昧な差異としてのエスニシティを、民族という公的かつ確固としたカテゴリーに整序しようとする時に、否応なく生じてくる問題と考えることもできよう。

結　論

1. クリャシェン・エスニシティの発現から民族の名乗り

　本書では、ポスト・ソ連という文脈の中で、クリャシェンというエスニシティが自覚される過程、及びそれを民族という集団として提示する運動のあり方を論じてきた。

　帝政末期からソ連期にかけクリャシェンは、ベネディクト・アンダーソンによるナショナリズム論をなぞるようにして民族としての地位を獲得した。すなわち、イリミンスキーによるクリャシェンの日常語＝俗語での聖典翻訳・出版が、クリャシェンというエスニシティの形成に寄与していた。さらに、それを一時的にせよ公認することになったのが、ソ連最初の国勢調査＝人口統計であった[1]。もっともそれは一時的なものに過ぎず、ソ連期のほとんどはタタールとして過ごすこととなった。

　とはいえ、名目的にはタタールと呼ばれていても、クリャシェンがその独自性を全く失っていたわけではない。筆者の調査の限りでも、密かにロシア正教の祈祷などが行われることはあり、潜在的な正教徒という意識は引き継がれ、一定の独自性は保持されていた。また、クリャシェンに独自とされる習慣なども残っており、民俗学的な知見によって、それはある程度公認されていた。

　ペレストロイカ以降の社会変動は、その内部の人々に自己の存在の見直しなどを強いたが、それはクリャシェンも例外ではなかった。特にそれを促進したのは、タタールの間でのムスリム意識の強化、及び歴史の見直しである。ロシアによる支配、特に改宗政策を民族抑圧の歴史と見る中で、その結果生まれたとされる「受洗タタール」に対しては、「裏切り者」といった視線も送られるようになったのである。

　また、タタルスタンが民族共和国としての体裁を整えていく中で、ムス

1　ベネディクト・アンダーソン（白石隆、白石さや訳）『定本　創造の共同体：ナショナリズムの起源と流行』書籍工房早山、2007年、275－284頁。

リム・タタールを優遇しているという認識が広まり、クリャシェンの間で自分たちが不遇をかこっているという認識もみられる。これは、福島真人がいうところの「ハイパー・サイクル」の起動の一種と解釈できる。すなわち、ムスリム・タタールが優遇されているという意識が強まる中で、クリャシェンの間での日常の不満がタタールとの対応の差異として認識され、異なる存在としての認識に収斂するという循環に陥っているといえるのである[2]。そうした中で、クリャシェンの知識人を中心に、タタールとは異なる独自の民族という主張が展開されるようになっている。この過程は、ちょうどミシェル・ヴィヴィオルカがいう「欠陥とされるものを差異へと転換してスティグマを自分で内面化し、単純な逆転や転移を行いながら、これをアイデンティティとして引き受け」て、「自らをエスニック化」する過程にあてはまる[3]。しかし、クリャシェンによるタタールとの差異化を目指す運動は、しばしばタタールの側から「ただ、そう呼ばれたいだけ」という、冷ややかな視線で迎えられている。やはりヴィヴィオルカが、スティグマを負った人々による自己表現に関し、社会が認知しなかった場合に「狂気や自己破壊、過激な政治運動とみなされ、孤立してしまう」と述べている事態が現出しているのである[4]。

　しかし、ここで内堀基光の議論を思い出せば、民族を成立させる原初にあるのは、「名づけ」と「名乗り」であり、どう呼ぶ／呼ばれるかは、最

2　福島真人「差異の工学：民族の構築学への素描」『東南アジア研究』35巻4号、1998年、292-303頁。この福島の議論における思考実験では、双方の現実的な対立・差異が収斂していく様子を例示しているのに対し、ここではクリャシェンが一方的にそれを現実化している面がある。そこには、両者の権力差の問題が反映したものと理解できる。とはいえ、認知レベルでの差異の実体化という面では、基本的な構造は同じである。

3　ミシェル・ヴィヴィオルカ（宮島喬、森千香子訳）『差異：アイデンティティと文化の政治学』法政大学出版会、2009年、168頁。

4　ヴィヴィオルカ『差異』、169頁。

も根本的な問題である[5]。そして、上記のような冷笑的な態度が隠蔽しているのは、「名乗り」の背景にある双方の権力関係、及びそれを補完している周囲の環境である。「名乗り」に至った経緯は、第一にはすでに述べたように、タタールの中での孤立であり、「受洗タタール」という言葉が否定的なニュアンスを持って捉えられるようになっていることである。映画『ジョレイハ』は、タタールの歴史を物語ると共に、クリャシェンが「誤った者」というイメージを強化している。奇しくも、この中で名を変えられたジョレイハの悲嘆は、現在のクリャシェンの間での、タタールの視線に対抗した名乗りの欲求と相通ずるものがある。こうした状況から「クリャシェン」という「名乗り」は理解できる。しかし、ではなぜそこから民族としての主張に転化したのかという点については、現在のロシアにおける民族という範疇がもっている意味を考察する必要がある。

　ソ連は、民族を基本的な分類範疇として固定し、現在のロシアもそれを継承している。法的にも民族文化的自治についての法律が整備されている。また民族共和国の現存は、民族というものが極めて政治的な意味を持つ範疇として存在していることを、何よりも明確に示している。その点で太田好信が言うところの、「政治的アイデンティティ」として民族が主張しうる範疇であるといえる。太田は、アフリカの国際関係やポスト・コロニアル研究を専門とするマフムード・マムダニに倣い、文化的アイデンティティや生物学的アイデンティティとは異なり、「法がある特徴により人々を集団化し、国家がそう規定された人々に対して画一的な対処をするとき生まれる」ものとして、政治的アイデンティティを定義する。また、その結果特権を付与される人々も存在する反面、反対に不利益を被る人々も出てくるとし、そうした「排除を意識し、その是正を求めるときに立ち上がるアイデンティティ」も政治的アイデンティティであるとしている[6]。太田

5　内堀基光「民族論メモランダム」田辺繁治編著『人類学的認識の冒険：イデオロギーとプラクティス』同文舘出版、1989年、27-43頁。

6　太田好信「二一世紀における政治的アイデンティティの概念化」太田好信編

は、自らのフィールドである南米グアテマラのインディオたちが、かつては「貧しい農民」と自らを呼んでいたのに対し、近年積極的に先住民として自己主張していることを例として挙げる。そしてこれは、時代と共に重層的な排除構造から離脱するために有効なエージェンシーが変化したことを反映しているというのである[7]。クリャシェンの活動は、一方でソ連以来の国家による民族という枠組みを前提としつつ、その中での排除を味わったことで、自分たちの地位の是正を求めるための新たなエージェンシーとして、独立した民族の要求という主張を選択したものと解釈できる。そして、この主張や具体的な運動のあり方は、連邦や共和国における政策ともリンクしつつ、微妙にニュアンスも変化させている。

　このクリャシェンの焦点化の過程には、ロシアとソ連によるこの地域の支配の影響が濃厚に反映している。クリャシェンというエスニシティのそもそものきっかけは、ロシア帝国による「分断統治」と擬すことのできる政策によるものであった。それを定式化しつつ、否定したのはソ連による民族政策である。この二重の支配による矛盾の噴出が、クリャシェンという存在を求める運動と、それに対するタタールとの論争といえる。

2. 現代ロシアにおける宗教とエスニシティ

　ソ連が崩壊し、共産主義というイデオロギーを失った現在のロシアでは、人々の間の宗教心の高まりに注目が集まっている。しかし、その発現の仕方は一様ではない。確かに多くの人々は、自らを信仰心を持っているとみなし、そう語っているが、実際に礼拝などの宗教的な実践を行うことにはつながっていない。ここで強化されているのは、あくまで、キリスト教徒

　　著『政治的アイデンティティの人類学：二一世紀の権力変容と民主化にむけて』京都、昭和堂、2012年、19頁。
7　　太田「二一世紀における政治的アイデンティティ」12-13頁。

やムスリム「である」という意識であり、岡本亮輔がポスト世俗化の時代の宗教性の一つのあり方として指摘している「信仰なき帰属」[8]という現象がここにみられる。

　さらにロシア正教とロシア文化、イスラームとタタール文化などが結びつき、和崎聖日の言うように、「民族アイデンティティの指標」として宗教が認識される傾向も顕在化していった[9]。タタールにおいても、ムスリムであることが一つの規範であり、民族の特徴とされている。クリャシェンは、こうした図式を逸脱するものとして、タタールとは異なるエスニシティとしての認識を強めるようになっている。こうした認識の発動の発端にあったのは、彼らがロシア正教徒であるということである。確かにその日常を見てみると、宗教の違いによる婚姻の忌避といった傾向の強まりも確認される。これは、子供の誕生・教育や埋葬など、人生の重要な瞬間と関連づけられている。こうした局面は、ロジャース・ブルーベイカーがいうように、人々を分節し、集団化へ導き得るという、宗教の一つの側面を反映しているといえよう[10]。

　こうした日常レベルでの宗教への意識化に対し、人々の日々の振る舞いを見る限り、やはり強い「信仰」を有しているという印象を与える人々に会うことは稀である。さらに、知識人らによって展開されている、クリャシェンの民族としての主張を見ると、「ロシア正教徒である」ということ自体も必ずしも強調されていない。先のブルーベイカーの指摘の中でも、宗教がネイション＝民族を顕在化させるものとしてのナショナリズムの発

8　岡本亮輔『聖地と祈りの宗教社会学：巡礼ツーリズムが生み出す共同性』春風社、2012年、100頁。

9　和崎聖日「中央アジア定住ムスリムの婚姻と離婚：シャリーアと家族法の現在」藤本透子編『現代アジアの宗教：社会主義を経た地域を読む』横浜、春風社、2015年、111頁。

10　Rogers Brubaker. "Religion and Nationalism: Four Approaches," *Nations and Nationalism*. 18:1. (2012), p.4.

端とはなっても、政治的にみればその内容として主張されるわけではない、とされており、その説を裏付ける事例となっている[11]。

近年活発になっている教会の再建運動においても、こうした姿勢の反映を見ることが出来る。確かに教会の数こそ増えているものの、日常の奉神礼などに通う人の数は限られている。それは、積極的にクリャシェンの独自性を主張する民族運動関係者も同様であり、教会の重要性を指摘しつつも、そこに積極的に通うということは確認されない。ここで教会に期待されているのは、そこが現在では唯一「クリャシェン語」を公に使用できる場所であり、それに基づいてクリャシェンが集うことが出来る場所だからである。その意味で、現在のクリャシェン民族運動において教会が持つ意味は、信仰を表現する場として以上に、自分たちの存在を示す象徴的な側面にあるといえる。

もっとも、実践に反映する場面は限られるとはいえ、ロシア正教徒としての振る舞いなどに、全く無頓着なわけではなく、かくあるべしという規範自体は意識されている。しかし、キリスト教の「正しい」あり方という規範の認識は、必ずしも統一したものとはなっていない。それが如実に表れているのが、キリスト教受容以前の土着の信仰に由来するとされる儀礼などに対する人々の態度・認識である。

帝政期の宣教師たちは、コルマンのような伝統宗教に由来するとされ、しばしばイスラームの影響も受けている儀礼を迷信として排除しようと努力した。しかし、こうした儀礼はしばしばロシア正教の要素も取り入れつつ存続していた。そして、ソ連期に教会が弾圧により機能を停止すると、その空隙を埋めるように、こうした儀礼が人々のロシア正教徒としての意識を維持させる機能を担ったのである。こうした現象は、広くロシア人の間でも、特に奇跡と結びついた聖水信仰が人々と正教徒意識を結びつけていた例として報告されている[12]。

11 　Brubaker. "Religion and Nationalism," p.5.
12 　Aleksander Panchenko, "'Popular Orthodoxy' and Identity in Soviet and

これらの事例について、中東アフリカ地域と東南アジアにおけるイスラームを比較検討したアーネスト・ゲルナーのいう信仰の満ち引きという議論が適用できよう[13]。その区分に従えば、ソ連期の社会は、土着の習慣などに依拠した部族主義的な宗教に振り子が振れていたということができる。一方、ソ連崩壊以降の現在、ロシア正教会が勢いを取り戻すと、それとは逆に聖書などに基づこうという聖典主義的な方向に振り子は振れているのである。その中で、ソ連時代の人々の意識を支えた儀礼は、時にロシア正教会の一部として取り込まれ、時に迷信・異教として否定さるべき対象となっている。特に、ロシア人の間での聖水信仰などは、もともとキリスト教の聖人などと結びつけられていたことで、（全てではなくとも）教会としても取り込むことは容易であったであろう。これに対し、コルマンのような、非キリスト教的な要素が濃厚に漂う習慣は迷信・誤謬として、教会やそこに通う人々から否定的な視線を向けられる傾向の強いものとなっている。

　もっとも、ゲルナーは近代において、信仰の満ち引きの振り子は外され、聖典主義的な宗教に振り切れる、としていた。これに対し、ここで目撃している事態は、部族主義的な宗教と見なしうる実践が、宗教としては否定されつつも、「伝統・文化」として再定位されているということである。クリャシェンの知識人による運動は、世俗の存在として自らを定位するために、この「伝統・文化」という側面に争点を当てた主張が展開されている。

　こうした事態は、ポスト・ソ連という文脈で考えれば、ソ連時代の文化

　　Post-Soviet Russia: Ideology, Consumption and Competition," Bassin M. and Kelly C. (eds.), *Soviet and Post-Soviet Identities*. (Cambridge: Cambridge University Press, 2012), pp.321-340.

13　アーネスト・ゲルナー（宮治美惠子・堀内正樹・田中哲也訳）『イスラム社会』紀伊国屋書店、1991年。

観と関連づけることで理解できる。ソ連時代には、キリスト教やイスラームのような制度化された宗教に対しては、基本的には否定的な姿勢が明示されたのに対し、土着の習慣などに基づいた行為については、文化や伝統として許容される面があった。こうした行為の正当化の基準が、そのまま現在にまで継承されているということもできる。

　また、こうした状況はカサノヴァのいう「脱＝私事化」の議論と重なっている。カサノヴァは、世俗化を論じるに当たり、1）宗教的な制度や規範からの世俗的な領域の分化、2）宗教的信仰や実践の衰退、3）宗教の私事化された周縁的領域への追放という3つの水準を指摘している[14]。ここで生じている事態は、前2者は達成しつつも、宗教が周縁領域から離れ、公的なカテゴリー（ここでは民族という枠組み）に関わりのあるものとして認識されるようになっているとして理解できるのである。また、一連の運動の中で強調される「文化」の位置は、やはりカサノヴァが近代文化の諸理論や文化社会学の分野において、文化という言葉がもっぱら「世俗」文化を意味するものとされているという状況と一致している[15]。クリャ

14　ホセ・カサノヴァ（津城寛文訳）『近代世界の公共宗教』玉川大学出版会、1997年、268-269頁。

15　カサノヴァ『近代世界』85頁。ただし、現在のロシアにおいて、こうした「文化」と「宗教」の分離が必ずしも徹底されているとは限らない。ダグラス・ロジャースや伊賀上菜穂が提示した古儀式派の集落では、その宗教を含めた自分たちの歴史を伝統として保存し、伝えるべき文化として博物館に展示するよう努めている（Douglas Rogers, "Old Belief between "Society" and "Culture": Remaking Moral Communities and Inequalities on a Former State Farm," Steinberg M.B. and Wanner C. (eds.), *Religion, Morality, and Community: in Post-Soviet Societies*. (Washington D.C.: Woodrow Wilson Center Press, 2008), pp.135-140; 伊賀上菜穂「ロシア正教古儀式派教会の展開に見る「伝統」の利用：ロシア連邦ブリヤート共和国におけるセメイスキーの事例より」佐々木史郎・渡邊日日編『ポスト社会主義以後のスラヴ・ユーラシア世界：比較民族誌研究（国立民族学博物館論集4）』風響社、

シェンの活動も、こうした傾向と同じく、自らの民族という主張を世俗の領域で確保しようという意図がここには反映しているということができる。

一方、同じロシア人の間に見られる聖人・聖水信仰や、序章で紹介した中央アジアにおける、伝統に基づいた実践が、ロシア正教やイスラームとの結びつきをまがりなりとも維持しているのと比べると、このコルマン、あるいはクリャシェンの特異な宗教状況も見えてくる。前者が自分たちの伝統＝文化としてロシア正教やイスラームを受け入れられているのに対し、クリャシェンのロシア正教というのは、彼ら自身あるいは周囲から見たときに、やはりロシアの支配によって受け入れさせられたもの、という認識があることが否定できないであろう。ここには、ロシア国内の非ロシア人にとってのロシア正教が、歴史的な経緯、特にロシア人との関係において、両義的な意味を持っていることの反映が確認できる。

コルマンに対する錯綜した視線は、この世俗化と脱＝私事化という事態の狭間が顕在化したものとして捉えることができよう。そして、クリャシェンの運動は、一方ではロシア正教徒であることを受け入れつつ、その宗教の領域とは独立した世俗の領域での活動により力を入れ、そこに自分たちの民族としての独自性を見出すことを目指しているのである。

3. 民族を語る装置

旧ソ連圏において「民族文化」は、政策的な目標として掲げられ、一定の様式の下に発展するものとされていた。そして各民族の特徴は、「形式に於いて民族的、内容に於いて社会主義的」として、定められた様式の中で、衣装や歌謡といった物質的な側面で表現されるべきとされたのである。

そうした「民族文化」の表象の形式は、ソ連が崩壊した現在も継続し、各民族の復興運動の中でも実践され続けている。それを支えているのは、

2016 年、117-118 頁)。

民族言語教育を実践し、郷土文化を収集する学校であり、それが基盤となった博物館やアンサンブルでの活動であった。そこでは、政策に則ってフォーマット化され、民族学の知識に裏打ちされる形で規定された「民族文化」が再生産され、浸透している。

しかしソ連崩壊以降、民族の枠組みそのものに異議を唱えることが可能となり、見直しの動きが生じている。第2章、第3章で見たような、タタールによる民族運動、歴史の再考は、クリャシェンを孤立させ、独自のエスニシティとしての自覚を促すこととなった。そして、タタールという民族の枠組みからの離脱を求めるとともに、自分達の「独自の文化」を提示する必要が生じてきた。

そこで採用された戦術は、「民族文化」を表象し、実践するための様式自体は維持しつつ、そこから読み取る意味を変更することであった。ソ連期、クリャシェンは基本的にタタールの一部をなすものとされる一方で、特に民族学的な研究等を通じて、ムスリムのタタールとは異なる特徴を持った集団という認識も広められていた。現在のクリャシェンの知識人たちは、この差異を強調する形で、クリャシェンを民族と認めるに足る、独自の文化の存在を証明しようとしているのである。村落の学校に設置された博物館や、村人の参加するアンサンブルは、こうした「クリャシェン文化」を提示する重要な手段の一つとなっている。そしてそれを集約し、より広範な人々にアピールすべく実施されているのが「民族的祭り」としてのピトラウである。

タタルスタンは、その民族文化政策において、タタールのサバントゥイを民族的祭りとして大々的に実施するとともに、多民族共和国をアピールする目的で、他の民族の祭を積極的に支援している。その中でクリャシェンは、共和国の公認を受け、その支援の下でピトラウを自分達の文化を代表する祭りとして実践し、自らの文化の発展とそのPRを目指しているのである。ピトラウやトロイスンという祭りは、その起源をタタールのサバントゥイやジエンと同じくすると推測されるが、帝政期からロシア正教の

影響も受けて、その実施時期などが変化してきた。その後、ソ連時代に宗教に由来する行事が弾圧され、クリャシェンとタタールの融合が進められたことで、いったんサバントゥイの名の下に統一されていた。

　ソ連崩壊以降、クリャシェンはその独自性をアピールするために、改めてピトラウ（地域によってはトロイスン）として実施するようになった。とはいえ、実施している内容の大半は、サバントゥイと違いのないものとなっている。その中で、博物館的な展示やアンサンブルの舞台を用意することで、クリャシェンの「民族文化」を提示する機会としての位置づけを確保しているのである。

　こうした表象のあり方は、ソ連的な文化観念が継続していることを如実に示している。高倉浩樹は、シベリアのサハ共和国において、サハの民族文化を表象する祭りとして馬乳酒祭と駒繋ぎの実践が行われていることを示した。そこから、旧ソ連圏の公共空間における民族文化の表象様式の特異性として、公的機関の援助が自明視され、演芸や芸術が市場の中で淘汰される、あるいは洗練されるという過程が極度なまでに小さいということを指摘している[16]。クリャシェンによるピトラウの実践も、政府の想定している形式を模倣することで、公認を得るとともに、その援助を受けるための資格を得ることを目的としていたと解釈できる。

　そして、まさにクリャシェンによる民族を主張する運動が目指していたものは、このソ連期に定式化された「民族文化」を有する資格を持った集団として認定されることであったといえよう。これは、東シベリアのモンゴル系民族であるブリヤートについての民族誌で、渡邊日日がソ連期の状況に関し、「ソヴィエト的『文化』概念は蝶番となってブリヤート人の集

16　高倉浩樹「民族文化と公共の記憶の布置：サハにおける馬乳酒祭と駒繋ぎ」瀬川昌久編『文化のディスプレイ：東北アジア諸社会における博物館、観光、そして民族文化の再編（アジア研究報告シリーズ No.4）』風響社、2003 年、106-109 頁。

団範疇の表象に作用し、また逆に弁別するに当たって想起する認識論的枠組になっていた」と述べたものが、現在の民族を語る運動に継続していることも示している[17]。

　しかし、こうしたピトラウの実践は、人々に違和感を覚えさせるものともなっている。そもそも、筆者の聞き取りの限りでも、ソ連期においてすら、ピトラウやトロイツァといった祝日は、完全に「サバントゥイ化」していたわけではない。各村落において、相互の訪問などかつての形式がわずかながらも残され、少なくとも自分たちの伝統的な形式として意識されていた。それと比較すると、現在のピトラウの実践は、必ずしもかつての「自分たちの文化」の復興とは受け止められていない。また、宗教的な側面を捨象しているのに対し、特に聖職者などから否定的な声が上がっている。

　伊賀上菜穂は、ソ連の儀礼政策に関し、当局が志向していたような、個人と国家の直接的な結びつきは形成されず、再編された地縁、血縁、その他の関係性が作り出す、私的領域での絆が強化され、公的領域と私的領域が分離していたと指摘している[18]。ソ連期において、ピトラウやトロイツァに残っていた独自の要素は、この私的領域の中で継続したもので、まさにその領域の中で、クリャシェンのエスニシティも維持されていたといえる。現在のクリャシェン組織が展開している運動は、自分たちの独自なエスニシティをこうした私的領域から公的領域に拡大し、民族として成形しようという運動と位置づけられる。しかし、その様式化は結果的に再び「サバントゥイ化」を招くこととなり、ムスリム・タタールとの差異が曖

17　渡邊日日『社会の探究としての民族誌：ポスト・ソヴィエト社会主義期南シベリア、セレンガ・ブリヤート人に於ける集団範疇と民族的知識の記述と解析、準拠概念に向けての試論』三元社、2010年、145頁。

18　伊賀上菜穂『ロシアの結婚儀礼：家族・共同体・国家』彩流社、2013年、326頁。

味になるとともに、人々が私的な領域で感得しているクリャシェン概念との間に微妙なずれが生じることとなっている。こうしたクリャシェンの運動は、現代のロシアにおける、ソ連的な民族概念のしぶとさと、脆弱さを同時に示しているのである。

4. 狭間の解消と民族という拘束

　これまでの議論から、一つの大きな過程を見出すことができる。それは、ソ連の崩壊からロシア連邦の形成にかけての混乱の中で、それまでの規範が否定され、それを再構成する過程で、このクリャシェンによる民族運動が生じているということである。民族という単位は、ソ連時代に固定化したカテゴリーとされていたが、そのそれぞれは必ずしも安定したものではなかった。また、宗教は否定の対象であったものの、それは貫徹されていたわけではなく、形を変えて人々の間で生きながらえていた。

　ソ連の崩壊は、これらのカテゴリーの受け止め方の再編を求めることとなった。そこで焦点化された集団として、クリャシェンが現れている。それを定位するのに彼らが求めたのは、ソ連的な単位としての民族であり、それを正当化するための条件の整備が行われている。この点において、彼らの運動は極めて「ポスト・ソ連」的なものと考えることができるであろう。

　もちろん、このクリャシェンの運動においても、渡邊らのいう「ポスト社会主義以後」の様相を確認することができる。現在の彼らの運動の中心的なツールとして、インターネットが大いに活用されている。それは、単に活動の広報などにとどまらず、SNSを用いた一般クリャシェン同士の積極的なコミュニケーションが可能になり、場合によってはそれを通じてパートナー探しをするなど、新しい共同性の可能性も生じている。

　また、この地域の民族文化の表現の仕方にも、新しい可能性は生じてきている。2012年、タタルスタンの隣にあるウドムルト共和国のある村の

アンサンブル「ブラン村のおばあちゃん」が、ヨーロッパ最大の音楽祭「ユーロ・ヴィジョン」に出場し、2位に入賞した。これについて、クリャシェンの活動家たちは、「あれはプロデューサーが良かったのだ。同じレベルのアンサンブルは、クリャシェンにもいる」と述べている。現在のところ、この快挙に便乗した動きは見られないが、その可能性があることが意識されていることは見過ごせない。また特に若い世代の間では、現在タタルスタンが進めている様々な行事に乗じて、自分たちの文化もアピールしようという姿勢も見られる。2012年の調査の際には、翌2013年にカザンで開催されたユニバーシアードに鑑み、クリャシェンの文化をアピールするにはどうしたらいいか、ということが話し合われており、筆者にも意見が求められた。

　こうした緩やかな変化は認められるものの、全体の傾向としてみれば、やはりこの運動は「ポスト・ソ連（社会主義）」という文脈で捉えるべきであろう。と同時に、この一連の運動は、翻ってソ連の初期とも奇妙な類似点を示している。第1章で示した、ソ連初期のクリャシェンの代表者たちの声は、自分たちの曖昧な位置付けに対する不満に満ちていた。中でも、「タタールに都合のいいときだけ、我々はタタールと認められ、そうでないときは単にクリャシェンとされる」という訴えは、今のクリャシェンの立場にそのまま当てはめることができるであろう。

　確かに、クリャシェンがロシア正教に基づいた独自な文化を有する集団、ということは、広く当人たちもタタールの間でも、一定の認知を得ている。特に宗教への関心が高まる中で、そうした差異は、日常の中でも認識される状況となっている。と同時に、民族運動の文脈の中では、それがロシアによる支配と結びつけられる形で、否定的な形象として認知されるようになっているのである。

　現在のクリャシェンの運動は、そうした否定的な表象と曖昧な自己の立場を解消することを目的としている。そこで依拠することとなったのが、民族としての自己主張である。しかし、このクリャシェンの運動は、結果

的に人々の日常のエスニシティの意識との乖離を生むこととなった。それにとどまらず、よく耳をすませてみると、このクリャシェンを名乗る運動に積極的に関わっている人々の間からも、その活動に対する葛藤を感じることができる。

　筆者がスタロ・グリーシュキノ村でお世話になったBは、民族としてクリャシェンを主張する必要性をことあるごとに述べてきた。ある晩、親族の集まりの途中、彼は最も親しくしている従兄弟と一旦その場を離れて喫煙をしに出、筆者もそれについて外に出た。その時、その従兄弟はBに対し、「もうこうした運動に関わるのはやめろ、お前の将来にもよくない」と諌めてきた。それに対し、Bは「それはできない、自分の生き方に関わるのだから」と、やや悲壮感のこもった風に返していた。しかし別の祭りの際、やはり親戚が集まった食事の席で、ある年配の女性が、「我々はタタールなのだから〜」という趣旨の発言をした。それを聞くBは、あえてそれを諌めることもできず、さりとて賛同もできないというバツの悪そうな様子でその場に座っていた。ここで、明確に自分たちはクリャシェンだ、と主張できないところに、彼の苦悩が滲んでいるようであった。

　また、そうした曖昧な自分をクリャシェンとしてわざわざ名乗らなければならないこと自体の苦しさも、時に聞こえてくることがある。調査の初期、まだクリャシェンに対するタタルスタンの援助もなかった時代、ベロウソヴァは筆者に対して、「民族が問題となること自体が良くないのだ」とぽつりとつぶやいた。ここには、自分たちの文化を守りたいという思いと並行して、それを達成するために、あえて民族と名乗らなくてはならないことの重荷が見えてくる。

　こうした思いは、今のロシアにおける民族政策への疑念にもつながっている。再びBの例を持ち出すと、彼はモスクワの研究所に所属しているクリャシェン研究者の論文を読み、その中であえて民族共和国を廃し、すべて帝政期のように地域区分としての県を導入すべきという意見に強く同意していた。また、彼の父であるCは、筆者と周辺の村を回っている

際、筆者が隣の村（マリ居住村）でタタール語は教えられているか、と聞いたのに対し、教えられているとしながらも、学校ではロシア語だけ教えればいいんだとつぶやいた。これらは、決して民族の独自性や言語の保護を否定しようという意図から出た言葉とするべきではないであろう。むしろ、こうした言葉から読み取るべきは、政策的に作り出される民族という枠組みが否応なく、恣意的な区分を作り出し、そこで周縁化されることで生じる困難（それは、まさに彼らが今日まさに直面しているものに他ならない）に対する嫌悪・警戒感が反映したものといえるであろう。

　こうした恣意性と、その枠組みに押し込めようという、一種の暴力はどの水準に至っても消えることはないであろう。クリャシェンに関しても、民族学的にその内部グループとされるナガイバキは、現在チェリャビンスク州の原住少数民族として、タタールとは異なる（従って、当然クリャシェンの枠にも入らない）民族（ナツィオナーリノスチ）として国勢調査の中に記録されている。これに対し、クリャシェンの運動関係者の中には、クリャシェンの統合を保つためにも、ナガイバキはクリャシェンと書かなくてはならないと主張している者がいる。しかし、こうした主張はタタールによるクリャシェンに対する働きかけと本質的な違いはない[19]。

　こうした現状からは、現在のロシアにおいて物神化されたカテゴリーとしての民族のあり方が明確に現れている。これは、一方で人々に可能性と権利を与えるものでありながら、それゆえに人々を拘束し、その活動を一方的に規定するものとなっている。また、あいまいさを嫌う近代の分類の政治の性格を反映し、人々に絶えず再定義を求めるとともに、狭間を生み出し続けている。クリャシェンの運動は、この歪みの一つの極点で生じた現象ということができる。

---

[19] こうした声は、それほど大きくはなく、ナガイバキの側から表立ってこうした主張に反対するといった事態は、今のところは確認されていない。

参考文献一覧

【文書館史料】
Natsional'nyi arkhiv Respubliki Tatarstan (NART). Kazan'.
　f-R261. Kazanskii kriashenskii pedagogicheskii tekhnikum
Tsentral'nyi gosudarstvennyi arkhiv istoriko-politicheskoi dokumentatsii Respubliki Tatarstan (TsGA IPD RT). Kazan'.
　f.15. Tatarskii Respublikanskii komitet KPSS
　f.527. Pestrechinskii raionnyi komtet.
　f.8246. Vsetatarskii obshchestvennyi tsentr g.Kazani.

【その他非公刊資料】
Predsedateliu Verkhovnovo soveta TSSR tov. SHAIMIEVU M. Sh. 1991. 02.18. Kazan'（2006 年 2 月 21 日ベロウソヴァ提供）
Protokol po rezul'tatam vstrechi Prezidenta Respubliki Tatarstan s liderami i predsedateliami kriashenskogo dvizheniia respubliki. Kazan'. 2002.04.11.（2006 年 1 月 23 日ベロウソヴァ提供）
Rekomendatsii Komissii Obshchestvennoi palaty Rossiiskoi Federatsii po voprosam tolerantnosti i svobody sovesti po voprosu o polozhenii kriashen.（2006 年 10 月 17 日ベロウソヴァ提供）

【定期刊行物】
新聞
（ロシア語）
Kazanskie izvestiia
Krasnaia Tatariia
Nezavisimaia gazeta
Respublika Tatarstan
Tatar-inform
Vecherniaia Kazan'
Zhizn' natsional'nostei: Organ narodnogo komissariata po delam natsional'nostei

（タタール語）
Kerəşen süze
Tuganailar

【インターネット資料】

BIZNES Online
　[http://www.business-gazeta.ru/]
BLAGOVEST info
　[http://www.blagovest-info.ru/index.html?1343124328]
Gosudarstvennyi sovet Respubliki Tatarstan: Ofitsial'nyi sait
　[http://www.gossov.tatarstan.ru/]
Institut etnologii i antropologii RAN
　[http://www.iea.ras.ru/]
Interfaks
　[http://interfax.ru/]
KRIASHEN.RU
　[http://www.kryashen.ru]
Kriashenskaia dukhovnaia missiia: sait dlia pravoslavnykh missionerov
　[http://www.missiakryashen.ru/]
Nezavisimaia gazeta
　[http://www.ng.ru/]
Portal Vserossiiskaia perepis' naseleniia 2010 goda.
　[http://www.perepis-2010.ru/]
Pravoslavie v Tatarstane: informatsionno-prosvetitel'skii sait Kazanskoi eparkhii Moskovskogo Patriarkhata Russkoi Pravoslavnoi Tserkvi.
　[http://kazan.eparhia.ru/]
REGION.RU
　[http://regions.ru/]
REGNUM.RU: Informatsionnoe agenstvo
　[http://www.regions.ru]
Respublika Tatarstan
　[http://www.rt-online.ru/]
Rossiiskaia federatsiia: federal'naia sluzhba gosudarstvennoi statistiki
　[http://www.gks.ru/wps/wcm/connect/rosstat/rosstatsite/main/]
Rossiiskoe bibleiskoe obshchestvo: perevod, izdanie i pasprostranenie Biblii s 1813 goda
　[http://www.biblia.ru/]
Russkaia liniia

[http://rusk.ru/]
Tatar inform
[http://www.tatar-inform.ru/]
Tatarstan iaşlǝre
[http://www.tatyash.ru/]
Valerii Tishkov
[http://www.valerytishkov.ru/]
Vserossiiskaia perepis' naseleniia 2002 goda
[http://www.perepis2002.ru/index.html?id=11]

【公刊文献】
（英語）

Akturk, S.
  2010 "Passport Identification and Nation-Building in Post-Soviet Russia," *Post-Soviet Affairs* 26, no.4, pp.314-341.

Arel, D.
  2003 "Fixing Ethnicity in Identity Documents: The Rise and Fall of Passport Nationality in Russia," *Canadian Review of Studies in Nationalism* 30, no.1-2, pp.125-136.

Barth, F.
  1998 "Introduction," Barth, F. (ed.) *Ethnic Groups and Boundaries: The Social Organization of Culture Difference* (Long Grove: Waveland Press, INC, 1998), pp.9-38.

Bennigsen, A., Wimbush, S.E.
  1985 *Muslims of the Soviet Empire: A Guide.* (London: C. Hurst & Company).

Balzer, M.M.(ed.)
  2010 *Religion and Politics in Russia: A Reader.* (Armonk, New York, London: M.E. Shape)

Bremmer, I. and Taras, R. (eds.).
  1993 *Nations and Politics in the Soviet Successor States.* (Cambridge: Cambridge University Press).

Brubaker, R.
  1996 *Nationalism Reframed: Nationhood and the National Question in the New Europe.* (Cambridge, N.Y.: Cambridge University Press).

2004　*Ethnicity without Groups*. (Cambridge: Harvard University Press).
2012　"Religion and Nationalism: Four Approaches," *Nations and Nationalism*. 18:1, pp.2-20.

Dannreuther, R.
2010　"Russian Discourses and Approaches to Islam and Islamism," in Roland Dannreuther and Luke March, (eds.) *Russia and Islam: State, Society and Radicalism*. (London:Routledge), pp.9-25.

Darieva, Ts., Kaschuba, W.
2011　"Sights and Signs of Postsocialist Urbanism in Eurasia: An Itnroduction," Tsypylma Darieva, Wolfgang Kaschuba, and Melanie Krebs (eds.) *Urban Spaces after Socialism: Ethnographies of Public Places in Eurasian Citie*s. (Frankfurt and N.Y.: Campus Verlag), pp.9-30.

Dunin, B.
2015　"The ROC: The Church as a Symbol of Desired Wholeness," *Russian Social Science Review*. 56:3, pp.18-30

Edger, A.L.
2004　*Tribal Nation: The Making of Soviet Turkmenistan*. (Princeton: Princeton University Press).

Faller, H.M.
2011　*Nation, Language, Islam: Tatarstan's Sovereignty Movement*. (Budapest: Central Eurasian University Press).

Geraci, R.P.
2001　*Window on the East: National and Imperial Identities in Late Tsarist Russia*. (Ithaca: Cornell University Press).

Goldberg, M.V.
2009　"Russian Empire – Tatar Theater: the Politics of Culture in Late Imperial Kazan," (PhD diss. in the University of Michigan).

Gorenburg, D.
1999　"Identity Change in Bashkortostan: Tatars into Bashkirs and Back," *Ethnic and Racial Studies*. 22, no.3, pp.554-580.
2003　*Minority Ethnic Mobilization in the Russian Federation*. (Cambridge: Cambridge University Press, 2003)
2006　"Soviet Nationalities Policy and Assimilation," in Dominique Arel and Blair A. Ruble, (eds.) *Rebounding Identities: The Politics of Identity in*

Russia and Ukraine. (Washington D.C.: Woodrow Wilson Center Press), pp.273-303.

Goto, Masanori

    2007   "Metamorphosis of Gods: A Historical Study on the Traditional Religion of the Chuvash," *Acta Slavica Iaponica.* 24. pp.144-165

Graney, K.

    2007   "Making Russia Multicultural: Kazan at Its Millennium and Beyond," *Problems of Post-Communism.* 54, no.6, pp.17-27.

    2009   *Of Khans and Kremlins: Tatarstan and the Future of Ethno-Federalism in Russia.* (Lanham, MD: Lexington Books, a Division of Rowman & Littlefield).

Hann, C.

    2010   "Broken Chains and Moral Lazarets: The Politicization, Juridification and Commodification of Religion after Socialism," Chris Hann (ed.). *Religion, Identity, Postsocialism: The Halle Focus Group 2003-2010.* (Halle, Saale: Max Planck Institute for Social Anthropology), pp.3-21.

Hirsch, F.

    2005   *Empire of Nations: Ethnographic Knowledge and the Making of the Soviet Union.* (Ithaca :Cornell University Press).

Hunter, S.T.

    2004   *Islam in Russia: the Politics of Identity and Security.* (Armonk, New York, London: M.E. Shape).

Kefeli-Clay, A.

    2001a   "Kriashen Apostasy: Popular Religion, Education, and the Contest over Tatar Identity (1856-1917)" (PhD diss., Arizona state University).

    2001b   "The Role of Tatar and Kriashen Women in the Transmission of Islamic Knowledge, 1800-1870," in Robert P. Geraci and Michael Khodarkovskii (eds.), *Of Religion and Empire: Missions, Conversion, and Tolerance in Tsarist Russia.* (Ithaca: Cornell University Press), pp.250-273.

    2011   "The Tale of Joseph and Zulaykha on the Volga Frontier: The Struggle for Gender, Religious, and National Identity in Imperial and Post-revolutionary Russia," *Slavic Review.* 70, no.2, pp.373-398.

    2014   *Becoming Muslim in Imperial Russia: Conversion, Apostasy, and Literacy.* (Ithaca and London: Cornell University Press).

Kertzer, D.I., Arel, D.
 2000 "Census, Identity Formation, and the Struggle for Political Power," David I. Kertzer and Dominique Arel (eds.) *Census and Identity: The Politics of Race, Ethnicity, and Language in National Censuses.* (Cambridge: Cambridge University Press).

Kinossian, N.V.
 2008 "The Politics of the City Image: The Resurrection of the Kul-Sharif Mosque in the Kazan Kremlin (1995-2005)," *Architectural Theory Review.* 13, no.2, pp.188-205.
 2012 "Post-Socialist Transition and Remaking the City: Political Construction of Heritage in Tatarstan," *Europe-Asia Studies.* 64:5, pp.879-901.

Kondrashov, S.
 2000 *Nationalism and the Drive for Sovereignty in Tatarstan, 1988-1992: Origins and Development.* (Basingstoke: Macmillan).

Kollner, T.
 2012 *Practicing without Belonging? Entrepreneurship, Morality, and Religion in Contemporary Russia.* (Halle Studies in the Anthropology of Eurasia). (Berlin: Lit Verlag, 2012).

Kreindler, I.T.
 1969 "Educational Policies toward the Eastern Nationalities in Tsarist Russia: A Study of Il'minskii's System" (PhD diss., Columbia University).

Lane, C.
 1981 *The Rites of Rulers: Ritual in Industrial Society: The Soviet Case* (Cambridge: Cambridge University Press).

Lewis, D.C.
 2000 *After Atheism: Religion and Ethnicity in Russia and Central Asia.* (Richmond: Curzon Press).

Makarov, D., Mukhametshin, R.
 2003 "Official and Unofficial Islam," Hilary Pilkington, Galina Yamelianova (eds.) *Islam in Post-Soviet Russia: Public and Private Faces.* (London: Routledge), pp.117-163.

Panchenko, A.
 2012 "'Popular Orthodoxy' and Identity in Soviet and Post-Soviet Russia: Ideology, Consumption and Competition," Mark Bassin and Catriona Kelly

(eds.) *Soviet and Post-Soviet Identities*. (Cambridge: Cambridge University Press), pp.321-340

Pederson, M.A.

2011 *Not Quite Shamans: Spirit Worlds and Political Lives in Northern Mongolia*. (Ithaca and London: Cornell University Press, 2011).

Pilkington H., Yamelianova G.

2003 *Islam in Post-Soviet Russia: Public and Private Faces*. (London: Routledge Curzon,)

Poliakov, S.P.

1992 *Everyday Islam: Religion and Tradition in Rural Central Asia*. (Armonk: M.E. Shape).

Pospielovskii, D.V.

1988 *Soviet Antireligious Campaigns and Persecutions: Volume 2 of a History of Soviet Atheism in Theory and Practice, and the Believer*. (Houndmills: Macmillan Press, 1988).

Privratsky, B.G.

2001 *Muslim Turkistan: Kazak Religion and Collective Memory*. (London and New York: Routledge).

Ransel, D. L.

2000 *Village Mothers: Three Generations of Change in Russia and Tataria*. (Bloomington: Indiana University Press).

Rogers, D.

2008 "Old Belief between "Society" and "Culture": Remaking Moral Communities and Inequalities on a Former State Farm," Mark B. Steinberg and Catherine Wanner (eds.). *Religion, Morality, and Community: in Post-Soviet Societies*. (Washington D.C.: Woodrow Wilson Center Press), pp.115-147.

Romaniello, M. P.

2007 "Mission Delayed: The Russian Orthodox Church after the Conquest of Kazan," *Church History* 76:3 (2007), pp.511-540.

Roy, O.

2000 *The New Central Asia: The Creation of the Nations*. (London: I.B. Tauris).

Schafer, D.E.
  2001 "Local Politics and the Birth of the Republic of Bashkortostan, 1919-1920," Ronald G. Suny, and Terry Martin (eds.) *A State of Nations: Empire and Nation-making in the Age of Lenin and Stalin*. (N.Y.: Oxford University Press), pp.165-190.

Sharafutdinova, G.
  2000 "Chechnya Versus Tatarstan: Understanding Ethnopolitics in Post-Communist Russia," *Problems of Post-Communism*. 47, no.2, pp.13-22.

Shnirelman, V.A.
  1996 *Who Gets the Past?: Competition for Ancestors among non-Russian Intellectuals in Russia*. (Washington D.C.: Woodrow Wilson Center Press).

Slezkine, Yu.
  1994 "The USSR as a Communal Apartment, or How a Socialist State Promoted Ethnic Particularism," *Slavic Review*. 53:2, pp.414-452

Tishkov, V.A.
  1992 "The Crisis in Soviet Ethnography," *Current Anthropology*. 33:4, pp.371-382.

Uyama, T.
  2002 "From 'Bulgharism' through 'Marrism' to Nationalist Myths: Discourses on the Tatar, the Chuvash and the Bashkir Ethnogenesis," *Acta Slavica Iaponica*. 19, pp.163-190.

Veinguer, A.A.
  2007 "Narratives of Belonging: Pupil's Discourses from Tatar and non-Tatar Gymnasias in Kazan," *Diskurs Kindheits-und Jugendforschung*. 2, no.3, pp.279-294.

Werth, P.W.
  2000 "From 'Pagan' Muslims to 'Baptized' Communists: Religious Conversion and Ethnic Particularity in Russia's Eastern Provinces," *Comparative Studies in Society and History*. 42, no.3, pp.497-523.
  2002 *At the Margins of Orthodoxy: Mission, Governance, and Confessional Politics in Russia's Volga-Kama Region, 1827-1905*. (Ithaca: Cornell University Press).
  2007 "Changing Conceptions of Difference, Assimilation, and Faith in the Volga-Kama Region, 1740-1870," Jane Burbank, Mark von Hagen, and

Anatolyi Remnev (eds.) *Russian Empire: Space, People, Power, 1700-1930.* (Bloomington: Indiana University Press), pp.169-195.

Yameilanova, G. (ed.)

   2010 *Radical Islam in the Former Soviet Union.* (London and New York: Routledge)

(ロシア語)

Abashin S.

   2007 *Natsionalizmy v Srednei Azii: v poiskakh identichnosti.* (Sankt Peterburg: Aleteiia)

Apakov M.V.

   1881 "Missionerskie besedy s kreshchenymi i nekreshchenymi tatarami i votiakami Kazanskogo kraia," *Izvestiia po Kazanskoi eparkhii.* no.13, pp.330-343.

Bagin S.

   1910 *Ob otpadenii v magometanstvo kreshchenykh inorodtsev v Kazanskoi eparkhii o prichinakh etogo pechal'nogo iavleniia.* (Kazan': Tsentral'naia tipografiia).

Baiazitova F.S.

   1986 *Govory tatar-kriashen v sravnitel'nom osveshchenii.* (Moskva: Nauka).

Baltach F.

   1994 "Gordit'sia ili stydit'sia dolzhny kriasheny?," *Idel'.* no.6. pp.61-66.

BSE

   1933 *Bol'shaia sovetskaia entsiklopediia. t.27.* (Moskva: Sovteskaia entsiklopediia).

Bsygin, E.P., Zorin, N.V., Stoliarova, G.R.

   1991 *Etnodemograficheskie protsessy v Kazanskom Povolzh'e.* (Kazan': Izdatel'stvo Kazanskogo Universiteta)

Bukharaev, R.

   2000 *Prezident Mintimer Shaimiev i model' Tatarstana: ocherk politicheskogo tvorchestva* (Sankt Peterburg: Russo-baltiiskii informatsionnyi tsentr "Blits").

Burdo M., Filatov S. eds.

   2009 *Atlas sovremennoi religioznoi zhizni Rossii. Tom.1.* (Moskva: Letnii sad).

Chetvertaia tatarskaia revoliutsiia
  2009 *Chetvertaia tatarskaia revoliutsiia v XX veke ch.1. nachalo: stenogramma I-go s"ezda Tatarskogo obshchestvennogo tsentra (1989 g.).* (Kazan': Institut istorii im. Sh. Mardzhani AN RT).
Chicherina, S.
  1905 *U Privolzhskikh inorodtsev: putevye zametki.* (Sankt Peterburg: Tipografiia V.Ia. Mil'shteina).
Danilov, S.
  1872 "Vospominaniia starokreshchennogo tatarina iz zhizni," *Strannik.* no.3. pp.8-31.
Daulei, R.
  1903 "Sviatki u kreshchenykh tatar: Mamadyshskogo i Laishevskogo uezdov Kazanskoi gubernii," *Izvestiia Obshchestva arkheologii, istorii i etnografii.* no.19 (3-4), pp.196-203.
Dudkin, A.
  1890 "Dzhiin u tatar Kazanskogo uezda," *Severnyi Vestnik.* no.8. pp.26-30.
Edinstvo tatarskoi natsii
  2002 Edinstvo tatarskoi natsii. (Kazan': Fen).
Emel'ianov Ia.E.
  1879 *Stikhi na kreshcheno-tatarskom iazyke.* (Kazan': Tipografiia M.A. Gladyshevoi).
Est' takoi narod
  2011 *Est' takoi narod kriasheny: Problemy etnokonfessional'noi identifikatsii kriashen.* (Kazan': Kriashenskii prikhod g.Kazani, Sovet veteranov kriashenskogo dvizheniia g.Kazani),
Etnoterritorial'nye gruppy
  2002 *Etnoterritorial'nye gruppy tatar Povolzh'ia i Urala i voprosy ikh formirovaniia.* (Kazan': Dom pecheti).
Filippova, E., Arel', D., Gusef, M. (eds.)
  2003 *Etnografiia perepisi-2002.* (Moskva: Aviaizdat).
Fokin, A.
  2005 "Kriashenskii vopros v Tatarstane," *Sovremennoe kriashenovedenie sostoianie, perspektivy: materialy nauchnoi konferentsii, sostoiavsheisia 23 aprelia 2005 goda v g. Kazani.* (Kazan': Kriashenskii prikhod g. Kazani),

pp.88-102.

Fuks, K.

2005 "Kazanskie tatary v statiskicheskom i etnograficheskom otnosheniiakh: sochinenie deistvitel'nogo statskogo sovetnika K. Fuksa," *Karl Fuks: O Kazani, Kazanskom krae.* (Kazan': Dhien). pp.143-222.

Giliazov I.A., Piskarev V.I., Khuzin F.Sh.

2003 *Istroriia Tatarstana i tatarskogo naroda s drevneishikh vremen do kontsa XIX veka.* (Kazan': Tatarskoe respublikanskoe izdatel'stvo "Kheter", 2003)

Glukhov, M.

1996 *Sud'ba gvardeitsev Seiumbeki.* (Kazan': Vatan).

1997 *Tatarica: entsiklopediia.* (Kazan': Vatan).

Grigor'ev, S.

1906 "Zovite nas kreshchenami," *Izvestiia po Kazanskoi eparkhii.* no.14-15. pp.450-454.

Iakovrev, I.Ia.

1997 *Moia zhizn': vospominaniia.* (Moskva: Respublika).

Ibragimov. R.R.

2005 *Vlast' i religiia v Tatarstane v 1940-1989-e gg.* (Kazan': Kazanskii gosudarstvennyr universitet, 2005)

Iskhakov, D.M.

1997 *Fenomen tatarskogo dzadidizma: vvedenie k sotsiokul'turnomu osmysleniiu.* (Kazan': Iman).

2002 *Tatary: kratkaia etnicheskaia istoriia.* (Kazan': Magarif).

2010 *Tatary: perepis' i politika.* (Kazan': Tatarskoe knizhnoe izdatel'stvo).

Iskhakov, R.R.

2014 *Ocherki istorii traditsionnoi kul'tury i religioznosti tatar-kriashen (XIX – nachalo XX vv.).* (Kazan': Izd-vo "Tsentr innovatsionnykh tekhnologii").

Islaev, F.G.

1999 *Pravoslavnye missionery v Pvolzh'e.* (Kazan': Tatarskoe knizhnoe izdatel'stvo).

Istoriia Tatarskoi ASSR

1955 *Istoriia Tatarskoi ASSR. t.1: s drevneishchikh vremeni do Velikoi Oktiabr'skoi Sotsialisticheskoi Revoliutsii.* (Kazan': Tatarskoe knizhnoe izdatel'stvo).

Istoriia Tatarstana
 2001 *Istoriia Tatarstana: Uchebnoe posobie dlia osnovnoi shkoly.* (Kazan': TaRIKh).

Itogi Vserossiiskoi perepisi
 1962 *Itogi Vserossiiskoi perepisi naseleniia 1959 goda SSSR: svodnyi tom.* (Moskva: Gosstatizdat).
 2004 Itogi Vserossiiskoi perepisi naseleniia 2002 goda (Moskva: Statistika Rossii).

Itogi Vsesoiuznoi perepisi
 1973 *Itogi Vsesoiuznoi perepisi naseleniia 1970 goda. tom IV: natsional'nyi sostav naseleniia SSSR, soiuznykh i avtonomnykh respublik, kraev, oblastei i natsional'nykh okrugov* (Moskva: Statistika).
 1989 *Itogi Vsesoiuznoi perepisi naseleniia 1979 goda. tom IV: natsional'nyi sostav naseleniia SSSR, chast' I. Raspredelenie naseleniia SSSR, soiuznykh i avtonomnykh respublik, kraev, oblastei i avtonomnykh okrugov po natsional'nosti i iazyki. kn.1. statisticheskii sbornik.* (Moskva: Goskomstat SSSR).

Ivanov, A.N.
 2002 "Tatary-musul'mane i pravoslavnye kriasheny: nekotorye aspekty roli islama v konsolidatsii tatarskogo naroda," *Musul'mane izmeniaiushcheisia Rossii* (Moskva: Rosspen), pp.201-228.

Iz Zhizni
 1888 "Iz zhizni kreshchenykh inorodtsev Kazanskogo kraia za 1887 goda," *Izvestiia po Kazanskoi eparkhii.* no.1. pp.4-32.

Kaariainen, K., Furman, D.
 2000 *Starye tserkvy, novye veruiushchie: religiia v massovom soznanii postsovetskoi Rossii.* (Moskva: Letnii sad)

Kazanskaia tsentral'naia kreshcheno-tatarskaia shkola
 1891 *Kazanskaia tsentral'naia kreshcheno-tatarskaia shkola: materialy dlia istorii khristianskogo prosveshcheniia kreshchenykh tatar.* (Kazan': Tipogr. V.M. Kliuchnikov).

Khakim, R.
 2002 *Kto ty, tatarin?* (Kazan': Panoramaforum).

Khakimov, R.
2003 "Tatary ne nuzhdaiutsia v razervatsiiakh," *Tatarstan*. no.11.

Koblov, Ia.
1907 *O tatarskikh musul'manskikh prazdnikov*. (Kazan': Tsentral'naia tipografiia).
1910 *O tatarizatsii inorodtsev Privolzhskogo kraia*. (Kazan': Tsentral'naia tipografiia).

Koval', I.
1930 "Obriady kreshchenykh tatar: imenuemykh kriashen," *Materialy Obshchestva po izucheniiu Bashkirii: kraevedcheskii sbornik*. no.3-4, pp.81-84.

Kreshchenno-tatarskie shkoly
1874 "Kreshchenno-tatarskie shkoly Viatskogo Missionerskogo Komiteta v Elabuzhskom uezde," *Viatskie eparkhial'nye vedomosti*. No.16, pp.427-429.

Kul'turnoe stroitel'stvo
1976 *Kul'turnoe stroitel'stvo v Tatarii*. (Kazan': Tatarskoe knizhnoe izdatel'stvo).

Larina, Iu.
1995 "Imena – russkie, iazyk – tatarskii, a sami – kriasheny," *Ogonek*. no.19, p.35.

Lotfullin, I. U., Islaev, F. G.
1998 *Dhikhad tatarskogo naroda: geroicheskaia bor'ba tatar-musul'man s pravoslavnoi inkvizitsiei na primere istorii Novokreshchenskoi kontory*. (Kazan').

Malov, M.A.
1968 "O tatarskikh mechetiakh v Rossii," *Pravoslavnyi sobesednik*. ch.1. pp.1-45.
1892 *Missionerstvo sredi mukhammedan i kreshchenykh tatar: sbornik statei*. (Kazan': Tipo-litografiia Imperatorskogo universiteta).

Malysheva, S.
2005 *Sovetskaia prazdnichnaia kul'tura v provintsii: prostranstvo, simboly, istoricheskie mify* (1917-1927). (Kazan': Ruten).

Mashanov, M.

1875 *Religiozno-nravstbennoe sostoianie Kreshchenykh tatar Kazanskoi gubernii Mamadyshskogo uezda.* (Kazan': Universitetskaia tipografiia).

Materialy nauchno-prakticheskoi konferentsii

2001 *Materialy nauchno-prakticheskoi konferentsii na temu "Etnicheskie i konfessional'nye traditsii kriashen: istoriia i sovremennost'".* (Kazan': Kriashenskii prikhod g.kazani).

Materialy S"ezda

1993 *Materialy S"ezda narodov Tatarstana.* (Kazan': Tatarskoe knizhnoe izdatel'stvo).

2008 *Materialy S"ezda narodov Tatarstana: gorod Kazan', 3 noiabria 2007 goda.* (Kazan': Idel-Press).

Matorin, N.

1929 *Religiia u narodov Volzhsko-Kamskogo kraia: Prezhde i teper'. Iazychestvo-islam-pravoslavie-sektanstvo.* (Moskva: Bezbozhnik).

Mukhammedova, G.S.

1994 "Otrazhenie politiki khristianizatsii v drame G.Iskhaki 'Zuleikha'," *Islamo-khristianskoe pogranich'e: itogi i perspektivy izucheniia.* (Kazan': Institut iazyka, literatury i istorii im. G. Ibragimova Akademii nauk Tatarstana). pp.161-166.

Mukhametshin, R.

2005 *Islam v obshchestvennoi i politicheskoi zhizni Tatar i Tatarstana v XX veke.* (Kazan': Tatarskoe knizhnoe izdatel'stvo).

Mukhametshin, Iu.G.

1977 *Tatary-kriasheny: istoriko-etnograficheskoe issledovanie material'noi kul'tury seredine XIX - nachalo XX v.* (Moskva: Nauka).

Mukhametzianov, Kh.

2010 "Tatary, est'," *Idel'.* no.7. pp.40-47.

Mustafina G.M., Mun'kova N.R., Sverdlova, L.M.

2003 *Istoriia Tatarstana XIX veka: uchebnoe posobie dlia srednikh obshcheobrazovatel'nykh shkol, gimnazii, litseev i srednikh spetsial'nykh uchebnykh zavedenii.* (Kazan': Magarif).

Natsional'nyi sostav naseleniia SSSR

1973 *Natsional'nyi sostav naseleniia SSSR, Soiuznykh i avtonomnykh respub-*

lik, kraev, oblastei i natsional'nykh okrugov: Itogi Vsesoiuznoi perepisi naseleniia 1970 goda. Tom IV. (Moskva: Statistika).

Nikolai Il'minskii

2013 *Nnikolai Il'minskii i kriashenskoe natsional'noe dvizhenie: materialy nauchnoi konferentsii* (27 dekabria 2011 goda, Kazan'). (Kazan': Tipografiia OOO "Aventa").

Nikol'skii, N.V.

1914 *Kreshchenye tatary: statisticheskie svedeniia za 1911 g.* (Kazan': Tsentral'naia tipografiia).

Obrazovanie Tatarskoi ASSR

1963 *Obrazovanie Tatarskoi ASSR: sbornik dokumentov i materialov.* (Kazan': Tatarskoe knizhnoe izdatel'stvo).

Odigitrievskii, N.

1895 *Kreshchenye tatary Kazanskoi gubernii : etnograficheskii ocherk.* (Moskva: Pechatnia A.I. Snegirevoi).

Osobennosti

2008 *Osobennosti sovremennoi mezhnatsional'noi i etnokul'turnoi situatsii v Respublike Tatarstan.* (Kazan': Institut istorii im. Sh. Mardzhani AN RT)

Pchelov, A.

1912 "Tatary ili Chuvash?" *Inorodcheskoe obozrenie: prilozhenie k zhurnalu "Pravoslavnyi sobesednik".* 1912.12. Kniga 1-ia. pp.14-15

Protoierei Pavel

2001 "Materialy iz istorii Kriashenskikh Prikhodov Kazanskoi Eparkhii Russkoi Pravoslavnoi Tserkvy," *Materialy nauchno-prakticheskoi konferentsii na temu "Etnicheskie i konfessional'nye traditsii kriashen: istoriia i sovremennost'".* (Kazan': Kriashenskii prikhod g. Kazani), pp.129-134.

Protokol 1-go obshchevo sobraniia

1917 *Protokol 1-go obshchego sobraniia predstavitelei melkikh narodnostei Povolzh'ia.* (Kazan': T-vo tsentr tip).

Protokol mestnogo oblastnogo Kommunistov

1921 *Protokol mestnogo oblastnogo Kommunistov-Kriashen Tatrespubliki, sostoiavshegosia 16-19 marta 1921 goda v g.Kazani.* (Kazan': Kriashenskii izdatel'skii otdel pri Kazgosuizdatel'stve).

Raspredelenie naseleniia SSSR,

1989 *Raspredelenie naseleniia SSSR, soiuznykh i avtonomnykh respublik, kraev, oblastei i avtonomnykh okrugov po natsional'nosti i iazyki: Itogi Vsesoiuznoi perepisi naseleniia 1979 goda. Tom IV. Kn.1. Statisticheskii sbornik.* (Moskva: Goskomstat SSSR,)

Religioznyi sinkretizm

2015 *Religioznyi sinkretizm i traditsionnaia obriadnost' tatar-kriashen Volga-Ural'ia (XIX – nachalo XX v.): Sbornik materialov i dokumentov.* (Kazan': Institut istorii im.Sh. Mardzhani AN RT).

Rudnev, V.A.

1979 *Sovetskie prazdniki i obriady ritualy.* (Leningrad: Lenizdat).

Sapakhov. M.

2004 *Zolotaia epokha tatarskogo renessansa.* (Kazan': Tatarskoe knizhnoe izdatel'stvo),

Semenov, M.

1929 *Saban-tui.* (Kazan': Tatpoligraf).

Sevast'ianov, I.V.

2006 "Rol' sviashchennykh mest v sovremennoi sisteme verovanii tatar-kriashen," *Natsional'nye tsennosti: traditsii i sovremennost': materialy konferentsii molodykh uchenykh. Moskva, 15-16 dekabria 2005 g.* (Moskva: IEA RAN), pp.45-53.

Sharafutdinov, D.R.

2004 *Istoricheskie korni i razvitie traditsionnoi kul'tury tatarskogo naroda XIX – nachalo XXI vv.* (Kazan': Gasyr).

Sinitsyna, K.R.

2002 *Polveka muzeev Kazani i Tatarii: ocherki istorii 1917-1967 godov.* (Kazan': Kazan-Kazan').

Sofiiskii, I.

1877 "O kiremetiakh kreshchenykh tatar Kazanskogo kraia: lektsiia v Kazanskom missionerskom priiute)," *Izvestiia po Kazanskoi eparkhii.* no.24. pp.674-689.

Sokolovskii, S.V.

2004 *Kriasheny vo Vserossiiskoi perepisi naseleniia 2002 goda.* (Moskva: Institut etnografii i antropologii RAN).

Sovremennoe kriashenovedenie

2005 *Sovremennoe kriashenovedenie sostoianie, perspektivy: materialy nauchnoi konferentsii, sostoiavshcheisia 23 aprelia 2005 godov v g.Kazani.* (Kazan': Kriashenskii prikhod g.kazani).

Stepanov, V.V., Tishkov, V.A. (eds.)

2007 *Etnokul'turnyi oblik Rossii: perepis' 2002 goda.* (Moskva: Nauka).

Subaeva, R. Kh.

1973 "Osobennosti bytovaniia kalendarnykh russkikh imen u tatar-kriashen," *Onomastika Povolzh'ia 3: materialy III konferentsiia po onomastike Povolzh'ia* (Ufa: AN SSSR Institut etnografii im. N.N. Miklukho-Maklaia, Bashkirskii filial), pp.75-80.

Suleimanova, D.

2010 "Tema perepisi v tataroiazychnoi presse," *Ab Imperio.* no.2, pp.370-382.

Sultanov, F.M.

1999 *Islam i tatarskoe natsional'noe dvizhenie v rossiiskom i mirovom musul'manskom kontekste: istoriia i sovremenost'.* (Kazan': Shkola).

Tagirov, E.R., Sharafutdinov, D.R.

2004 *Sabantui v lokal'nom i global'nom tsivilizatsionnom prostranstve: potentsial idei kul'tury mira v traditsionnykh prazdnikakh narodov planet.* (Kazan': Tsentr operativ. pechati).

Tatarskii entsiklopedicheskii slovar'

1999 *Tatarskii entsiklopedicheskii slovar'.* (Kazan': Institut Tatarskoi entsiklopedii AN RT).

Tatary-kriasheny

2014 *Tatary-kriashen v zerkale fol'klora i etnograficheskikh sochinenii slushatelei kazanskikh kriashenskikh pedagogicheskikh kursov (pedagogicheskogo tekhnikuma) (1921-1922 gg.): Sbornik materialov i dokumentov.* (Kazan' – Cheboksary: Institut istorii im. Sh. Mardzhani Akademii nauk Respubliki Tatarstan – Chuvashskii gosudarstvennyi institute gumanitarnykh nauk).

Titova, T.A., Dzhaksyvaev, S.K., Kozlov, V.E., Kushaev, R.R.

2011 *Etnicheskie men'shinstva v Tatarstane: teorii, strategii i praktiki mezhetnicheskogo vzaimodeistviia.* (Kazan': Izdatel'stvo Kazanskogo gosudarstvennogo universiteta).

Tishkov, V.A.
2003 *Rekviem po etnosu: issledovaniia po sotsial'no-kul'turnoi antropologii.* (Moskva: Nauka).
2004 *Tatary Rossi i Vserossiiskoi perepisi naseleniia 2002 goda.* (Moskva: IEA RAN).
2010 *Rossiiskii narod: kniga dlia uchitelia.* (Moskva: Prosveshchenie).

Tishkov, V.A. (ed.)
2003 *Na puti k perepisi.* (Moskva: Aviaizdat).

Trofimova, T.A.
1949 *Etnogenez tatar Povolzh'ia v svete dannykh antropologii.* (Moskva: Izdatel'stvo AN SSSR).

Tul'tseva, L.A.
Sovremennye prazdniki i obriady narodov SSSR. (Moskva: Nauka).

Urazmanova, R.K.
1984 *Sovremennye obriady tatarskogo naroda.* (Kazan': Tatarskoe knizhnoe izdatel'stvo).
2000 *Obriady i prazdniki tatar Povolzh'ia i Urala: godovoi tsikl XIX – nachalo XX vv.* (Kazan': Dom pechati).
2007 "'Musul'manskie' obriady v bytovoi kul'ture tatar: etnografiia etnicheskogo v epokhu globalizatsii," *Sovremennaia tatarskaia natsiia: kontseptual'nye issledovaniia.* (Kazan': Institut istorii im. Mardzhani AN RT), pp.187-201.

Urazmanova, R.K., Cheshko, S.V. (eds.)
2001 *Tatary.* (Moskva: Nauka).

Vorob'ev N.I.
1927 "Nekotorye dannye po bytu kreshchenykh tatar (kriashen) Chelninskogo kantona," *Vestnik Nauchnogo obshchestva Tatarovedeniia.* no.7. pp.157-172.
1929 *Kriasheny i tatary: nekotorye dannye po sravnitel'noi kharakteristike byta.* (Kazan': Tipografiia Sovnarkoma).
1953 *Kazanskie tatary: etnograficheskoe issledovanie material'noi kul'tury dooktiabr'skogo perioda.* (Kazan': Tatgosizdat).

Vorob'ev, N.I., Khisamutdinov G.M. (eds.)
1967 *Tatary Srednevo Povolzh'ia i Priural'ia.* (Moskva: Nauka).

Vorob'ev, N.Ia.
1957   *Vsesoiuznaia perepis' naseleniia 1926 g.* (Moskva: Gosstatizdat).

Vsemirnyi kongress
1992   *Vsemirnyi kongress tatar (pervyi sozyv) 19 iiunia 1992 goda: stenograficheskii otchet.* (Kazan': Kabineta ministrov Tatarstana).
2003   *Vsemirnyi kongress tatar (tretii sozyv) 28-29 avgusta 2002 goda.* (Kazan': Izdanie Vsemirnogo kongressa tatar).

Vsesoiuznaia perepis'
1928   *Vsesoiuznaia perepis' naseleniia 17 dekabria 1926 g. Kratkie svodki vypusk IV: Narodnost' i podnoi iazyk naseleniia SSSR.* (Moskva: Tsentral'noe statisticheskoe upravlenie. Otdel perepisi).
1992   *Vsesoiuznaia perepis' naseleniia 1939 goda. osnovnye itogi.* (Moskva: Nauka).

Znamenskii, P.
1892   *Istoriia Kazanskoi dukhovnoi akademii za pervyi (doreformennyi) period ee sushchestvovaniia (1842-1870 godu).* (Kazan': tip. Imperatorskogo universiteta,1892)
1910   *Kaznaskie tatary.* (Kazan': Tipo-litografiia Imperatorskogo Universiteta).

(タタール語（クリャシェンによるものも含む）)
Bayazitova F.S.
1997   *Kerəşennər: tel üzençəlekləre həm yola icatı.* (Kazan: Matbugat yortı).
Filippova A.
2001   *Karendəşlər.* (Kazan: Idel-Press).
Kamaletdinova G.
2005   "Zələixa," *Səembikə.* pp.4-7.
Kamaşev I.
2004   *Iske Grişkin avılı tarixı.* (Yar Çallı).
Kerəşen tatarlarnıŋ tel
2005   *Kerəşen tatarlarnıŋ tel üzençəlekləre həm yolaları.* (Kazan: Kazan dəülət universitetı).
Musin F.
1998   *Gayaz Isxakıi:tormış həm eşcənlege.* (Kazan: Tatarstan kitap nəşriyatı).

Məxəmədova R.G.
    2005   *Kerəşen tatarları kieme*. (Kazan: Slovo).

Proletarii
    1920   *Proletarii kıyatı*. (Kazan: Tsentral'noe kriashenskoe izdatel'stvo).

Şaraf G., Alekseev I.
    1923   *Berençe adım: kryashennyarnya tatar cazıuın öiryagya kitab*. (Kazan: Tsentral'naia komissiia po realizatsii tatarskogo iazyka pri TsIK TSSR).

Tatar entsiklopediya
    2002   *Tatar entsiklopediya süzlege*. (Kazan: Tatar entsiklopediyase institutı).

（日本語）

青柳まちこ
    2011   『国勢調査から考える人種・民族・国家：オバマはなぜ「黒人」大統領と呼ばれるのか』明石書店。

青柳真智子編
    2004   『国勢調査の文化人類学：人種・民族分類の比較研究』古今書院。

淺村卓生
    2011   「カザフスタンにおける自国語振興政策及び文字改革の理念的側面」『外務省調査月報』2011 年度第 1 号、1-24 頁
    2015   『国家建設と文字の選択：ウズベキスタンの言語政策（アジアを学ぼう 36）』風響社。

荒井幸康
    2006   『言語の統合と分離：1920-1940 年代のモンゴル・ブリヤート・カルムイクの言語政策の相関関係を中心に』三元社。

綾部恒雄
    1993   『現代世界とエスニシティ』弘文堂。

アンダーソン, B.（白石隆、白石さや訳）
    2007   『定本 想像の共同体：ナショナリズムの起源と流行』書籍工房早山。

伊賀上菜穂
    2005   「「洗礼ブリヤート」から「ロシア人」へ：ブリヤート共和国一村落に見る帝政末期正教化政策とその結末」『ロシア史研究』第 76 号、118-135 頁。
    2008   「ロシア連邦におけるロシア人サブグループをめぐる昨今の状況：民族の境界と「権利」の諸相」高倉浩樹・佐々木史郎編『ポスト社会主義人類学の射程（国立民族学博物館調査報告 78）』吹田、国立民族学博物館、225-266

　　　　頁。
　2013　『ロシアの結婚儀礼：家族・共同体・国家』彩流社。
　2016　「ロシア正教古儀式派教会の展開に見る「伝統」の利用：ロシア連邦ブリヤート共和国におけるセメイスキーの事例より」佐々木史郎・渡邊日日編『ポスト社会主義以後のスラヴ・ユーラシア世界：比較民族誌研究（国立民族学博物館論集4）』風響社、95-125頁。

イサジフ　W.W.（有吉真弓、藤井衣吹、中村恭子訳）
　1996　「さまざまなエスニシティ定義」青柳まちこ編訳『「エスニック」とは何か：エスニック基本論文選』新泉社、73-96頁。

伊藤正子
　2003　『エスニシティ「創生」と国民国家ベトナム：中越国境地域タイー族・ヌン族の近代』三元社。

煎本孝
　2003　「モンゴル・シャマニズムの文化人類学的分析：内モンゴル、ホルチン・ボのシャマニズムにおける歴史意識と宇宙論的秩序」煎本孝編著『東北アジア諸民族の文化動態』札幌、北海道大学出版会、357-440頁。

ヴィヴィオルカ, M.（宮島喬、森千香子訳）
　2009　『差異：アイデンティティと文化の政治学（サピエンティア09）』法政大学出版局。

内堀基光
　1989　「民族論メモランダム」田辺繁治編著『人類学的認識の冒険：イデオロギーとプラクティス』同文舘出版、1989年、27-43頁。

宇山智彦
　2001　「歴史学、民族、中央ユーラシア：今後の研究のための問題提起」『東欧・中央ユーラシアの近代とネイション（スラブ研究センター研究報告シリーズNo.80）』札幌、スラブ研究センター、1-13頁。

太田好信
　2012　「二一世紀における政治的アイデンティティの概念化」太田好信編著『政治的アイデンティティの人類学：21世紀の権力変容と民主化にむけて』京都、昭和堂、1-34頁。

大貫隆、名取四郎、宮本久雄、百瀬文晃（編）
　2002　『岩波キリスト教辞典』岩波書店。

岡本亮輔
　2012　『聖地と祈りの宗教社会学：巡礼ツーリズムが生み出す共同性』、春風社。

片岡樹
　2006　『タイ山地一神教徒の民族誌：キリスト教徒ラフの国家・民族・文化』風響社。

カサノヴァ, J.（津城寛文訳）
　1997　『近代世界の公共宗教』玉川大学出版会。

カレール＝ダンコース, H.（高橋武智訳）
　1990　『崩壊したソ連帝国：諸民族の反乱』藤原書店。

ギアツ, C.（鏡見治也、中林伸浩、西本陽一訳）
　2007　『現代社会を照らす光：人類学的な省察（社会学の思想 7）』青木書店。

菊田悠
　2013　『ウズベキスタンの聖者崇敬：陶器の町とポスト・ソヴィエト時代のイスラーム』風響社。

ゲルナー, E.（宮治美恵子・堀内正樹・田中哲也訳）
　1991　『イスラム社会』紀伊国屋書店。

小松久男、梅村坦、宇山智彦、帯谷知可、堀川徹（編）
　2005　『中央ユーラシアを知る事典』平凡社。

小杉末吉
　1999　「ソ連邦レフェレンダムとタタルスターン」『比較法雑誌』33 巻 1 号、1999 年、1-30 頁。

後藤正憲
　2009　「実践としての知の再／構成：チュヴァシの伝統宗教と卜占」『スラヴ研究』第 56 号、157-178 頁
　2012　「複合する視線：チュヴァシの在来信仰とロシア正教会」塩川伸明・小松久男・沼野充義・宇山智彦編『ユーラシア世界第 1 巻＜東＞と＜西＞』東京大学出版会、2012 年、183-206 頁

ゴルジェンコ, N.S.（宮本延治訳）
　1990　『現代ロシア正教』恒文社。

櫻間瑛
　2009　「「受洗タタール」から「クリャシェン」へ：現代ロシアにおける民族復興の一様態」『スラヴ研究』第 56 号、127-155 頁。
　2011　「現代ロシアにおける民族理解についての一考察：タタルスタン共和国における 2010 年全露国勢調査を事例に」『ロシア・東欧研究』第 40 号、34-49 頁。
　2012　「カザンの凶弾」『スラブ研究センターニュース』夏号、14-18 頁。

2012 「文明の交差点における歴史の現在：ボルガル遺跡とスヴィヤシスク島の「復興」プロジェクト」望月哲男・前田しほ編『文化空間としてのヴォルガ（スラブ・ユーラシア研究報告集4）』札幌、スラブ研究センター、157-174頁。

2013 「教会再建への多様な視線：現代ロシアにおける民族復興と宗教再興の関連について」『北海道民族学』第9号、15-29頁。

2013 「多・民族共和国の葛藤：タタール語歴史映画『ジョレイハ』を手掛かりに（特集ユーラシアの民族・文化・教育）」『ロシア・ユーラシアの経済と社会』第969号、23-33頁。

2015 「現代ロシアにおける民族運動のなかの「民族文化」表象とその限界：クリャシェン（受洗タタール）の「民族的祭り」を事例に」『地域研究』第16号1巻、240-268頁。

佐々木史郎

1998 「「民族」解体：シベリア・ロシア極東先住民の文化・社会研究の枠組みに関する理論的考察」『民族の共存を求めて(3)（「スラブ・ユーラシアの変動」領域研究報告輯 No.52）』札幌、スラブ研究センター、64-117頁。

2003 「ロシア極東地方の先住民のエスニシティと文化表象：アムール川下流域における先住民村落の民族資料館の展示を中心として」瀬川昌久『文化のディスプレイ：東北アジア諸社会における博物館、観光、そして民族文化の再編』仙台、東北大学東北アジア研究センター、2003年、49-68頁。

塩川伸明

2004 『民族と言語（多民族国家ソ連の興亡 I）』岩波書店。

2007 『国家の構築と解体（多民族国家ソ連の興亡 II）』岩波書店。

2007 『ロシアの連邦制と民族問題（多民族国家ソ連の興亡 III）』岩波書店。

渋谷謙次郎

2007 「「母語」と統計：旧ソ連・ロシアにおける「母語」調査の行方」『ことばと社会：多言語社会研究』2007年、175-207頁

島村一平

2011 『増殖するシャーマン：モンゴル・ブリヤートのシャーマニズムとエスニシティ』横浜、春風社。

下斗米伸夫

1999 『ロシア世界（21世紀の世界政治4）』筑摩書房。

シンジルト

2003 『民族の語りの文法：中国青海省モンゴル族の日常・紛争・教育』風響社。

スミス A.D.（巣山靖司、高橋和義他訳）
    1999　『ネイションとエスニシティ：歴史社会学的考察』名古屋大学出版会。

関啓子
    2002　『多民族社会を生きる：転換期ロシアの人間形成』新読書社。

高倉浩樹
    2003　「民族文化と公共の記憶の布置：サハにおける馬乳祭と駒繋ぎ」瀬川昌久編『文化のディスプレイ：東北アジア諸社会における博物館、観光、そして民族文化の再編』仙台、東北大学東北アジア研究センター、69-118 頁。
    2008　「ポスト社会主義人類学の射程と役割」高倉浩樹・佐々木史郎編『ポスト社会主義人類学の射程（国立民族学博物館調査報告 78）』吹田、国立民族学博物館、1-28 頁。

高田和夫
    2012　『ロシア帝国論：19 世紀ロシアの国家・民族・歴史』平凡社。

田中克彦
    2001　『言語からみた民族と国家（岩波現代文庫 63）』岩波書店。

カレール＝ダンコース , H（高橋武智訳）
    1990　『崩壊したソ連帝国：諸民族の反乱』藤原書店。

津田浩司・櫻田涼子・伏木香織編
    2016　『「華人」という描線：行為実践の場からの人類学的アプローチ』風響社。

長縄宣博
    2003　「ヴォルガ・ウラル地域の新しいタタール知識人：第一次ロシア革命後の民族（миллəт）に関する言説を中心に」『スラヴ研究』第 50 号、33-63 頁。
    2017　『イスラームのロシア：帝国・宗教・公共圏 1905-1917』名古屋、名古屋大学出版会。

名和克郎
    2002　『ネパール、ビャンスおよび周辺地域における儀礼と社会範疇に関する民族誌的研究：もう一つの＜近代＞の布置』三元社。

西山克典
    2000　「洗礼タタール、「棄教」タタール、そして正教会：19 世紀中葉ヴォルガ中流域における宗教・文化的対抗について」『ロシア・イスラム世界へのいざない（スラブ研究センター研究報告シリーズ No.74）』札幌、スラブ研究センター。
    2002　『ロシア革命と東方辺境地域：「帝国」秩序からの自立を求めて』札幌、北海道大学図書刊行会。

濱本真実
   2009 『「聖なるロシア」のイスラーム：17-18世紀タタール人の正教改宗』東京大学出版会。
   2011 『共生のイスラーム：ロシア正教徒とムスリム（イスラームを知る5）』山川出版社。

ハンチントン、S（鈴木主税訳）
   1998 『文明の衝突』集英社。

ファドラーン、I（家島彦一訳）
   2009 『ヴォルガ・ブルガール旅行記（東洋文庫789）』平凡社。

福島真人
   1998 「差異の工学：民族の構築学への素描」『東南アジア研究』34巻4号、292-307頁。

藤本透子
   2011 『よみがえる死者儀礼：現代カザフのイスラーム復興』風響社。
   2015 「社会主義を経験したアジアから展望する宗教動態」藤本透子編『現代アジアの宗教：社会主義を経た地域を読む』春風社、7-32頁。

藤原潤子
   2010 『呪われたナターシャ：現代ロシアにおける呪術の民族誌』京都、人文書院。

マーチン、T（半谷史郎ほか訳）
   2011 『アファーマティヴ・アクションの帝国：ソ連の民族とナショナリズム、1923年～1939年』明石書店。

松里公孝
   2000 「エスノ・ボナパルティズムから集権的カシキスモへ：タタルスタン政治体制の特質とその形成過程1990-1998」『スラヴ研究』第47号、2000年、1-36頁。

松長昭
   2009 『在日タタール人：歴史に翻弄されたイスラーム教徒たち（ユーラシア・ブックレットNo.134）』東洋書店。

松本耿郎
   2011 「アッラーへ至る道における二人の女性：ジャーミーの『ユースフとゾレイハー』にみる二女性の運命」『早稲田商学』第427号、379-400頁。

三浦清美
   2012 「歴史的ヴォルガ：ヴォルガがロシアの川となるまで」望月哲男・前田し

ほ編『文化空間としてのヴォルガ（スラブ・ユーラシア研究報告集4）』札幌、スラブ研究センター、1-23頁。

山内昌之
 2009 『スルタンガリエフの夢：イスラム世界とロシア革命（岩波現代文庫学術201）』岩波書店。

山田孝子
 2003 「サハにおける文化復興とシャマニズム・儀礼の復興」煎本孝編著『東北アジア諸民族の文化動態』札幌、北海道大学出版会、319-356頁。

吉田世津子
 2004 『中央アジア農村の親族ネットワーク：クルグズスタン・経済移行の人類学的研究』風響社。

リーチ、E.R.（関本照夫訳）
 1995 『高地ビルマの政治体系』弘文堂。

和崎聖日
 2015 「中央アジア定住ムスリムの婚姻と離婚：シャリーアと家族法の現在」藤本透子編『現代アジアの宗教：社会主義を経た地域を読む』春風社、79-129頁。

渡邊日日
 2008 「ロシア民族学に於けるエトノス理論の攻防：ソビエト科学誌のために」髙倉浩樹、佐々木史郎編『ポスト社会主義人類学の射程』吹田、国立民族学博物館、65-108頁。
 2010 『社会の探究としての民族誌：ポスト・ソヴィエト社会主義南シベリア、セレンガ・ブリヤート人に於ける集団範疇と民族的知識の記述と解析、準拠概念に向けての試論』三元社。

渡邊日日・佐々木史郎
 2016 「ポスト社会主義以後という状況と人類学的視座」佐々木史郎・渡邊日日編『ポスト社会主義以後のスラヴ・ユーラシア世界：比較民族誌的研究（国立民族学博物館論集4）』風響社、9-43頁。

[DVD]

Zələixa

Pitrau

あとがき

　本書は、2013年3月に北海道大学大学院文学研究科に提出した博士学位申請論文「「クリャシェン」とは何か－ポスト・ソ連社会における民族＝宗教集団のエスニシティと文化活動」および次の既発表論文に加筆修正したものである。

2009　「「受洗タタール」から「クリャシェン」へ：現代ロシアにおける民族復興の一様態」『スラヴ研究』第55号、127-155頁。
2012　「現代ロシアにおける民族理解についての一考察：タタルスタン共和国における2010年全露国勢調査を事例に」『ロシア・東欧研究』第40号、34-49頁。
2013　「教会再建への多様な視線：現代ロシアにおける民族復興と宗教再興の関連について」『北海道民族学』第9号、15-29頁。
2013　「多・民族共和国の葛藤：タタール語映画『ジョレイハ』を手がかりに（特集ユーラシアの文化・教育）」『ロシア・ユーラシアの経済と社会』第969号、23-33頁。
2015　「現代ロシアにおける民族運動のなかの「民族文化」表象とその限界：クリャシェン（受洗タタール）の「民族的祭り」を事例に」『地域研究』第16号1巻、240-268頁。
2017　「東方宣教活動の現在：沿ヴォルガ地域における正教会の活動と民族文化」『ロシア史研究』第100号、66-93頁。

　そもそも、これらの論文の基となった調査は2008年、予備的な調査を含めれば2006年から行なってきたものであり、実に10年以上の時を経て本書にたどり着いたということになる。その間、当然のことながら、フィールドの事情も大きく変化した。本書では、そうした変化も射程に入

れ、情報も更新しつつ現地の動態を反映した記述を心がけたつもりである。とはいえ、これを執筆している今現在もフィールドの様子は変化している。その為、本書自体がゼロ年代から10年代初頭という一時点を切り取った歴史の記述である。

　本書は旧ソ連の少数民族、宗教に関心を持っている人々を主要な読者として想定している。先に述べたように、本書はゼロ年代から10年代を対象としており、私の実感として、この時代は「ポスト社会主義」から新たな時代に移りつつある時期だったのではないかと考えている。その意味では、極めて特殊な時代を取り扱ったものなのかもしれない。さらに言えば、本書の対象としてのクリャシェンとは、少数民族の中のさらに少数グループということで、ややもすると極めてマイナーな問題と映るであろう。とはいえ、こうした時代や様々な集団の狭間で生じた一つの事例として、単に旧ソ連や中央ユーラシアを対象とする研究者に限らず、他の地域を専門とする、民族や宗教に関心がある研究者の方々にも何らかの形で資するものとなれば幸いである。

　調査の実施から博士論文の執筆、そして本書の刊行に至るまでには、数多くの方の助けを得た。私は、日本で唯一かつ世界でも有数のスラブ・ユーラシア地域についての研究機関である北海道大学のスラブ研究センター（現スラブ・ユーラシア研究センター）で大学院生活を送った。ロシア国内の図書館と比べても見劣りしない蔵書を誇り、常に国内外の一流の研究者が出入りする環境で研究を行うことができたおかげで、本書の完成を見たことは間違いない。その中でも、中央アジアをはじめとする中央ユーラシア地域の世界的な専門家である宇山智彦先生の指導を受けられたことは望外の喜びであった。その適切な指示と助言は、常に私の導きとなった。また、同じくセンターの松里公孝先生（現東京大学）と長縄宣博先生は、日本でも数少ないタタルスタンやタタールについての知見を持った研究者として、やはり私の議論に有益な助言を下さった。さらに私が現地調査を行うにあたっては、カザンの研究者などを紹介していただき、よ

り円滑に調査を行うことができた。その他、センターのゼミなどで多くのコメント・助言をくれた先生方、大学院生の同僚、研究員の方々、またより円滑な研究環境を整えてくださった事務の方々や図書館のスタッフにも感謝の言葉を伝えたい。

　その他にも、様々な研究者の方々にお世話になった。中でも、東京大学大学院総合文化研究科の渡邊日日先生は、2015〜17年度にかけて、学術振興会特別研究員として活動した私の指導教員を務めていただいた。そして、事あるごとに貴重な意見をいただき、本書の草稿にも目を通していただいて、重要な示唆をいただくことができた。また、北海道大学大学院文学研究科の桑山敬己先生（現関西学院大学）は、専攻外にも関わらず、私をゼミに迎えてくださり、人類学の基本的な知識を教授してくださった。さらに桑山先生には、かなり分野は異なるにも関わらず、博士論文の審査にも加わっていただき、本書の執筆に向けた書き直しにもつながる貴重な指摘をいただいた。やはり合わせて御礼差し上げたい。

　また、私の現地調査を支えてくださった数多くの現地の方々にもお礼を欠かすわけにはいかない。とりわけ、私が最初の現地調査を行なった時から様々な面倒をみてくれた、クリャシェン民族運動の指導者であるリュドゥミラ・ベロウソヴァさんにはいくら感謝の言葉を送っても足りないであろう。特に当初はロシア語も十分ではない私に粘り強く付き合ってくれた。さらにその後、私が調査地を探すのに協力をしてくれたり、様々な行事を行う際に声をかけてくれたりするなど、彼女の助力なしにはとてもこの研究は成り立たなかったであろう。また、クリャシェンの民族運動関係者の中でも、ゲンナージー・マカーロフさん、アルカーディー・フォーキンさんも、様々な資料を提供してくださり、多くの情報を教えてくださるなど、多大な協力をいただいた。本書の刊行によって、クリャシェンという存在についての知見が少しでも広がり、彼らの期待に僅かなりとも応えられれば本望である。

　また現地調査においては、カザン大学やタタルスタン科学アカデミーの

研究者の方々にも折に触れて多くの協力をいただいた。中でも、カザン大学の研究員として在籍した私の受け入れ教員を務めてくださったイスカンデル・ギリャゾフ先生は、折に触れて質問や要望に丁寧に応えてくださり、私の研究活動を支えてくださった。加えてその広い人脈を通じて、研究者に限らず、様々な分野の方を紹介してくださり、本研究を進める上で非常に貴重な情報を得ることができた。また、カドリヤ・ファトフッロヴァ先生、アルフィヤ・ユスポヴァ先生を始めとするカザン大学タタール語学科の先生方は、留学中、私のタタール語の授業を担当していただいた。出来の悪い学生で、なかなか進展の見られない私を丁寧に指導いただき、言語だけではなく、タタールの文化などについても教えていただいたことはとても思い出深い。

さらに、同じ時期にカザンにいた日本人仲間、中でも同じくカザン大学に留学していた写真家の安井草平君にも感謝を伝えなくてはならない。何かと孤独を感じがちなフィールドの中で、同胞の存在は心強いものであった。特に、フィールドに一緒に出かけることがあった際には、私とは異なる視点からの感想を得ることもでき、自らの議論を再検討することができた。さらに、プロの写真家としてフィールドで撮影した写真の一部を使用する許可もいただき、本書でも使わせていただいた。現地の人々の生き生きとした表情を写した写真は、本書をさらに豊かにしてくれている。

しかし、何より私の現地調査を支えてくださったのは、数多くのフィールドで出会った人々である。ディミートリー司祭など、私の滞在先として受け入れてくれた方々は、身元もよくわからない外国人の私を温かく迎え入れてくれた。またそれ以外のフィールドで出会った方々も、見ず知らずの私の訪問を快く迎え入れてくれ、貴重な時間を割いて様々な話をして下さった。またその際には、ほぼ必ずお茶やお菓子（時にはウォッカ）を出していただき、そのもてなしは毎度感動するものであった。そこでいただいたお茶や焼いたジャガイモの味は今でも忘れられない。また、フィールドの方と一緒に草刈りやジャガイモ掘りをしたこと、牛を追って1日を

過ごしたこと、はちみつをとったこと（そしてそこで多くの蜂に刺されたこと）などは、懐かしい思い出である。これらは私にとって、自身の研究のみならず、人生においても非常に貴重な時間であった。

さらに、本書を刊行するにあたっては、三元社の石田俊二社長には大変にお世話になった。最初に刊行についてのご相談を差し上げてから、こうして実現するまでに予想外の時間がかかってしまった。その間も、丁寧にこちらの要望に応えていただいた。そして、いよいよ刊行となるにあたっても、とても綺麗な仕上がりにして下さった。本当に感謝申し上げたい。

最後に、本書の基となる調査に当たっては、以下のような助成を受けた。ここに記す形で謝意を示す形とさせていただきたい。

北海道大学スラブ研究センター大学院生海外調査助成（2008年、2011年）
平和中島財団日本人留学生奨学生（2008～2010年）
松下幸之助記念財団研究助成（2012年）
日本学術振興会特別研究員奨励費（2015～2017年）

なお本書の刊行に当たっては、「平成30年度科学研究費助成事業（科学研究費補助金）（研究成果公開促進費）『学術図書』」（課題番号：18HP5120）からの助成を受けた。この場を借りてお礼申し上げたい。

また大学を卒業後、大学院で研究を続けることを許してくれた両親には心からの感謝を伝えたい。結局10年近く学生生活を延長し、海外で2年以上の調査を行う息子に対し、おそらくは不安を覚えつつも、いつも支えてくれた。本書の完成により、少しはその恩返しになればと願うばかりである。

最後に、常に私を支えてくれる妻の瑞希にも感謝を伝えないわけにはいかない。彼女と出会ったのは博士論文の執筆後、一時勤務したウズベキスタンのタシケントであった。筑波大学の学生として、中央アジアのタター

ルの言語状況に関心を持ち留学していた彼女とは、その当初から意気投合し、それ以降常に私のそばで研究に関する面でも私生活に関する面でも、助け続けてくれている。こうした極めて稀な関心を共有してくれる人が、誰よりも身近にいてくれることは、私にとって本当に幸せなことである。本書の執筆に当たっても、作図などを行なってくれた。また、原稿にもいくつかのコメントをくれており、彼女も間違いなく、本書の協力者の一人である。

 2018 年 11 月   タタール語の響く自宅にて

[著者紹介]

櫻間 瑛（さくらま・あきら）

1982年生。京都大学文学部卒。北海道大学大学院文学研究科修士課程を修了後、カザン国立大学（当時）での2年間の調査留学を経て、2013年3月北海道大学大学院文学研究科博士後期課程修了。博士（学術）。在ウズベキスタン日本国大使館専門調査員、日本学術振興会特別研究員PDを経て、現在は一般財団法人勤務。
主な著作として、櫻間瑛・中村瑞希・菱山湧人『タタールスタンファンブック：ロシア最大のテュルク系ムスリム少数民族とその民族共和国』（パブリブ、2017年）、櫻間瑛「東方宣教活動の現在：沿ヴォルガ地域における正教会の活動と民族文化」『ロシア史研究』第100号、2017年、66-93頁など。

現代ロシアにおける民族の再生
「クリャシェン」とは何か？

発行日	初版第1刷　2018年11月25日
著　者	櫻間瑛　2018 © SAKURAMA Akira
発行所	株式会社 三元社 〒107-0052　東京都文京区本郷1-28-36　鳳明ビル 電話／03-5803-4155　FAX／03-5803-4156
印刷＋製本	モリモト印刷 株式会社

Printed in Japan
ISBN978-4-88303-468-0
http://www.sangensha.co.jp